本项目由兰州大学中亚研究所资助出版

# 当代青海海西
# 蒙藏汉民族关系研究

李世勇＼著

人民出版社

责任编辑:宫　共

封面设计:徐　晖

**图书在版编目(CIP)数据**

当代青海海西蒙藏汉民族关系研究/李世勇 著. -北京:人民出版社,2015.12

ISBN 978－7－01－015505－0

Ⅰ.①当…　Ⅱ.①李…　Ⅲ.①民族关系-研究-青海省-现代　Ⅳ.①D633

中国版本图书馆 CIP 数据核字(2015)第 270969 号

当代青海海西蒙藏汉民族关系研究

DANGDAI QINGHAI HAIXI MENGZANGHAN MINZU GUANXI YANJIU

李世勇　著

**人 民 出 版 社** 出版发行

(100706　北京市东城区隆福寺街 99 号)

北京市文林印务有限责任公司印刷　新华书店经销

2015 年 12 月第 1 版　2015 年 12 月北京第 1 次印刷

开本:710 毫米×1000 毫米 1/16　印张:17.75

字数:294 千字

ISBN 978－7－01－015505－0　定价:46.00 元

邮购地址 100706　北京市东城区隆福寺街 99 号

人民东方图书销售中心　电话 (010)65250042　65289539

# 目　录

# 序 言

　　人类文明总是在一定的时空中演进的。时间如滔滔江水奔腾远去，而空间就是人类共同生活的家园——地球。人类文明史显然要比地球的沧桑流变短暂得多，但当人类步入文明阶段后，我们居住的地球就被"国家"这个政治单位所瓜分。① 由此，人类的文明无可避免地打上了国家的烙印。从某种意义上讲，凡是有人类居住的地方就有"国家"，亦即世界上从来就有某种规模比家庭大而且不承认任何权力高于它的联合组织或自治组织。②

　　在一个相对稳定的地理区间的人口集团，是构成国家的核心要素，亦即国家是因应不同人群的需要而产生，并在人类文明长河中以不同的主体（曾经以血缘、宗教、军事、地缘、文化、意识形态等）为内核不断被构建从而成为不同的人群集团（阶级、民族或地域）维护自身利益的工具。到了公元 13 世纪，主权观念随着国家的不断建构而成为一种合法性理念，主权国家对内对外的至高无上地位进一步被强化。独立主权国家成为国际社会最重要的行为主体，世界上所有的族群、宗教信徒及不同的阶级、政治、经济集团等无不隶属于"国家"这个政治单位，以至于在全球化快速发展，全人类共同利益与日俱增的今天，人们仍然无法超越主权国家的神圣性、合理性和普遍性，也不能构建起代替国家的更具全人类终极关怀的政治、经济、社会组织。那种源于人的自私本性，不断追求国家利益最大化为目标的明争暗

---

① 关凯：《族群政治》，中央民族大学出版社 2007 年版，第 43 页。

② ［英］鲍桑葵：《关于国家的哲学理论》，汪淑钧译，商务印书馆 1996 年版，第 46 页。

斗，充斥在人类所能触及的每个时空。人类文明进入民族国家时代以来，人类假借国家的名义展开的两次世界大战便是以民族国家利益争夺登峰造极的明证。如何避免国家之间的战争已引起了人们的深刻反思。然而，不论是"一战"后的"国联"还是"二战"后的"联合国"，作为人类对未来世界政治图景的种种设计、规划，最后都沦为乌托邦。可见，民族国家显然还具有强大的生命力和持续存在的合理性。

作为国家核心因素的人口集团则起源于人类的血缘关系，这种关系是一种较之国家体现出更符合人性的自在。以血缘关系为纽带的人群，在共享一个祖先的历史记忆中逐渐演变成为"民族"这个群体。可见，民族是人类社会发展到一定历史阶段的产物。有学者认为民族是一种隐性的非组织化共同体，① 其虽不如国家那样组织严密（官僚体系）、结构完整（中央与地方）、形式完备（国旗、国徽、国歌等国家标识），但其与国家这种人的主观建构成分较多的政治性组织相比，民族的原生性更为突出，因而更具本质意义，其不像国家那样主要是通过法律手段来实现公民对其顺从和忠诚，而是更多地依靠共同文化、民族意识、共同利益将人们联结在一起。因此，在适当条件下，民族这个人类共同体可以摧毁或重构国家。随着国际格局的转换和时代的变迁，当今世界，民族这种人类社会普遍存在的共同体日益成为世界政治舞台的重要角色，影响着一国内部的政治稳定及世界的和平与发展。

当然，没有一成不变的民族，民族总是随着时代变迁而不断演变，但这种始于血缘，基于共同地域和相同生计方式，共享历史文化、集体记忆、神话传说和祖先想象的不同人群所创造的文明，反过来又在不断塑造和强化着这个人类群体，从而造就了当今世界形形色色的各种民族。由此可见，文明较之血缘对于当代民族的塑造更具本质意义，民族是文明的产物而不是一成不变的血统。但无论如何，当民族基于某种集体意识并不断追求其所宣扬的目标和利益时，便会形成民族主义运动，这种社会运动基于人们的某种自然属性，因而在现实生活中显得更具合理性、合法性，在社会动员和利益诉求中往往能够发挥宗教虔诚般的忠诚与社会调动作用。因此，可以说在人类历史演进的过程中，民族和国家已成为人类社会发展变迁中最重要的两大主

---

① 张践：《民族宗教关系的社会理论考察》，宗教文化出版社 2009 年版，序言第 4 页。

角，民族与国家的主体性将在人类文明史中不断彰显。

虽然时至今日，人们依然无法给民族下一个"真正科学的"定义，但民族的客观存在却是无法忽视的事实。自从人类进入民族国家时代，民族就成为国家主要的长久的构建。不论是单一民族国家还是多民族国家，民族与国家的关系便成为各国普遍面临的问题，即民族问题具有世界普遍性、长期性、复杂性的特点；不仅如此，犹如国家的消亡需要一个漫长的历史过程一样，在可预见的未来，民族不会消失。正如休·希顿—沃森所言：人类文明的生存依赖于对两条真理的认同：其一，既不可能有绝对的国家主权，也不可能消灭民族属性。其二，民族文化与国家间合作必须保持平衡，只有这样，破坏性内战和核毁灭才可能避免。也许，世界上绝大多数人对这些事情不甚关心，然而，并不能否定这两件事情对人类的重要意义。①

中国是四大文明古国之一，虽然秦始皇建立的大秦帝国不是中国历史的起点，但今天我们讨论民族国家建构却要从秦帝国谈起。有人认为，中华帝国始于大秦，终于大清，在这2122年间，大一统的帝国及其传统是探讨当前中国所有政治、社会问题的历史前提。今天的中国不过是对传统中国的扬弃，传统中国的"合理内核"必然在今天的社会生活中以某种方式体现出来。实际上传统中国更多地体现为一个文化共同体，政治统治、经济发展、军事占领、自然地理等对社会一体化的整合与维系功能远不及文化在国家塑造中的作用，家国体制、宗法制度及具有共同信仰的儒士集团共同维护了中国封建社会的超稳定结构。以儒家思想为核心的政治文化被视为正统的政治意识形态，从而使得政治统治得以实现，政治制度得以维系，历代王朝统治者不论是中原农耕民族还是北方游牧民族取得全国政权都要将自己标榜为儒家文化或中国传统文化的真宗嫡传，从而在正统的政治意识形态传承中获得政治统治的合法性。孔子将区分民族界限的宗教、语言、礼俗、服饰等概括为统一的文化标准："行周礼者为华夏，拒斥周礼者为夷狄。"可见，这样的民族观对民族属性的判断不是种族的或其他的标准，而是文化的标准，其结果便使中国这块地域成为一个文化的、开放的空间，不仅适宜汉族人居住，

① [英]休·希顿—沃森：《民族与国家——对民族起源与民族主义政治的探讨》，吴洪英、黄群译，中央民族大学出版社2009年版，第632—633页。

也适宜其他少数民族居住。文化中国的疆域成为中华民族共同的地理疆界，而后通过思想的统一达到政治的统一，通过军事的统一达到国家版图的统一，通过文化的统一达到天下的统一，① 从而以文化为主导形成国家现实的政治统治及主权边界。中国的这种传统及其特点，对于今天我们看待和处理民族问题乃至国家统一问题具有重要的启发意义。

由此可见，文化传统及政治意识形态在国家维系中发挥了强大作用。中国古代王朝国家这种人群集团至多只能称之为"文化民族"或"政治民族"②，而不能和欧洲16世纪反封建、反神权的启蒙运动以来，特别是法国大革命废除王权之后那种基于主权在民观念下的"民族国家"相提并论。因为按照西方话语，法国大革命实际是近代国家兴起的标志。其内在地包含两方面内容：一方面是这个国家的主权属于人民，人民通过自己的代表来行使国家权力；另一方面，国家必须保护人民的自由、平等、民主等基本权利，不通过法定的程序和法律，不可剥夺人民的自由和权利，这是一体两面。所以，在法国大革命当中就产生了一个很重要的概念：公民或国民，不分肤色、信仰、财富状况、教育程度，组成自己的国家，一个合法政权统治下公民的集合叫作民族。与此相对照，脱胎于半殖民地半封建社会的中国，其现代民族国家建构还任重道远。因此，国家建构应是中国社会现代化所面临的重大课题。按照现代国家建构理论，国家建构分为民族国家建构和民主国家建构，民族国家建构包括以主权为核心的国家制度体系建构和民族认同为核心的"民族（国族）建构"；民主国家建构则包含以主权在民为核心的民主制度建构和以公民认同为核心的民主法治意识建构。显然，我国民族国家建构和民主国家建构任务均未彻底完成。不仅如此，一般认为，我国现代国家建构中还存在两个不平衡。其一，民族国家建构与民主国家建构不平衡。即民族国家外壳具备了，但民主国家建构明显滞后，特别是国家建构中的国家认同、民族认同（中华民族）、核心价值观认同、心理认同尚未构建起

---

① 李宗桂：《论董仲舒的思想方法》，《秦汉文化和华夏传统》，学林出版社1993年版，第101页。

② ［英］休·希顿—沃森认为，文化民族（Culture nation），指通过语言、宗教、历史神话或其他文化纽带凝结在一起的共同体；政治民族（Political nation），指除了文化纽带外，还拥有一个共同的合法的国家机构的人们共同体。参见［英］休·希顿—沃森《民族与国家——对民族起源与民族主义政治的探讨》，吴洪英、黄群译，中央民族大学出版社2009年版，第5页。

来，即"硬件"有了，但"软件"尚不充分；其二，国家制度体系建设与国家认同不平衡，即中国特色社会主义制度体系已在全国范围建立起来，但不同民族和地区的国家认同差异巨大，特别是国家认同中的意识形态认同、领土与国家观念认同、历史传统与文化认同、中华民族的国族认同、公民身份认同等差异明显。因此，处于全球化时代现代国际关系体系中的中国，必须在现代民族国家建构视域认识今天的民族问题，否则民族问题研究就失去立足点。上述现代民族国家建构中的问题是民族问题研究过程中必须考虑的因素，它也是解决我国民族问题的基本出发点。

人们认同体系中的多层次性决定了只有当人们成为一个利益共同体，共同感受到外来因素威胁时，作为群体的民族意识才得以觉醒和调动，民族主义正是这种群体意识的体现，基于民族主义现代民族国家才得以建构。我们中华民族作为整体的民族意识是在近代遭遇西方（包括日本）列强侵略，全体中国人面对共同敌人——帝国主义时，中华民族作为一个整体的民族意识才被激发和调动，我们称之为"民族觉醒"。正如国歌所唱"中华民族到了最危险的时候，每个人被迫着发出最后的吼声"。这是中国人内心深处中华民族认同意识的迸发。从此，"中华民族"便作为中国人的共同体观念被赋予了建构现代民族国家的重任。由此可见，正是在近代以来西方列强侵略过程中中华民族作为民族实体的民族意识逐渐觉醒。肇始于孙中山先生"驱除鞑虏，恢复中华"的政治理想；到合汉满蒙回藏诸地为一国，合汉满蒙回藏诸族为一人，是曰民族之统一；再到今天的 56 个民族"多元一体"民族格局的形成，体现了中华民族整体意识的觉醒和不断成长过程。

1949 年中华人民共和国的成立，为中国现代民族国家建构创造了条件。中国共产党在共产主义共同理想指引下，带领全国各族人民团结一心推翻了三座大山，中国各族人民对美好的共产主义新中国的期待与忠诚在革命的洪流中得以洗礼，在人民翻身当家做主的新风尚中建立起对新中国的国家认同。可见，当年突出强调的阶级斗争和共产主义意识形态在很大程度上掩盖了民族在国家建构中的作用，是共产主义意识形态作为国家建构的灵魂将中华大地上的所有民族凝聚在一起，建设共产主义理想社会及秉持这种理念的中国共产党在新中国国家建构中发挥了核心作用。从此，在以公有制为基础的社会主义高度集中的计划经济体制下，种族、宗教信仰、民族、地域等均显得不再那么重要，原来依附于皇帝、领主、宗教领袖、家族权威等等的传统政治权威不复存在，"现代国家"的公共权威随之树立，人民的主体性地位空前提高。地不分南北东西、人不分男女老幼，均投身于人类最美好、最崇高的共产主义新中国建设之中。可见，今天中国现代国家建构的基础已不再是王朝统治，民族成为新型主权国家合法性的来源。因此，我国宪法开宗明义庄严宣布："中华人民共和国是全国各族人民共同缔造的、统一的、多民族国家。"这是我们今天认识民族问题的国家背景。

　　然而，随着冷战格局的瓦解以及全球化的深入发展，意识形态逐渐失去了两大阵营对峙时期那种强大的凝聚作用和整合能力。同时，随着市场经济制度在中国的确立和发展，区域经济发展不平衡往往以民族之间发展差距表现出来。原本以人民的名义，突出强调国家至上的共产主义道德价值观念在市场经济的金钱标准和现实物质利益面前显得苍白无力，商业交换原则主导的利益追逐使共产主义意识形态与现实生活相脱节。当严酷的社会现实与国家大力倡导的政治意识形态相背离或与现实相匹配的社会意识形态出现真空时，民族主义便迅速成为人们自觉的皈依。① 因为经济、政治、文化、社会等各方面的现实都使人们觉得只有通过民族（非中华民族）的集体行动才能维护自身利益，因而民族认同意识逐渐增长，民族主义运动悄然兴起。作为构建现代民族国家基础的中华民族（国族）逐渐失去了原本应有的吸引力和认同感，少数民族自身单一的民族利益追求成为各自最主要的目标，民族认同甚至取代国家认同成为少数民族认同层级中的最高级序。第三次世界民族主义浪潮推波助澜，我国多民族国家的国家认同问题被凸显出来，并以此为基础演绎成社会热点问题。给国内边疆民族问题研究者以极大震撼的"7·5"事件及其后的暴力恐怖事件，充分说明边疆民族问题已成为当前国家政治生活中的突出问题，并将有可能成为21世纪影响中国现代化建设乃至中华民族伟大复兴不得不面对的重大问题。

　　当然每个国家都有其自身的特点与发展的内在逻辑，任何理论只有经过自我主体性的改造才具有现实指导意义。我们不否认普遍真理的存在，任何民族的实践都对把握和认识"民族"这种社会现象的本质有益。但在全球

---

① 张践：《民族宗教关系的社会理论考察》，宗教文化出版社2009年版，第33页。

化的今天，我们解决中国的民族问题不能忽视中国在世界历史发展进程中的独特性。越是全球化的时代越需要发挥中国自己的主体性，"只有民族的，才是世界的"。西方流行的或被西方实践验证过的民族理论只能借鉴而不能用来裁剪中国的现实，我们应立足于我国作为东方文明古国的文化积淀和历史传统构建中国气派的民族理论，以我国的民族历史发展实践为依据，为世界民族研究增砖添瓦，从而在平等基础上与世界展开对话，共同探讨民族的实质及其发展规律。如前所述，当今世界，国家利益至上，我们不得不对西方国家所推行的民族国家理论有所警惕。一方面，我们要认识到西方构建的以民族国家（单一民族主张）为主要行为主体的国际关系体系并没有使世界实现真正的和平，西方民族国家主导的人类历史上最为惨烈的两次世界大战距今不过 100 年的时间。因此，对发轫于欧洲，率先践行于美、法两国的西方民族国家理论在人类社会发展史上的历史定位不必神化；另一方面，当代西方在世界各地广泛推行的民族国家理论并没有给当地人民带来福祉，反而陷入了另一种形式的无休止的战乱与仇恨之中。

民族关系作为与民族同始终的社会现象，既是历史发展的产物和历史的沉淀，又是对现实环境和条件的反映。在一个多民族国家，民族及民族关系始终是国家政治生活中的重大问题，它与国家的安定团结、政治稳定和进步繁荣紧密相连。因此，应充分认识我国民族问题的长期性、复杂性和重要性。新中国成立初期，老一辈无产阶级革命家在把马克思主义的民族理论同我国民族实际相结合的探索与实践中，走出了一条正确解决我国民族问题的道路。我国少数民族阶级压迫、民族压迫及民族内部剥削制度被消除，并初步建立了社会主义制度。民族区域自治制度作为中国特色社会主义政治的基本政治制度（人民代表大会制度、中国共产党领导的多党合作与政治协商制度、民族区域自治制度）之一，是我国处理民族问题的基本政策，它是根据我国的历史发展、文化特点、民族关系和民族分布等国情实际作出的制度安排，保障了少数民族的权利，调动了少数民族共同建设社会主义祖国的积极性，并先后载入了 1949 年《中国人民政治协商会议共同纲领》和 1954 年《中华人民共和国宪法》。中华人民共和国的成立，标志着民族压迫制度的结束和民族平等时代的开始，从此中国的民族关系真正进入民族团结、民族平等的新时代。

　　进入新世纪以来，受国内外多种因素的影响，我国民族问题日趋突出。以 2009 年"7·5"事件为标志，国内民族问题展现出新特征，国内学界对民族问题的研究也进入了一个新阶段。一方面，要求学界重新审视西北民族问题，反思已有学术成果；另一方面，需要着眼于西北民族地区的未来，从实现西北民族地区跨越式发展与长治久安的战略高度来认识和思考民族问题。因此，人们对西北地区民族问题关注点由长期以来以民族关系，特别是汉族与少数民族之间的日常交往关系开始转向以少数民族国家认同问题的研究。当然，民族关系与少数民族的国家认同建构具有内在的必然联系。中外历史经验和现实证明，民族关系是与国家安全密切相关的变量。因此，以少数民族国家认同构建为视角，研究和探讨西北民族地区民族关系具有重要的学术价值和现实意义。

　　青海海西蒙古族藏族自治州民族众多，资源富集，经济社会发展相对滞后，具有西北多民族聚居区的典型性、代表性。由于历史上王朝更迭、民族战争及民族迁徙等原因，这里多种宗教文化、农耕与草原畜牧文化、现代化生产与落后的传统生计方式并存。因此，与众多的民族问题研究者聚焦于民族问题突出的新疆、西藏地区不同，本书的研究视角聚集在民族关系相对和谐的青海海西地区，通过深入田野调查，探讨同为西北多民族聚居区的海西地区民族关系相对和谐的原因，总体上把握当代海西民族关系发展的现状、成因与态势，通过对影响海西民族关系发展的政治、经济、文化、社会与生态等因素的细致梳理和总结，分析影响海西民族关系的历史与现实因素，民族区域自治、民族地区干部选拔任用、民族平等权利等政治因素，自然资源开发和利益分享、教育与就业、发展机会等经济社会因素及宗教信仰、少数民族文化调适与重构、国家核心价值观及国家认同构建等文化因素是如何影响民族关系，从而总结西北民族地区民族关系和谐发展的内在规律，丰富中国民族关系理论，并对西北地区民族关系的和谐发展、边疆安全与稳定、少数民族国家认同建构等重大问题提出相应的对策。

# 第 一 章

# 绪 论

## 第一节 选题背景及意义

### 一、选题背景

#### （一）理论背景

理论（theory）是人们对自然、社会现象按照已知的知识、经验或者认知，经由一般化与演绎推理等方法，进行合乎逻辑的推论性总结，具有对某一类事实或事件作出有效的解释功能。列宁说："没有革命的理论，就不会有革命的运动。"① 对于民族这种社会现象，显然也需要从实践出发不断进行理论总结和创新。当今世界，西方国家作为现代化的先行者，在经济繁荣的背后隐藏着所谓强势文化的先进性和优越感，并试图以被西方实践检验过的相关民族理论改造全世界。然而各个国家和民族都有自身发展的内在逻辑和历史特点，理论的普遍性并不排斥民族发展的特殊性。通过一些将西方族群理论奉为圭臬的发展中国家仍在为民族冲突流血的政治实践来看，客观上受制于国家利益、主观上囿于人的认识的局限性，西方的民族理论往往成为发展中国家的理论陷阱。中国的民族实践是西方和原苏联民族学理论无法指导的。因此，在借鉴世界先进民族理论基础上，从我国民族社会发展实践出

---

① 《列宁全集》第2卷，人民出版社1984年版，第443页。

发，不断构建中国特色的社会主义民族理论，显得十分必要。我们不仅为中国民族实践发展获取有价值的外部经验，还要为人类民族发展贡献中国的本土经验。

我国作为地处东亚的文明古国，在历史发展长河中形成和积累了解决民族问题的中国传统方法和丰富经验，形成了中国传统的民族治理思想。"修其教不易其俗，齐其政不易其宜"是民族治理的主要特征，这既保持了民族特色，又有文化的融合提升，并符合政治统一的内在要求。其优势在于：多元在共同的文化追求与政治体制中得到统一，充分发挥政治上的统一和文化上的认同在多民族国家统一中的作用。文化上的"和而不同"是中国古代民族治理的基本态度、基本经验，它协调了民族之间的关系，也使得各民族共同维系了国家的统一、政治的稳定，促进了民族之间互相吸收、互相依存的共存意识。[①] 近代以来在争取民族独立与解放的革命战争中，中国共产党继承中国民族治理的优秀成果，把马克思主义普遍原理同中国的民族发展实际相结合，形成了马克思主义民族理论中国化的一系列成果，亦即中国特色社会主义民族理论。[②] 邓小平认为我国民族关系基本上是劳动人民之间的关系，指出我国各兄弟民族经过民主改革和社会主义改造，早已陆续走上社会主义道路，结成了社会主义的团结友爱、互助合作的新型民族关系。[③] 江泽民指出加快发展是解决我国现阶段民族问题的核心，提出"三个离不开"的民族理论，即汉族离不开少数民族，少数民族离不开汉族，各少数民族之间也相互离不开。[④] 胡锦涛指出中国特色社会主义道路是解决我国民族问题的根本道路，要牢牢把握各民族共同团结奋斗、共同繁荣发展的主题。[⑤] 这些科学论述为我们做好民族工作，促进我国各民族共同繁荣发展，奠定了坚实的思想基础。上述立足于我国本土实际，构建具有中国特色的民族理论与政策体系过程中的理论发展、创新，成为马克思主义民族理论中国

---

① 黄岩：《国家认同——民族发展政治的目标建构》，民族出版社 2011 年版，第 74 页。

② 金炳镐、金东杰、陈永亮：《中国共产党与马克思主义民族理论中国化》，《黑龙江民族丛刊》2001 年第 1 期。

③ 《邓小平文选》第 2 卷，人民出版社 1994 年版，第 186 页。

④ 国家民族事务委员会、中共中央文献研究室：《新时期民族工作文献选编》，中央文献出版社 1990 年版，第 149 页。

⑤ 《共同团结奋斗　共同繁荣发展　实现全面建设小康社会》，《人民日报》2003 年 3 月 5 日第 1 版。

化探索的重要成果。

改革开放以来，随着市场经济的深入发展，新的利益架构引起了一系列新的社会问题，作为社会总问题一部分的民族问题也日益凸现，客观要求首先从理论上作出回应。那么，当前中国的民族问题其本质是什么，与以往的民族问题有哪些异同，其产生的原因是什么，有什么样的解决之道，现有的民族政策需要怎样完善，学术界在上述问题上存在一定争议。2004年，马戎先生发表了《理解民族关系的新思路——少数族群问题的"去政治化"》一文，认为民族问题应"去政治化"，依据中国的历史经验和中国国情实际，应当回归民族的"文化化"。同时，马戎教授从社会学的"代际更替"研究视角，认为现行的民族政策应作出适当调整，实行第二代民族政策。这些理论不断被聚焦、剖析，在学界引起很大争议。

马克思主义认为任何理论科学都是历史的理论，[①] 即对客观实际进行历史的考察，又服务于当前的社会实践。因此，理论的形成和理论指导实践是一个过程，都不能脱离客观实际，民族学理论决不能离开这一原则。在当今现代化、工业化、城镇化进程不断加快的背景下，少数民族地区社会转型引起传统文化急剧变迁，在新的生产方式主导的少数民族地区现代化过程中，民族关系经历着交融与冲突。深入民族地区，在田野调查基础上了解民族关系现状及其互动关系，对于拓展民族关系研究的深度与广度，构建适应新的时代发展要求的民族关系理论具有重要意义。当前西北地区的民族问题引起了人们的普遍关注，人们更多地将注意力集中于新疆，探讨新疆民族关系的各种影响因素，着眼于边疆安全、政治稳定，运用民族学、政治学、社会学等方法研究民族关系发展内在规律的相对较少，对其他民族地区的民族问题研究更少。实际上，民族作为社会现象有其内在的发展规律，我们不仅要关注民族问题突出的新疆地区，同时也要探讨民族关系相对和谐的其他民族地区民族关系和谐发展的内在原因以及民族关系发展变化的深层次影响因素，总结民族关系发展的一般规律，从而为深化和全面建构我国民族学理论提供经验性认识和理论总结。

---

① 《列宁全集》第4卷，人民出版社1984年版，第170页。

### （二）现实背景

民族问题是社会总问题的一部分，其性质、内容是随着社会总问题的变化而改变的。当前我国的民族问题体现在国际和国内两个方面：从国际视角分析，随着全球化的深入发展，一国的内部问题往往也成为国际社会问题的一部分。因为国际社会本身是一个各行为主体互动的过程，在本国内部势力推动、国际因素介入、影响层次逐步深化的多主体、多维度动态演进过程中，一国内部的政治、民族、宗教、经济问题常常在这一互动过程中逐渐走向国际化。这与我们今天处于被阿伦·布坎南（Allen Buchanan）称为的"分裂的时代"密切相关。① 后冷战时代，随着第三次民族主义浪潮的蔓延，对一国国家安全和领土完整的威胁更多的来自于国家内部分裂，而不是来自外部的侵略。例如，1985—1999 年间，全世界至少有 52 个国家内部存在分裂主义的问题；②1990—2007 年，由于国家内部分裂催生了 25 个被国际社会所承认的新国家，这一过程充满了血腥与纷争。③ 纵观这些分裂活动，我们发现基于相同的地域、人口和历史文化的认同是分裂主义得以产生的前提，集中于某一地域内的民族常常成为分裂主义的主体。因此，民族问题已经成为影响国内政治稳定、国家统一、主权完整乃至世界和平与发展的重大问题。

从国内因素分析，我国是由 56 个民族组成的统一的多民族国家，"多元一体"是我国民族格局的基本特征。在当前我国的政治生活中，由于受到诸多内外因素的影响，国家统一问题并没有得到彻底解决，"台独"、"藏独"、"东突"等各种分裂势力仍然十分活跃，④ 我国依然面临分裂主义的严峻挑

---

①　Allen Buchanan, "Self-Determination, Secession and the Rule of Law," in R. Mckim and J. Mcmahan, eds., The Morality of Nationalism, New York: Oxford University Press, 1997, p.301.

②　T. R. Gurr, Peoples versus States: Minorities at Risk in the New Century, Washington, D. C.: US Institute of Peace Press, 2000, p.28.

③　Aleksandar Pavkovic, "Introduction," in Aleksandar Pavkovic and Peter Radan, eds., The Way to Statehood: Secession and Globalisation, Hamp shire: Ashgate Press, 2008, p.1.

④　民族认同与国家认同的关系，以及如何在多民族国家建构国家认同已成为学界探讨的热点。关于这一领域的研究进展，可详见李忠、石文典《当代民族认同研究述评》，《西北民族大学学报》2008 年第 3 期；王亚鹏《少数民族认同研究的现状》，《心理科学进展》2002 年第 1 期；李瑞君《改革开放以来"国家认同"研究概述》，《中共杭州市委党校学报》2010 年第 6 期；袁娥《民族认同与国家认同研究述评》，《民族研究》2011 年第 5 期。

战。改革开放以来，受市场经济和非均衡发展模式的冲击以及现代化梯度推进，使得地区差距往往以民族差距体现出来，严重侵蚀着少数民族的国家认同，从而对国家安全与政治稳定造成很大负面影响。

同时，随着两极格局的解体，传统意义上的政治、军事等国家安全因素在国际关系中的地位相对下降，作为国际关系体系的一个传统变量——"文化"的地位日渐上升，并日益成为衡量国家综合国力的重要标志。国内民族冲突也必须寻找其文化根源，主宰国内外政治活动均是所谓的"文明的冲突"。显然，文化作为一种软实力促进了国内外政治、经济、军事等硬实力的碰撞。不仅如此，中国在基本实现小康以后，人们普遍从文化中探寻人生的意义和灵魂的归宿，生活幸福感的来源已不再是单纯的物质财富需求的满足，幸福感中的文化因素不断增加，深刻地影响着现代社会生活的方方面面。在此背景下，作为文化共同体的民族日益成为人们精神追寻的重要目标和依托，从而使得民族成为国家和地区和平与发展的重要变量，以文化为主要标签的民族及其关系的重要性、政治性正在上升。

作为统一的多民族国家，我国的民族问题日益成为国家政治生活中的突出问题。虽然在市场化、工业化、城镇化有效增进内地与边疆一体化的过程中，各民族物质生活层面趋同性日益增强，民族之间的了解与认识也不断加深，各民族文化逐渐出现共享态势。但与中国其他地区民族问题主要表现为经济问题有所不同，目前西北地区的民族问题显然已不是单纯的经济问题，其政治性特征十分突出。近年来西北边疆民族地区恐怖暴力事件的发生表明，西北地区民族问题已经十分严重，民族关系的未来走向存在很大不确定性。然而从西北地区自身条件分析，就地理位置、发展状况、民族构成、文化传统、历史变迁、国家安全、外部干预、政治生态等方面而言，西北民族地区是我国最独特的地区，这种独特性自古便是历代中央政府、周边政权及世界大国认知中的重要问题。西北民族地区地处边疆、地域辽阔、资源丰富，是我国民族、宗教关系最为复杂的地区之一。维吾尔、蒙、藏、回等人口较多的少数民族聚居于此，伊斯兰教、藏传佛教、基督教等都有较大影响。此外，许多民族跨国而居，受国际地缘政治影响明显，长期以来，成为境内外民族分裂势力、宗教极端势力、暴力恐怖势力活动、渗透的重点区域。上述因素是本书研究的现实背景。

## 二、研究意义

本书以青海海西蒙古族藏族自治州（以下简称"海西州"）的蒙藏汉民族关系研究为主题，是基于西北地区民族关系已成为影响国家统一、边疆安全、政治稳定等一系列重大问题重要因素的考虑。青海地处西藏、蒙古、新疆与传统观念的"内地"之间，自古便是中原农耕经济与西北游牧经济交接、对峙的过渡地带，也是西藏、新疆等传统的边疆地带与内地沟通的主要桥梁和通道。在高度多样性的人文环境中，青海独特的历史在经济、政治、社会人文诸多方面都有着自我界定的中心，并牵涉毗邻的更大外部世界。①青海是祖国内地与边疆（西藏、新疆）的重要交通要道，也是西北与西南边疆的战略大后方。此间发生的诸多事件，历来具有十分重要的影响，特别是明清以降中国和内陆亚洲许多决定性历史进程的源头。这种地缘战略关系使得青海的政治稳定、民族关系和谐发展具有不同于其他地区的重要意义，特别是青藏铁路的开通赋予青海更为特殊的使命。从清雍正朝开始，青海成为一个不容忽视的行政区划单位，中央在青海设立了理藩院新分支机构——驻西宁办事大臣，地位日益重要。青海民族问题对全国的重要影响主要体现在其地理位置和宗教两个方面。从宗教角度分析，藏传佛教和伊斯兰教是青海影响最大的两种宗教。青海作为除西藏外最大的藏区，藏族是人口最多的少数民族，基本全民族信仰藏传佛教，信奉达赖和班禅的宗教领袖地位。面对达赖集团分裂势力对藏族地区的渗透和不断策划的骚乱甚至暴力活动，青海已成为反分裂斗争的前线，作为青海民族问题很重要的一部分的分裂问题是所有藏区共同面对的问题。②

青海海西地区由于历史上屯田戍边、移民、商贸、通婚等原因，使得生活在这里的民族成分十分复杂，为研究我国统一的多民族国家民族关系提供了现实场域，具有我国多民族地区的代表性。海西作为民族自治州，民族成分及民族关系更为复杂，并且不同民族之间关系疏密程度差异明显，调查这种民族关系的现状、成因，对于探讨民族关系深层次的影响因素具有重要

---

①　贾宁、董建中：《"青海学"刍议》，《青海民族研究》2012 年第 1 期。

②　师夏青：《试论青海民族问题》，《传承》2009 年第 6 期。

意义。同时，海西地区多种文化（宗教）并存，为研究不同宗教、文化对民族关系的影响提供了较好的场域。海西州是农业区向牧业区的过渡带，农业、牧业并存，为研究不同的生产方式如何影响民族关系提供了便利。同时，作为州域主体的柴达木盆地具有"聚宝盆"之誉，自然资源十分丰富。特别是西部大开发以来，由于自然资源开发对民族关系产生严重影响，这是西北民族地区普遍性的问题。"7·5"事件以后，国内民族关系问题的研究发生明显变化，首先表现在民族关系的重要性日趋彰显，成为社会的热点问题，不同学者从不同学科背景研究西北民族问题，探讨解决之道。与新疆、西藏等地民族关系较为紧张、民族问题十分突出不同，青海海西地区民族关系相对和谐，同为西北欠发达的少数民族聚居区，为什么青海海西地区民族关系相对和谐发展，其内在原因是什么，是哪些因素促进了和谐民族关系的建构，对西北边疆民族地区民族治理有什么启示。因此，与近年来学者高度关注新疆、西藏等地民族关系研究注重解决个别现实问题有所不同，研究海西民族关系对于深入探讨民族关系发展的一般规律，从学理上构建中国民族关系理论更具学术价值和现实意义。具体有如下几点：

1. 维护和巩固西北边疆安全，关乎中国现代化战略的实现。西北边疆地区地缘战略地位十分重要，是国外敌对势力渗透的重点区域，给边疆研究者带来极大震撼的"7·5事件"及其后一系列恐怖暴力事件都说明西北地区民族问题已十分突出。西北地区的政治稳定与经济发展，在国家发展战略中具有举足轻重的意义。本书研究具有鲜明的现实针对性。然而当前国内对于青海海西民族关系的研究成果十分少见，本书的研究可视为西北边疆文化戍边的组成部分。

2. 为民族地方治理发挥基础性作用。在深入的田野调查基础上，把海西地区少数民族群体或个体意识和行为同文化及社会结构因素联系起来，从综合性、历时性视角，以实证方法研究海西民族关系现状、成因，在现代化引起的社会结构变迁中探讨少数民族国家认同建构的路径，从而为实现西北民族地区的长治久安和有效的社会整合提供理论支撑。

3. 深入探讨民族认同与国家认同之间的动态演进关系。作为农业向牧业的过渡带，历史上的海西地区曾是中原政权与西北游牧民族政权争夺的主要场域，战争及王朝更替等使得这里边疆（边界）变迁频繁，国家认同意识随之不断变迁。这为研究新形势下我国少数民族的民族认同与国家民族认同提供了良好的场域。目前，学界普遍侧重于从社会学、政治学、国际关系等视角对少数民族的国家认同进行宏观分析，本书把群体或个体的意识和行为同文化与社会结构因素联系起来，分析民族认同与国家认同之间的动态演变规律，从而为少数民族国家认同建构提供学理支撑。

4. 为制定和完善民族政策提供政策建议。运用民族关系研究的基本理论范式，通过海西地区蒙藏汉民族的生计方式、居住格局、族际通婚、文化交往及民族心理等视角分析民族关系发展的内在规律，探讨海西和谐民族关系建构的主要影响因素，为在全球化背景下，中国民族国家建构进程中认识和理解民族关系及其问题提供新的思路，从而为我国民族政策体系的完善提供理论支撑和政策依据。

上述问题涉及海西民族关系的诸多方面。对海西蒙、藏、汉等人口较多民族关系的细化比较分析，有助于探索民族关系发展的一般规律，为解决西北民族地区民族矛盾与冲突，完善新时期我国民族理论与政策具有重要意义。同时，本书以海西蒙、藏、汉民族关系为个案，基于实地调查获得的第一手资料，对于把握日益复杂国际背景下我国西北多民族聚居区民族关系发展的新变化增加一例个案。本书通过参与观察和访谈等田野调查手段，相对客观地了解海西地区民族关系的真实情况，加深对不同文化背景、生计方式、自然环境下民族关系发展演变规律的掌握。青海是除西藏以外我国藏传佛教的又一重地，寺院分布广，僧侣数量多，社会影响大，而海西地区作为青藏高原的一部分，是藏族文化艺术的重要诞生地，也长期处在民族交流融合的最前沿。2008年"3·14"事件以来，一些民族冲突和群体性事件时有发生，客观上为深入研究海西民族问题提出了要求。因此，海西蒙古族藏族自治州是研究西北民族关系的理想切入点。本书探讨海西州民族关系（藏、蒙、汉）的历史、现状及其发展态势，通过"当地人的视角"，侧重研究对象的主体性感受，更客观清晰地勾勒出海西地区民族关系的实际状况。在深入调研的基础上结合该地区的历史文化传统，深入分析民族关系的实质，从而揭示影响藏区社会稳定的复杂因素。

本研究选取海西蒙古族藏族自治州蒙藏汉民族关系作为研究对象有以下几方面的缘由：

（一）地理位置的特殊性。海西位于青藏高原北部，青海省西部，南通西藏，北达甘肃，西出新疆，东邻青海海北、海南藏族自治州，是甘青新藏四省区交汇的中心地带，也是进出西藏的重要咽喉地带。作为进藏重要通道，海西独特的地理位置历来受到中央的高度重视，其中格尔木市是进藏重要物资集散地，是戍守西藏的战略要冲。地缘相接、文化相近，使得海西的发展对于西藏和新疆具有一定的带动示范效应。

（二）历史地位的重要性。海西历史悠久，历史上便是中原与边疆政权争夺的重要地区。海西古为西羌地，东晋至隋唐时期，先后为吐谷浑和吐蕃政权所控制。明初东蒙古诸部进入，明末为西蒙古的和硕特部落所统治。民国十九年（1930）置都兰县。新中国成立后，曾成立都兰县人民政府，辖今海西全境，直属青海省，1985 年 5 月更名为"海西蒙古族藏族自治州"。作为"丝绸之路"南道，这里曾是中西文化交流的重要通道，也是内地与新疆、西藏等地政治、经济、文化交流的重要交通枢纽之一。

（三）民族成分复杂、多样。由于地处政权边缘地带，海西历史上政治边界的频繁变迁使得民族成分十分复杂，汉、蒙、藏、回、土、撒拉等 30 多个民族聚居于此。以藏传佛教文化为核心的藏文化、以儒释道为基础的汉文化和以伊斯兰教文化为主体的回族文化在这里相互交流激荡，是著名的"西北民族走廊"的重要组成部分。

（四）民族关系错综复杂。历史上，随着军事、政治等原因，不同民族曾在海西地区生活，他们在经济、政治、文化、社会等诸多领域交流频繁，相互理解与仇杀的历史记忆成为今天民族关系构建的重要影响因素。新中国成立后，在党的民族平等政策引导下，逐渐建立起和衷共济、平等相待的民族关系，但近年来由于受世界民族主义潮流及国内区域发展差距拉大等内外因素影响，与西北其他民族地区一样，和谐民族关系构建遇到较大挑战，产生了许多亟待解决的问题。

（五）学术研究的迫切性。"藏独"、"疆独"虽然是西北民族地区最为突出的问题，相关研究成果也较多，但同受藏独势力影响的海西地区其研究尚未受到足够重视，尤其从民族政治学的视角进行分析的研究成果很少。因此，选取这一地区进行研究具有一定的针对性和代表性，并可与民族问题突出的其他民族地区进行比较，从而为西北民族地区民族关系研究增砖添瓦。

# 第二节　研究现状述评

## 一、民族关系研究

一部中国历史也是一部中国民族关系史，中国历史上下五千年就是各民族之间既斗争又融合的发展历史过程。我国历来重视民族关系及其问题的研究，在漫长的历史发展进程中积累了丰富的民族治理经验。随着时代的变迁，民族关系研究的主题有所不同。近年来，我国民族关系研究主要集中在以下方面：

### （一）民族关系概念及其影响因素研究

对民族关系概念及民族关系内容的厘定是研究民族关系的前提，不同学者持有不同的观点，这方面的论著和文章很多。徐黎丽教授在《论民族关系与民族关系问题》[①] 一书中就民族关系及民族关系问题的含义、性质进行了探讨，认为民族关系是指民族内部、民族之间、多民族及跨国或跨地区民族在政治、经济、文化、社会生活等方面所表现出来的和平、战争或二者并存的交往关系。民族关系问题则是指民族交往过程中产生的矛盾。在探讨民族关系与政治稳定关系的基础上，对影响民族关系的宗教、风俗习惯、民族意识、体质因素等进行了详细分析。袁年兴《试论民族关系的概念及内涵》[②] 一文从共生学的视域出发，认为民族关系是社会共生系统的一个重要组成部分，是由于互利性的刺激而产生的民族共同体的自觉行为，它以民族共生系统中的能量分配为核心，是一种从间歇共生向一体化共生、偏利共生向对称性互惠共生不断发展的民族之间的共生运动。这种民族共生运动的规律是不断向更高层次的有序化和一体化演变，其实质说明了随着人类社会的不断发展，民族之间普遍具有融合共生趋势。马曼丽《论民族关系的实质与当代民族关系的核心问题》[③] 一文，对民族关系问题的本质进行了探讨，认为民族关系主要是指族际之间的关系，实质性的民族关系无非是民族之间各

---

① 　徐黎丽：《论民族关系与民族关系问题》，民族出版社 2005 年版。
② 　袁年兴：《试论民族关系的概念及内涵》，《满族研究》2009 年第 4 期。
③ 　马曼丽：《论民族关系的实质和当代民族关系的核心问题》，《烟台大学学报》2005 年第 4 期。

种利益关系。马克思认为："在古代，每一个民族都由于物质关系和物质利益而团结在一起。"① 这些利益不单是经济利益，还包括政治利益，在当代，文化利益在民族关系影响因素中的地位不断上升。利益平衡必然有助于民族关系和谐发展。由于某些民族利益集团在不断追逐超常利益，导致民族矛盾和冲突时时存在。她指出，研究民族关系应以可能影响国家与民族关系的核心问题与政策为导向，特别要关注构成现代民族国家的最根本的两个要素即领土和公民。金炳镐、龚学增的《民族理论和民族政策学习纲要》对社会主义民族关系的特点及性质做了概括界定。余振和达哇才仁主编的《中国的民族关系和民族发展》论文集，从不同学科分析了当前我国民族关系的基本问题，认为民族之间在一定介质中进行民族对话和理解是民族关系协调发展的有效途径。此外，徐黎丽教授的学术论文《论民族意识对民族关系的影响》、《论民族心理对民族关系的影响》、《论民族文化与民族关系的互动影响》等对民族关系的影响因素进行了深入的分析。这些成果为我们提供了民族关系问题研究的历史背景，对中国民族关系的中国特色、历史传统及其发展演变都具有宏观上的指导作用。

### （二）民族关系史研究成果丰富

民族关系史的研究对象是民族关系发展的历史过程，主要目的在于探索民族关系发展的一般性规律，以总结我国历史上民族关系发展的成败得失、经验教训，有鉴于今天的民族治理。20世纪30年代，王桐龄的《中国民族史》②、吕思勉的《中国民族史》③以及林惠祥的《中国民族史》④是三部最有影响的中国民族史著作，整体上勾勒了历史上中国各民族交往的轮廓，其中看待民族关系的视角对今天我们的民族研究具有重要的参考价值。翁独健主编的《中国民族关系史纲要》⑤，概括梳理了我国历史上民族关系发展脉络，客观地剖析了各个时期各民族关系的形式、内容、特点和变化，阐述了各民族在政治、经济、文化上的互相影响，共同缔造祖国历史的基本论点。

①　《马克思恩格斯全集》第3卷，人民出版社1960年版。
②　王桐龄：《中国民族史》，文化学社1934年版。
③　吕思勉：《中国民族史》，世界书局1934年版。
④　林惠祥：《中国民族史》，商务印书馆1939年版。
⑤　翁独健：《中国民族关系史纲要》，中国社会科学出版社2008年版。

伍新福等的《湖南民族关系史》①一书对湖南民族关系进行了历史性、系统性的考察，分析了湖南民族关系发展的历史，并总结其中的经验教训，对于今天民族关系及其问题的解决积累了个案经验。周伟洲的《中国中世纪西北民族关系史》②是一部断代的、地域性的民族关系史专著，以魏晋南北朝、隋唐时期的陕甘宁青新民族关系为研究对象，在探讨历史上的中国及其疆域、民族问题基础上，认为历史上民族关系的主流是和平共处或平等联合，而不是民族压迫；对历史上的民族战争与民族英雄问题进行了探讨，并指出应以马克思主义唯物史观看待历史人物、民族英雄的作用和地位；对于历史上民族关系发展究竟是同化还是融合问题进行了探讨，力图找出西北地区民族融合的规律和特点。此外，作者认为研究中国民族关系史应以历史上中国统一的多民族国家形成、发展和巩固以及中华民族的形成为纲。西北地区自然条件、地理环境以及农业与畜牧业的生产特点，丝绸之路文明等对文化传播与交融的作用等都对西北民族关系发展具有重要影响。蒲文成、王心岳《汉藏民族关系史》③把汉藏民族关系置于中华民族多元一体演进发展的历史大格局中，以经济、政治、文化、社会关系为主线，以汉藏两民族互相交往的大量史料为主要内容，厘清了汉藏民族关系演变、发展的历史概况，反映了汉藏民族关系的全貌和本质，用史实说明只有社会主义才能真正实现各民族共同繁荣发展。此外，杨建新、马曼丽合著的《西北民族关系史》，陈庆英、丁守璞的《蒙藏关系史大系》，杨策、彭武麟主编的《中国近代民族关系史》，王文光的《中国西南民族关系史》等对区域民族关系史进行了深入的探讨。

**（三）区域民族关系研究不断深入**

由于自然地理环境及历史原因，我国不同地区民族关系表现出不同的特征，因此，针对不同区域的民族关系研究成果较多。丁宏教授的《回族、东乡族、撒拉族、保安族民族关系研究》④一书，在调查西部地区民族关系的历史和现状及存在的主要问题基础上，对西北地区民族关系的焦点问题进

---

① 伍新福、李昌俊、彭继宽：《湖南民族关系史》，民族出版社 2010 年版。
② 周伟洲：《中国中世西北民族关系研究》，广西师范大学出版社 2007 年版。
③ 蒲文成、王心岳：《汉藏民族关系史》，甘肃人民出版社 2008 年版。
④ 丁宏：《回族、东乡族、撒拉族、保安族民族关系研究》，中央民族大学出版社 2006 年版。

行深入的分析，提出初步的解决方案和建议。徐黎丽教授的《甘宁青地区民族关系发展趋势》①一书在田野调查基础上分析了民族关系与政治稳定之间的密切关系，并对该地区民族关系未来发展趋势做了分析。苏发祥《西藏民族关系研究》②（2006）对西藏地区各民族间民族关系进行了阐释。杨文炯教授《互动、调适与重构——西北城市回族社区及其文化变迁研究》③以西北地区四个省会城市西安、兰州、西宁、银川市的回族社区为重点，在国家和社会关系历史演变的宏观场域中，在大传统与小传统以及城市多元文化的互动中全面探讨城市回族社区及其文化的变迁。此外，还有许多研究区域民族关系的论文。段继业的论文《青藏高原地区藏族与穆斯林群体的互动关系》④深入分析了穆斯林群体与藏族的民族关系，发现这对民族关系和谐稳定的根本原因在于他们之间持久、频繁的民间互动，而互动的深层原因在于穆斯林群体和藏族两种生产方式的互补共生需求，这种需求决定的频繁交往导致民族文化的相互交流与融合，但就目前的密切程度来看，"和而不同"是藏族与穆斯林民族关系长期的发展趋势。徐黎丽教授等的《影响西北边疆少数民族地区民族关系的变量分析》⑤，在对当代西北边疆少数民族地区民族关系进行调查分析后，提出了接触深浅、民族认同及国家认同是影响民族关系的重要变量，并运用这些变量对西北少数民族民族关系进行了分析。王俊敏《呼和浩特市区民族关系研究》⑥一文对呼和浩特蒙、满、回、汉四个民族间的民族关系进行了综合考量，展示了该市民族关系的历史与现状，探讨了城市民族交往的特点。覃乃昌《改革开放以来桂中、桂北的民族关系——以三江、龙胜、资源、鹿寨、金秀县为例》⑦以三江、龙胜等地为例阐述了当前影响社会主义民族关系发展的几个问题，并提出了巩固和发展社会主义

---

① 徐黎丽：《甘宁青地区民族关系发展趋势》，兰州大学出版社 2001 年版。

② 苏发祥：《西藏民族关系研究》，中央民族大学出版社 2006 年版。

③ 杨文炯：《互动、调适与重构——西北城市回族社区及其文化变迁研究》，民族出版社 2007 年版。

④ 段继业：《青藏高原地区藏族与穆斯林群体的互动关系》，《民族研究》2001 年第 3 期。

⑤ 徐黎丽：《影响西北边疆少数民族地区民族关系的变量分析》，《云南师范大学学报》2009 年第 5 期。

⑥ 王俊敏：《呼和浩特市区民族关系研究》，《北京大学学报》1997 年第 2 期。

⑦ 覃乃昌：《改革开放以来桂中、桂北的民族关系——以三江、龙胜、资源、鹿寨、金秀县为例》，《广西民族研究》2001 年第 1 期。

新型民族关系的建议。虎有泽、冯瑞的论文《兰州市区民族关系研究》①通过对影响兰州市区民族关系的 5 个变量的综合分析，总结了当地民族关系的 5 个特点，提出了影响民族关系的主要因素。马勇的硕士毕业论文《宁夏回汉民族关系研究》，基于民族学实地调查方法，探讨宁夏地区回汉民族关系的现状及其发展态势，从历史因素、人口因素、文化因素及民族交往等方面对宁夏回汉民族之间的动态关系进行了分析，对宁夏回汉民族关系的特点进行了总结。指出今天宁夏地区回汉民族关系是历史上最好的时期，是党的民族政策因素促成了回汉和谐民族关系的发展，回族聚居区民族内部教派矛盾超过了民族之间的矛盾。

### （四）工业化、城市化进程中的民族关系研究

当前以西部大开发为背景，工业化、城市化已成为西北民族地区最鲜明的特征，作为现代化的必经阶段和解决少数民族地区落后生产力与人民群众日益增长的物质文化生活需要这一基本矛盾的主要手段，城市化使不同民族群体之间交往空前频繁，为民族关系发展创造了现实条件。因此，城市化过程中的民族关系研究是新时期必须关注的重要领域。学者从不同视角对城市化、工业化进程中的民族关系进行了深入探讨，研究成果集中在城市化进程中民族格局的新特点、现状及问题，城市化进程中民族关系的影响因素及和谐发展的对策。汪春燕的《城市化进程中的西北民族关系》②一书，在现代化背景下，以西北地区特殊的地理、人文、生态环境为切入点，对城市化进程对西北民族关系的影响以及城市化条件下西北民族地区民族关系新特点进行了深入分析，并从政治、经济、文化等视角对城市化进程中和谐民族关系构建提出了政策建议，可以说本书为民族关系研究另辟城市化的视角。河南大学范存霞硕士论文《城市化进程中的城市民族问题研究》对我国工业化、城市化进程中城镇少数民族的特点及类型进行了概括，对城市民族问题的内容、特点及原因进行了深入分析，在借鉴国内外城镇化进程中民族问题解决方法的基础上，为我国新时期城市和谐民族关系构建提出了建设性意见。南文渊教授的专著《城市化进程中的民族关系转型——以东北少数民族

---

① 虎有泽、冯瑞：《兰州市区民族关系研究》，《西北民族学院学报》2001 年第 3 期。
② 汪春燕：《城市化进程中的西北民族关系》，中国社会科学出版社 2012 年版。

城市化为例》，首先肯定了东北少数民族城市化发展的重大意义，在少数民族城市化现状研究的基础上，认为城市化是实现各民族平等和谐、共同繁荣发展的最好途径，城市化的结果将使民族之间的关系向公民个人之间的关系转化，由此避免了一些社会问题引申到民族问题的可能，自然经济条件下不同民族个体单一的民族身份将被城市化中多元身份认同所取代。同时，还进一步分析了城市化条件下，城市民族关系和多元文化的协调机制。在学术界对少数民族城市化研究较薄弱的情况下，可以说该书填补了东北少数民族城市化研究的空白，为研究少数民族现代化发展提供了新的思路和政策建议。单菲菲和高永久教授的论文《城市化进程中民族问题的研究现状》[1]一文，对我国城市化进程加速发展背景下的民族问题研究现状进行了概括，认为当前城市化进程中民族问题研究集中于民族地区城市化战略、民族社区建设、民族文化变迁、人口迁移与流动等几个领域。王延明、王丽娟在《工业化进程中汉藏族际关系新质——以甘南藏族自治州夏河县麻当乡为例》[2]一文中，在对麻当乡工业化进程中民族关系新特点田野调查基础上，探讨了工业化导致当地族群生计方式的变迁对族群关系的影响。范晶晶的论文《工业化进程中生活方式的变迁与少数民族文化权利保护》[3]，从文化权利分析入手，认为生活方式与文化权利关系极为密切。工业化生产方式是对少数民族原有生计方式的改变，必然对少数民族生活方式带来很大冲击。因此，应重视协调工业化进程与少数民族文化权利保护之间的矛盾，在工业化进程中应确立以少数民族文化权利保护为核心的工业化政策体系。韩言《城市化进程中的民族关系问题》[4]，从城市化进程中民族关系的现状、影响因素以及对策等方面全面论述了城市化进程中的民族关系问题。刘莉的《城市化进程中的民族关系及其调适研究——以社会资本为视角》和王秀英《民族工作社区化——论城市化进程中协调民族关系的一种新思路》结合社会学理论的视角来分析城市化进程中的民族关系，并提出相关对策。古丽米拉·阿林别克《略论城市化

① 单菲菲、高永久：《城市化进程中民族问题的研究现状》，《广西民族研究》2007年第2期。

② 王延明、王丽娟：《工业化进程中汉藏族际关系新质——以甘南藏族自治州夏河县麻当乡为例》，《甘肃社会科学》2009年第1期。

③ 范晶晶：《工业化进程中生活方式的变迁与少数民族文化权利保护》，《内蒙古社会科学》2013年第4期。

④ 韩言：《城市化进程中的民族关系问题》，《内蒙古统战理论研究》2005年第1期。

进程中的新疆城市民族关系》选取某一个具体的民族或地区来对城市化进程中的民族关系进行讨论。贾东海、敏生兰的《城市化进程中民族关系的影响因素》① 一文认为，城市化导致人口的流动加速，这为民族交往带来了便利，同时也为民族矛盾的产生带来了诸多可能性。产生矛盾的原因主要是城市化导致人口流动增加了城市容量的压力，进而造成民族之间在生存与发展方面的竞争关系，使得民族关系进一步复杂化。城市化使得汉族与少数民族之间的文化适应带来困难和不适，民族个体之间的纠纷会增多。少数民族在就业选择、教育培训方面遇到一些不公正的待遇也容易引发民族问题。

**（五）西部大开发与民族关系研究**

对于西部大开发过程中的民族关系研究主要有：崔成男、尹金山、方昌国的《西部大开发——解决民族关系深层次问题的有效途径》② 一文从民族关系发展中的深层问题入手，对西部大开发的多元化功能进行了解析，并提出了西部大开发的基本思路和对策。吴仕民的专著《西部大开发与民族问题》③，专门探讨西部大开发与相关民族问题。陈运辉的《西部大开发的主体性及民族性：利益关系与社会稳定》④ 一文对西部大开发的主体性与民族性，大开发过程中的利益关系和社会适度预期问题进行了探讨，并提出了西部大开发过程中维护和促进社会稳定的理论及对策。李红杰在《西部大开发中需要注意的若干与民族有关的问题》⑤ 一文从民族性的角度出发，探讨了西部大开发过程中必须处理好的若干与民族有关的问题，据此论证了西部大开发中民族工作的主要方向和重点内容。贺萍在《西部大开发对新疆民族关系的影响》⑥ 一文对西部大开发对新疆民族关系带来的重大影响进行了深入剖析。乌小花《试论西部大开发进程中利益调整下的民族关系》⑦ 一文论述了西部大开发进程中民族关系的主要特点及加强民族关系建设的措施和意义。除此

---

　　① 贾东海、敏生兰：《城市化进程中民族关系的影响因素》，《西北民族大学学报》2008 年第 4 期。

　　② 崔成男、尹金山、方昌国：《西部大开发——解决民族关系深层次问题的有效途径》，《满族研究》2000 年第 4 期。

　　③ 吴仕民：《西部大开发与民族问题》，中央民族大学出版社 2006 年版。

　　④ 陈运辉：《西部大开发的主体性及民族性：利益关系与社会稳定》，《民族研究》2000 年第 3 期。

　　⑤ 李红杰：《西部大开发中需要注意的若干与民族有关的问题》，《民族研究》2000 年第 4 期。

　　⑥ 贺萍：《西部大开发对新疆民族关系的影响》，《实事求是》2000 年第 4 期。

　　⑦ 乌小花：《试论西部大开发进程中利益调整下的民族关系》，《黑龙江民族丛刊》2001 年第 1 期。

之外，相关文章还有吴琼的《西部开发：民族关系的变动及原因分析》[1]，马平的《西部大开发对当地民族关系的影响及对策》[2]，王文长的《西部大开发中民族利益关系协调机制的建设》[3] 等。

### （六）全球化与民族关系研究

当今世界各国的民族关系已经很难脱离全球化这个宏观历史背景，国际政治、经济、文化、宗教等因素对一国内部民族关系的影响越来越深入，来自西方的价值观念、经济制度与意识形态等在全球化浪潮中不断扩散，对不同国家的民族关系带来很大影响，出现了全球化与本土化并行发展的潮流。我们一方面要抵制西方借用民族关系问题分化、瓦解我国的图谋；另一方面，又要借鉴世界其他国家处理民族关系的成功经验，不断完善全球化背景下的民族政策，这对于我国和谐民族关系构建十分重要。马戎教授《全球化与民族关系研究》一文，基于马克思主义立场，分析了全球化浪潮中西方经济、政治与意识形态等在全球扩散对于不同国家文化变迁产生的重要影响，并对由此产生的严重政治后果进行了剖析，对现代化背景下我国民族政策进行了反思。而纳日碧力戈教授《全球化视野下的中国民族关系研究：内视、自觉与正义》[4] 一文，则在客观审视全球主要民族理论观点基础上认为，把内视、自觉与正义引入民族关系研究刻不容缓。

此外，民族关系的现有研究成果还着眼于社会主义市场经济及少数民族的人口流动、汉族移民、少数民族地区资源开发与生态文明建设等方面，把民族关系研究不断引向深入。

### （七）当代西方主要族群关系研究理论

西方族群理论涉及面十分广泛，其理论范式复杂多样，研究文献不胜枚举。20 世纪 60 年代以来，西方族群研究主要集中在族群性与族群认同的研究、族群关系研究和民族主义研究三个方面，从而形成很多理论流派。

---

① 吴琼：《西部开发：民族关系的变动及原因分析》，《贵州民族研究》2001 年第 1 期。
② 马平：《西部大开发对当地民族关系的影响及对策》，《西北第二民族学院学报》2002 年第 3 期。
③ 王文长：《西部大开发中民族利益关系协调机制的建设》，《民族研究》2004 年第 3 期。
④ 纳日碧力戈：《全球化视野下的中国民族关系研究：内视、自觉与正义》，《中央民族大学学报》2011 年第 6 期。

1. 族群性与族群认同研究

纳罗尔（Raoul Naroll）在《论族群单位分类》一文中，将族群定义为：（1）在生物学方面基本上是自我延存；（2）共享基本的文化价值，并借文化形式外显的一致性而被认辨；（3）构成了一个交流与互动的场域；（4）有一种成员自我认定或被他人认定的成员身份，构成可与其他同类范畴相区别的范畴。这一理论的实质是将族群大体视为不同社会文化承担单位，因而被视为族群认同理论中"文化论"的代表作。[①] 库恩（Abner Cohen）1969年发表的《非洲都市中的风俗与政治》一书重视族群认同与文化之间的内在关系，指出族籍具有象征或情感的召唤力，在现实生活中具有政治功能，族群认同在本质上是一种政治现象。因此，该书普遍被认为是族群认同理论中"工具论"的源头之作。当然，学界对族群论提出了各种不同的观点，如，巴特（Fredrick Barth）提出了思考族群认同问题的不同出发点和方法。他认为享有共同的认同、历史和文化传统的人群这些特征本身不能为分析和理解族群现象提供最好的基础。族群性是超乎文化经验性差异问题的一种社会组织事项，族群认同是在互动中的自我认定或其他人的认定，而不是研究者在对一个群体"文化"解释基础上的建构，最重要的文化特征是与边界相联系的。

2. 族群关系研究理论

长期以来，族群关系一直是西方社会学、人类学关注的重要问题，已经形成诸多经典范式，马戎教授主编的《西方民族社会学理论与方法》一书进行了系统介绍。

（1）多元文化主义理论

1964年，戈登（Milton M.Gordon）在其专著《美国人生活中的同化》中系统回顾美国200多年来族群关系实践，将美国族群关系发展总结为三个阶段，即盎格鲁—撒克逊化、熔炉（Melting-pot）和文化多元主义（Cultural Pluralism）三个历史阶段。此后，西方学者进一步在此基础上形成了系统的"多元文化主义"理论。

多元文化主义理论的主要观点是：从国际政治视角分析，认为世界上的不同文化都具有存在的价值，各民族和国家的文化都是平等的；从后现代主

---

① 海路、徐杰舜：《西方族群研究文献回顾》，《湖北民族学院学报》2009年第1期。

义的角度分析，认为当代文化已经碎片化，不同的文化价值都具有存在的价值，不同的价值群体应该是平等的、共存的；但西方多元文化主义主要强调在西方宪政框架内不同民族文化的保护和共存。因此，族群与国家的关系构成了这种多元文化主义研究的交点。随着全球化浪潮的不断发展，世界各民族之间关系交往日益加深，资本主义和现代化对传统的少数民族文化及其生存基础构成严重威胁，移民群体越来越多地加入到西方社会，对西方传统的一元价值观和传统的同化主义政策形成尖锐的矛盾，多元文化主义越来越成为继西方自由主义、保守主义和社群主义之后出现的新的政治思潮。这一思潮产生了诸多的思想家，如加拿大多元文化主义思想家金里卡、泰勒、美国的玛丽·杨、英国的帕瑞克等，也产生了不同的多元文化主义政治思想流派，其中自由主义的多元文化主义、保守主义的多元文化主义、激进的多元文化主义构成了当代多元文化主义的重要思想流派。多元文化主义反对自由主义个人本位政治观，强调族群认同的重要地位，主张加强族群教育并提出了比例代表制思想。

多元文化主义的局限在于其追求的多元文化是建立在多差异权利追求基础上的。在这种理论中，对"分"与"多元"的强调，所采取的先"分"而后"合"的社会整合思路，以及依靠政治多元和形式上的平等整合不同族群的制度性措施都极易导致族群的封闭和排外，对社会与政治整合带来不利的影响。

（2）赫克特国家发展的扩散模式理论

1975年，美国西雅图华盛顿大学赫克特教授出版了《内部殖民主义：1536—1966年不列颠民族发展中的凯尔特边缘地区》一书，在讨论多民族国家发达核心地区与欠发达边缘地区关系时，提出了国家发展的扩散模式和内部殖民主义两种模式。这一理论在世界上引起了轰动，学者普遍采用这一理论分析第三世界国家族群关系问题，基本上在不同程度上肯定了"内部殖民主义"这一理论框架在实际研究中的重要价值。[①]

此外，美国学者辛普森（George E Simpson）和英格尔（J.Milton Yinger）在《种族和文化少数民族：关于偏见与歧视的分析》一书中，运用社会分层

---

[①]　海路、徐杰舜：《西方族群研究文献回顾》，《湖北民族学院学报》2009年第1期。

理论对族群关系进行研究。1986 年，奥扎克（Susan Olzak）和内格尔（Joane Nagel）出版的《竞争性族群关系》（Competitive Ethnic Relations）一书就现代化对族群关系的影响进行了分析。

3. 整合与分化：西方族群动员理论

族群动员是指在特定条件下为了实现某些利益诉求，围绕族群认同而形成的社会运动；社会整合是指把社会主流之外的群体融入主流社会之中的过程，其试图消解族群动员的能量，增强民族凝聚。西方族群政治动员理论形成于对二战结束以来族裔民族主义与民族分离主义兴起的各种解释，其理论流派众多。原生论、现代化范式论、内部殖民主义、相对剥夺理论，主要解释了族群动员为什么发生；而多元社会理论、联合主义理论、权力交换理论则给出消解族群动员和化解族群冲突的各种机制，以期实现社会整合的目的。自治要求和经济利益是当代族群动员的两种重要力量，各类族群要求更多地参与决策、分享更多的经济机会。

此外，埃里·凯杜里、厄内斯特·盖尔纳（Ernest Gellner）、安东尼·史密斯（Anthony D. Smith）、埃里克·霍布斯鲍姆（Eric J. Hobsbawm）、本尼迪克特·安德森（Benedict Anderson）、杜赞奇（Prasenjit Duara）等对民族主义进行了深入的研究，在世界上产生了广泛影响。

## 二、蒙藏汉民族关系研究

蒙藏两大民族长期密切的交往关系，历来是蒙古学、藏学乃至中华民族关系史的重要内容之一。[①] 蒙藏民族关系的历史研究成果较多，而以蒙藏汉三大民族之间关系为主题的研究相对较少。阿芒·贡却群派的专著《汉蒙藏史略》[②] 是出版较早的历史文献，对藏族、蒙古族的历史及与中央王朝关系进行了详细阐述。王辅仁、陈庆英的《蒙藏民族关系史略》[③] 对13 至 19 世纪中叶的蒙藏民族政治、经济、文化交往状况进行了详细阐述，运用大量史料论证了蒙藏人民在政治、经济、文化等方面交往情况以及族体上的相互吸收与融合。陈庆英、丁守璞主编的《蒙藏关系史大系·政治

---

①　黄维忠：《评〈蒙藏关系史大系·政治卷〉》，《中国西藏》2004 年第 1 期。

②　阿芒·贡却群派：《汉蒙藏史略》，贡巴才让译，青海人民出版社 1988 年版。

③　王辅仁、陈庆英：《蒙藏民族关系史略》，中国社会科学出版社 1985 年版。

卷》① 对蒙藏接触前的蒙古族、藏族社会状态进行了回顾，对影响蒙藏关系
的政治事件进行详细描述，特别是对萨迦派在元朝扶植下掌握政权及有清一
代的蒙族民族关系做了介绍。丁守璞、杨恩洪合著的《蒙藏关系史大系·文
化卷》② 在分别对蒙古族和藏族历史文化源流考察的基础上，介绍了 700 年
间蒙藏民族文化关系发展的基本脉络：认为战争是蒙藏文化交流的序曲；宗
教是蒙藏文化的渊薮，并对蒙藏文化在文学、语言、艺术、医药学、民俗风
情等的交融做了比较分析，依据文化发展的一般规律概括了蒙藏民族文化之
间相互交流吸纳与相互排斥的状况。此外，该著作还在中华文明背景中探讨
了蒙藏民族文化之关系，分别就藏汉、蒙汉历史文化关系进行了探讨，进一
步印证了中华文明多元一体的基本特征及蒙藏文化在中华民族文化关系史上
的重要地位。乌力吉巴雅尔所著的《蒙藏关系史大系·宗教卷》③，首先在对
蒙藏汉等地理概念界定基础上，介绍了佛陀、佛经、佛僧等基本宗教知识，
重点对蒙藏佛教关系进行了深入分析。蒲文成、王心岳的《汉藏民族关系
史》④，以历史唯物主义和马克思主义民族观为指导，把汉藏民族关系置于中
华民族多元一体、演进发展的历史大格局中，以经济、政治、文化、社会关
系为主线，以汉藏两族人民互相尊重、互相学习的大量史料为主要内容，在
实际调查基础上，充分挖掘汉藏文献史料、考古成果和民族学、藏传佛教及
汉藏民族口碑资料，全面系统地反映了在中华民族统一的多民族国家形成过
程中，汉藏民族在经济、政治、文化等各方面密切联系的历史概貌，对汉藏
密切的亲情血缘关系、青藏高原各部族自古与祖国内地有着密切联系等进行
了详细的介绍，认为唐蕃关系是奠定我国多元一体多民族统一国家的重要基
础之一，元朝时期西藏地方和整个藏区纳入全国版图，对汉藏民族关系发展
具有历史性意义。除此之外，对汉藏关系和谐发展的内在原因进行了分析，
认为汉藏民间经济文化交往是汉藏民族关系的重要纽带。汉藏民族关系历来
是我国最基本、最重要的社会关系之一，研究汉藏民族关系史是研究中华民
族关系史、发展史的重要内容。该成果对进一步深刻认识汉藏民族关系，巩

① 陈庆英、丁守璞：《蒙藏关系史大系·政治卷》，外语教学与研究出版社 2002 年版。
② 丁守璞、杨恩洪：《蒙藏关系史大系·文化卷》，外语教学与研究出版社 2000 年版。
③ 乌力吉巴雅尔：《蒙藏关系史大系·宗教卷》外语教学与研究出版社 2000 年版。
④ 蒲文成、王心岳：《汉藏民族关系史》，甘肃人民出版社 2010 年版。

固和发展平等、团结、互助、和谐的社会主义新型民族关系，维护民族团结、国家统一，抵制和反对民族分裂，构建社会主义和谐社会具有重要的现实意义。

吴从众的论文《自古不可分割的汉藏关系》[①] 以历史发展的脉络考察了汉藏关系，认为旧石器时代到吐蕃时期，西藏文化与内地就有很多交流，唐蕃关系、宋与六谷部及唃厮啰关系中友好往来是民族关系的主流，矛盾与斗争是次要方面。元代实现了中华民族大一统，汉藏关系更为密切。阿顿·华多太的《也谈汉藏民族关系渊源》[②] 一文，引用2001年5月31日《北京晚报》消息：中美科学家利用生物遗传学DNA技术检测调查结果进一步佐证了汉藏同源的观点。作者在文献追溯的基础上，探讨了汉藏同源的历史依据，并对历史上汉藏文化差异产生的原因进行了分析，认为历史研究领域的纵深拓展使民族间的鸿沟不再是人们所想象的那么深邃，对消除汉藏文化鸿沟产生一定积极意义。

### 三、当代青海海西蒙古族藏族自治州民族关系研究

当代的海西并不处于边疆（边界）的最前沿，受国际势力影响相对较少。它既不在蒙古族、藏族的中心地区，又不位于政治敏感度高的边境地区，加之海西经济落后，人文不竞，没有引起中外研究者的注意，也没有当作重要问题进入人们的视野，因而研究成果较少。但随着我国民族关系问题的日益突出及民族关系研究主题的变化，人们更加关注对于民族关系和谐发展抑或矛盾冲突的内在原因和民族关系发展的一般规律进行探讨，海西作为民族成分十分复杂的多民族聚居区，与其他民族地区相比，民族关系体现出较为和谐的一面，海西地区保持了政治稳定、经济发展、民族关系较为和谐的良好局面，这日益引起人们的关注。实际上，由于海西地区历史上政权更迭及宗教文化的深刻影响，海西民族关系同样具有西北多民族聚居区民族关系复杂性的一面。因此，深入研究海西和谐民族关系构建的成因及其规律，对于在新时期构建西北民族地区和谐民族关系具有十分重要的借鉴意义，也

---

① 吴从众：《自古不可分割的汉藏关系》，《青海民族学院学报》1998年第1期。
② 阿顿·华多太：《也谈汉藏民族关系渊源》，《柴达木开发研究》2007年第6期。

将为我国民族政策的改进提供现实依据。2009 年 6 月，民族出版社出版的
《青海·海西蒙古族藏族自治州概况》，对海西的地理环境、历史沿革、社会
变革、民族区域自治、民族关系、资源开发及社会事业等进行了全面系统的
介绍。谢佐主编的《青海民族关系史》[①]追溯了历史上青海各民族间的民族
关系，并总结了民族关系的特质。徐黎丽教授的《甘青宁地区民族关系发展
趋势》[②]论述了青海自然、人文环境及政治、经济、文化发展状况对民族关
系的影响，并分析了青海地区主要民族关系问题。青海民族学院民族研究
所主编的《青海地方民族史研究文选》（1986）对青海藏、蒙、回、土等族
的来源进行了梳理，并对历史上的青海民族关系进行了探讨。权平的硕士毕
业论文《青海海西州蒙古族村落宗教信仰现状调查》在对海西蒙古族的族源
及其宗教信仰田野调查的基础上，说明海西蒙古族村落藏传佛教信仰逐渐淡
化的现状的原因，总结了海西蒙古族宗教信仰的特点。刘瑶瑶博士论文《青
海海西州汉族移民文化变迁及民族关系研究——以乌兰县铜普镇四个移民村
为例》，以乌兰县铜普镇四个移民村为考察对象，通过调查村落中汉族移民
文化变迁的典型性，展示了海西汉族移民文化变迁的历程，并以村落中汉族
与少数民族之间的民族关系现状来反映海西移民地区民族关系的整体状况。
《和谐民族关系视野的西北民族地区资源开发问题探析——以青海海西蒙古
族、藏族自治州为例》[③]以保证海西民族关系和谐发展为前提条件，探讨了
如何应对民族地区资源开发引起的民族关系问题。

　　综上所述，以往的民族关系研究多集中于政治、经济和文化层面，研
究领域不断拓展，研究方法逐渐多样，对民族关系重大问题认识不断深化，
特别是对影响民族关系的不利因素研究及解决对策研究成果较多，研究中存
在的问题主要有以下几个方面：

　　1. 多从历史学、政治学的视角进行，重视历史史实的梳理，而轻视民
族关系理论的建构。

　　2. 重视政治稳定、边疆安全的应时实用角度，而缺乏对民族关系发展

①　谢佐：《青海民族关系史》，青海人民出版社 2001 年版。
②　徐黎丽：《甘宁青地区民族关系发展趋势》，兰州大学出版社 2001 年版。
③　李世勇：《和谐民族关系视野的西北民族地区资源开发问题探析——以青海海西蒙古族、藏族自
治州为例》，《西北民族大学学报》2013 年第 1 期。

基本规律的把握。

3.侧重于二元民族关系即汉藏、蒙藏或蒙汉等民族关系的研究，缺乏在多元一体格局视角下对多元民族关系的研究。

4.民族地区正在进行的工业化、城市化、市场化是对民族地区的根本性改造，是民族地区社会结构变迁的决定性力量，也为新时期和谐民族关系的重构提供了现实可能性。但现有民族关系研究对此关注不够、理论探讨不深。因此，不能满足时代要求的创新性、实践性及可操作性的政策建议。本书所关注的青海海西地区蒙藏汉民族之间的多元互动关系，在当前学术研究中属于十分薄弱的环节，对研究中国西北边疆地区主要少数民族关系具有十分重要的代表意义。

## 第三节　研究的理论与方法

### 一、研究的理论

#### （一）马克思主义民族理论

民族关系是多民族国家至关重要的社会关系。马克思、恩格斯非常重视民族关系及其问题，在《德意志意识形态》中提出了关于民族关系的基本理论。因此，马克思主义民族理论是马克思主义科学体系的重要组成部分。在我国新民主主义革命过程中，以毛泽东为首的中国共产党第一代领导集体，把马克思列宁主义民族理论与中国的国情、民族实际相结合，创造性地发展了马克思列宁主义民族理论，成功地解决了当时中国的民族问题，逐步形成了毛泽东民族理论，成为毛泽东思想的重要组成部分。改革开放以来，在中国特色社会主义理论指引下，形成了适应时代发展要求的马克思主义中国化民族理论一系列成果，是解决我国民族问题的基本理论。

马克思主义民族理论认为民族关系状况与社会生产力水平呈正相关关系，即生产力水平越高，民族关系越密切。由于生产力的不断扩张，"各个相互影响的活动范围在这个发展过程中愈来愈扩大，各民族的闭关自守状态则由于日益完善的生产方式、交往以及因此自发地发展起来的各民族之间的分工而消灭得愈来愈彻底，历史也就愈来愈大的程度上成为全世界的历史"[1]。可见，从根本上说生产力水平是民族关系状况的决定性因素。目前，海西民族关系能否和谐发展的决定性力量依然取决于当地的社会生产力状况。据笔者田野调查，现阶段民族地区的社会主义市场经济及对外开发程度深刻影响着西北地区的民族关系。市场经济将从根本上改变海西少数民族传统的生计方式，引起社会结构的深刻变革；对外开放则将少数民族置于更大的生存空间，随着人口流动的加速，民族之间接触与交往日益扩大，少数民族的传统价值观念将发生现代化变迁，从而在相互了解中促进和谐民族关系的发展。因此，本书立论的依据之一即"各民族之间的相互关系取决于每一个民族的生产力、分工和内部交往的发展程度"[2]。这一理论将民族关系能否和谐发展的关键置于生产力状况，坚持了马克思主义唯物主义的基本立场，具有科学性。

（二）社会结构转型理论

社会结构转型理论是现代西方社会功能结构学派关于社会现代化的经典理论之一。社会结构变迁转型是社会发展的必然规律，人们通过对客观存在的社会事实的观察，将社会事实分为正常事实和异常事实，这种异常事实表明了社会的变化或进化。现代化理论就是建立在社会结构转型理论的基础之上。依照这一理论，海西地区正在经历由农牧业经济向现代工业转型，计划经济向市场经济转型，部分的或完全的"政教合一"制度向民族区域自治制度转型，从民族传统的多元文化向现代文化的转型，这一系列社会结构的深刻变革转型对海西民族关系造成很大影响，特别对于少数民族的国家认同建构提供了契机。因此，本书基于社会结构转型理论分析海西蒙藏汉民族关系，使本书的研究更具科学性，从学理上透彻分析蒙藏汉民族关系发展现状及发展趋势，进而为民族关系协调发展提供理论支撑。

（三）马戎教授的民族关系测量指标

在借鉴国外民族关系测量指标体系的基础上，结合我国实际，马戎教授提出了测度民族关系的 8 个变量指标：语言、宗教与风俗、人口迁移、居住格局、交友情况、族群分层、族际通婚和民族意识。这为进一步量化测

---

[1] 《马克思恩格斯选集》第 1 卷，人民出版社 1995 年版，第 88 页。

[2] 《马克思恩格斯选集》第 1 卷，人民出版社 1995 年版，第 68 页。

度民族关系状况提供了操作性强的方法，结合海西蒙古族藏族自治州现实状况，本书从以下方面测度海西地区的蒙藏汉民族关系：（1）居住格局；（2）历史记忆与海西蒙藏汉民族关系；（3）经济互补性与海西民族关系；（4）宗教组织与海西民族关系；（5）族际交往、民族意识与海西民族关系；（6）民族政策与海西民族关系；（7）少数民族干部政策与海西民族关系；（8）市场化、城市化与海西蒙藏汉民族关系等方面。

**（四）赫克特社会发展的扩散模式理论**

1975 年，美国社会学家赫克特出版了《内部殖民主义》[①]（Internal Colonialism）一书，其中，在论述多族群国家的发达核心地区与欠发达边缘地区之间关系时提出了国家发展（National Development）的两种模式，一个是"扩散模式"（Diffusion Model），另一个是"内部殖民主义模式"（Internal Colonialism）。"扩散模式"是"一个全国性的社会产生过程，是国家领土范围内的各部分具有竞争的经济、政治和文化的国家转变为一个由单一的、全面的'全国性的'经济、政治和文化组成的社会"，从而实现经济、政治、文化三个维度的整合。该理论重点在于说明随着内地经济、政治、文化模式向边远民族地区的扩散，使民族地区的社会结构发生与内地社会结构的同质性变革，引起民族地区文化赖以建构的生计方式、交往方式及社会管理运行方式的变迁，使得内地与边缘地区在文化同质性不断增强的过程中实现国家发展的目标。

**（五）族群认同理论**

一般认为民族问题的根源在于少数民族的民族认同与国家认同之间的冲突。由于历史原因，民族认同所具有的天然合理性，容易调动民族情绪从而产生强大社会能量与国家发展目标相冲突。因此，国家认同需要不断地建构，而国家认同是国家存在的合法性基础，对民族国家的发展发挥内在凝聚力作用。因此，族群认同理论是本书研究的重要理论支撑之一。

**二、理论假设**

（一）各民族都不属于典型的世居民族这种特征是海西地区相对于新

---

[①]　Hechter，M.1975. *Internal Colonialism*，Berkeley：University of California Press.

疆、西藏等地民族关系和谐发展的重要原因之一。从历史角度分析，海西历史悠久，据考古发掘资料显示，距今 2.3 万年前海西部分地区就有人类活动的遗迹。《史记》记载，春秋到两汉，海西就是羌人繁衍生息之地。[①] 东晋至隋唐时期，先后为吐谷浑和吐蕃政权所控制。明初，东蒙古诸部进入，明末为西蒙古的和硕特部落所统治。作为"丝绸之路"南道，这里曾是中西文化交流的重要通道。因此，今天生活在海西地区的各个民族，世居特征并不十分鲜明，且历来与中原政权关系密切，这与西藏、新疆等地典型的世居民族有一定差异。由于没有世居民族那种鲜明的集体记忆，因而，在民族地区经济开发建设中，各民族没有资源和发展机会被"外来人"侵占的心理感受，或这种感受不深。

（二）市场经济的大发展是推动民族关系和谐发展的重要力量。因为商品是个"天然的平等派"，无关民族身份和地域认同，等价交换原则的市场价值理念是对"乡土社会"的重要解构因素，将消融民族认同、部落家族或宗族认同等民族地区传统的以血缘关系为纽带的社会自我控制因素。同时，市场经济的开放性将打破民族地区原有封闭、保守的自然经济状况，在市场的不断扩张中将各个民族置于统一开放的市场体系中，经济利益、公民身份等将代替原有的民族身份、宗教身份，成为人们新的身份认同。

（三）西北自然资源丰富的民族地区，工业化特别是资源开发主导的工业化过程中的多主体参与，对和谐民族关系发展及国家认同建构发挥重要作用。民族地区的资源开发和工业生产应以当地居民为主体，国家需要通过行政力量、政策支持等手段保护少数民族在工业化过程中的主体地位，充分照顾民族群众在当地工业化过程中的发展权益，从而激发当地居民的主人翁精神，改变民族地区二元社会结构，在市场经济条件下，要充分考虑少数民族的发展实际，特别是少数民族由于教育水平、劳动技能等原因在市场竞争中处于劣势的现实，全面保护少数民族的权益，使其参与到工业化生产过程之中，在工业化进程中促进少数民族人的现代化。

（四）民族关系问题研究中，国家认同成为民族关系研究的重点和突出

---

[①]　海西蒙古族藏族自治州概况编写组：《海西蒙古族藏族自治州概况》，民族出版社 2009 年版，第 70 页。

问题。民族关系是民族问题研究的一个重要领域，人们多从历史视角在概括叙述民族交往历史事实的基础上对不同民族政策的得失成败进行分析评判，得出历代王朝协调和处理民族关系的一般性历史经验。但20世纪90年代以来，随着苏东解体，文化因素的强大作用在国内外迅速彰显，并日益成为综合国力的重要方面，影响着世界的和平和国内各民族的团结统一。基于文化的民族认同对国家认同提出更多挑战，使国家政治统治的合法性受到严重影响，然而新时期我国文化建设，特别是政治文化的灵魂——社会主义核心价值观尚未完全建构，文化的整合能力并未有效彰显。先进文化并没有为民族问题的解决提供必要的文化路径。因此，新疆"7·5"事件之后，我国民族关系及其问题研究的重点应该更多地转向少数民族的国家认同及其建构研究，而不是原来一般意义上不同族群之间关系的研究。

（五）充分认识少数民族地区干部政策对和谐民族关系建构发挥重要的作用。少数民族干部是党和国家与少数民族群众联系的桥梁和纽带，他们不仅是民族地区群众利益的代表者、维护者，而且是少数民族群众从事社会实践的组织者和带头人，更是消除民族群体中消极因素的重要实施者，是解决民族问题的关键性因素。少数民族干部政策作为我国民族政策体系的重要组成部分，虽然为民族地区的经济社会发展发挥了或正在发挥着积极的促进作用，但是在新的历史条件下，由于多方面因素致使少数民族干部政策的创新不足，这对民族关系和谐发展和我国民族问题的解决产生一定的消极影响。主要问题是少数民族干部选任存在一定问题，一些重要领导岗位民族身份固化，民族干部上升渠道狭窄，不利于调动民族干部工作积极性；少数民族地区的腐败问题日益成为影响少数民族和谐发展的重要因素；部分少数民族干部理想信念，特别是对于社会主义共同理想信念淡漠产生一系列严重后果，影响着少数民族地区广大民族群众的国家认同。

（六）随着时代的变迁，在有些人中，共产主义意识形态强大的凝聚力逐渐淡去，能够有效凝聚和整合各个民族的强势主体文化尚未形成，特别是适应时代要求的社会主义核心价值观并未完全形成，也没有形成诸如中国传统文化抑或共产主义的强大凝聚作用，从而使得基于各族群民族文化的民族主义势力不断发展，对国家政治稳定、边疆安全造成很大影响。因此，基于中华民族的民族国家建构任重道远，当前必须大力发展社会主义先进文化，在共同的文化基础上，实现中华民族的政治整合，从长远来看，这是解决民族问题的根本途径。

### 三、技术线路和研究方法

有价值的研究成果必然是遵循恰当的技术线路和科学的研究方法得出的结论。研究方法是科学研究中发现新现象、新事物，提出新观点、总结新理论，揭示事物内在规律的工具和手段。本书的研究过程经过以下三个阶段：首先，确定研究主题。根据自己的研究兴趣和知识储备，结合国家发展的现实需要，确定本书的研究主题，即当代海西蒙藏汉关系研究。第二，查阅相关文献资料，做好基本的知识铺垫，为田野调查做准备。第三，在研究相关的文献资料后不断修正原来对本研究主题的一些模糊认识，带着一些问题进入田野，在普查的基础上确定田野点，进行田野调查，收集田野资料，经过历时 9 个月的田野调查后，对田野资料和文献资料等进行处理。

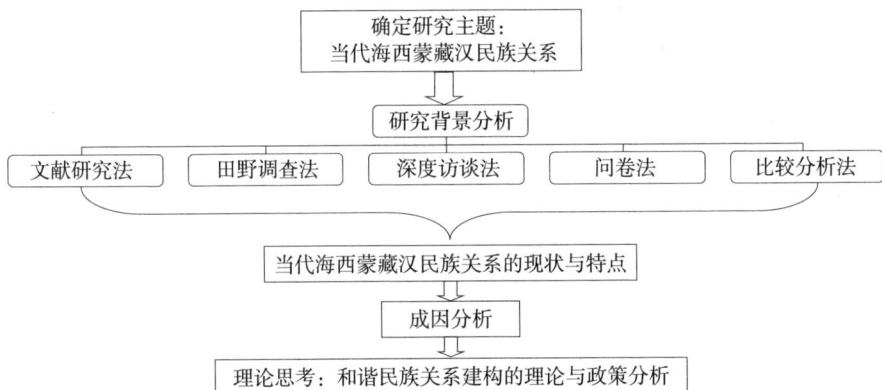

确定研究主题：
当代海西蒙藏汉民族关系
↓
研究背景分析

文献研究法 田野调查法 深度访谈法 问卷法 比较分析法
↓
当代海西蒙藏汉民族关系的现状与特点
↓
成因分析
↓
理论思考：和谐民族关系建构的理论与政策分析

**图 1-1 本书的技术路线图**

（1）田野调查法

田野调查（"field work"、"field study"或"field research"的中文译法）是研究人文现象的重要方式之一，是人类学、民族学区别于其他人文社会学科最重要的标志之一。文化人类学的功能学派代表人物——马林诺夫斯基开创了人类学田野工作的先例，田野工作对于民族关系以及民族认同、国家认同研究具有方法论方面的指导意义。通过"缩小距离"和"参与观察"的方式，将心比心的工作方法，对于当地少数民族群众心灵深处的真实感受和思想意识有真切的认识和理解。田野考察的"入乎其内"、"出乎其外"的方式，实现了科学性与价值性、共性与个性的辩证统一。所以，田野调查，获得第一手资料，在整理分析基础上使研究具有坚实的可靠性、真实性。笔者分别在海西蒙古族聚居区、藏族聚居区以及海西主要城市蒙藏汉聚居区进行了长期的田野调查，百闻不如一见的真切感受带给本人很大的震撼，原本在书斋里的纯粹理论"钻研"与想象和现实有很大差距，避免了民族研究容易得出主观武断的错误判断和结论的缺憾。

（2）参与观察与深度访谈法

在长期的田野调查中，我们发现不同的调查对象所提供的信息及可触及的内容具有很大差距，深度访谈则为解决这一问题提供了解决之道。这种方法是基于良好的个人关系，在"相互走进彼此世界"，信任与友谊成为双方基本共识时采用的调查方法，"心与心"的对话使得客观、真实的心灵感受能获得意想不到的收获。本书研究中，笔者结交了几十位蒙古族、藏族和汉族调查者（报告人），他们成为我的好朋友，其中有牧民、农民、基层干部、寺院阿卡、个体户、教师、医生、乡村公交车司机等，他们从不同方面对海西民族关系及其影响因素提供了大量信息，为客观、准确地理解海西民族关系状况提供了基本依据，"接地气"为本书研究结论的科学性、客观性提供了重要保证。

（3）问卷调查法

在普查的基础上，分别选取蒙古族聚居区格尔木市乌图美仁乡、藏族聚居区都兰县热水乡的农村、牧区，格尔木市、德令哈市、都兰县城区市民，发放问卷600份，回收550份。在回收问卷调查的民族中，藏族210人，蒙古族190人，汉族100人，其他民族50人（见表1–1）。

（4）文献研究法

任何时代的社会问题都是对历史的继承和发展。民族的集体记忆作为民族生成的重要遗产，在民族关系发展中发挥着十分重要的作用。"忘记历史等于背叛"，任何民族的历史足迹都是今天民族发展的基本依据，为民族不断发展进步提供强大的精神动力，激励鼓舞着一个民族不断向前发展。因此，对任何民族社会现象的研究和解释都离不开各个民族特定的历史背景。

表1-1　本研究接受调查的民族及人数

（人、%）

| 民族 | 频数 | 百分比 | 有效百分比 |
|---|---|---|---|
| 藏族 | 210 | 38.2 | 38.2 |
| 蒙古族 | 190 | 34.5 | 34.5 |
| 汉族 | 100 | 18.2 | 18.2 |
| 其他民族 | 50 | 9.1 | 9.1 |
| 总计 | 550 | 100 | 100 |

通过收集和分析现存的，以文字、数字符号和画面等形式出现的文献资料，总结海西主要民族之间发展的历史渊源关系，为更准确地理解和把握今天的民族关系现状及其发展趋势，作出科学判断具有十分重要的意义。只有通过民族历史的全面把握才能对不同民族的心理、文化传统及民族关系发展脉络有清晰的理解，从而使得研究成果更切近客观事实，也才能发挥其应有的理论价值。海西的蒙古族、藏族、汉族都是具有悠久的历史传统，在历史发展长河中都曾经历了繁荣与辉煌，这三大民族之间交往关系的历史对于今天民族关系问题的解决提供了基本的历史图景。因此，文献法是本书重要的研究方法。

　　总之，本书属于基础性研究，注重历史文献的阅读与对新的时代特征的把握，采用理论指导与田野调查相结合、国际研究与国内研究并重、定性描述与定量分析相统一的方法，深入细致地分析研究海西地区蒙藏汉民族关系的现状、成因及其影响因素，并对工业化、城镇化进程中和谐民族关系建构提出建设思路。同时，本书的研究运用民族学、政治学、社会学、经济学、历史学等学科的理论和方法，拓宽研究视野，期望得出客观的、切合我国国情实际的民族政策理论建议，为完善民族地方治理作出应有的贡献。

## 第四节　研究思路

　　海西的民族关系具有西北多民族聚居区民族关系复杂性的一般特征。

日常生活中，蒙藏汉三大民族之间的民族边界十分清晰，体现在生计方式、传统观念、宗教信仰、意识形态、职业生涯及文化观念等诸多方面。在当前，改革开放及市场经济深入发展的新的历史时期，海西地区经济社会借助西部大开发的"东风"正在实现跨越式发展，民族之间的接触与交往空前频繁。民族地区的新生事物层出不穷，民族关系发展受到历史与现实等多种因素的影响，显现出新的特征。本书通过深入的田野调查，在马克思主义民族理论指导下，对海西地区的民族关系现状进行梳理，深入剖析海西民族关系的影响因素，特别是区域发展不平衡、自然资源开发过程中的利益分享机制，民族干部的选拔任用，宗教文化传统以及工业化引起的社会结构变迁对国家认同的影响等，探讨民族关系和谐发展的内在规律，从而为西北多民族聚居区民族关系的和谐发展、民族政策的创新与完善以及少数民族国家认同的范式选择提出相应的对策建议。基于这种思考，本书的基本思路如下：

第一，大力发展社会生产力：海西民族关系和谐发展的根本解决之道。社会主义初级阶段社会的主要矛盾在民族地区体现为各民族人民群众日益增长的物质文化需要同民族地区落后的社会生产之间的矛盾。因此，解决海西民族问题的根本途径依然在于大力发展民族地区社会生产力。海西地区丰富的自然资源为当地经济发展提供了优越条件，资源开发产业已经成为海西地区重要的经济支柱。"无工不富、无商不活"已成为人们的基本共识。因此，大力实施工业化战略是民族地区经济跨越式发展的基本路径。但由于海西少数民族的传统生计方式主要是畜牧业，民族群众的教育水平、劳动技能及资金、管理等方面与内地汉族相比处于相对劣势地位，往往不适应现代化工业企业的用工要求。市场经济效率优先，少数民族不能成为当地经济发展的主体。因而，在当地经济快速发展、社会结构迅速变迁中不能适应新的生产力要求而处于边缘化境地，因而，在工业化进程中也失去了"人的现代化"的机会。因此，在新的历史时期，探讨民族地区少数民族能够更深程度参与的新型工业化模式对于研究海西蒙藏汉民族关系具有十分重要的意义。

第二，多元与共生：海西蒙、藏、汉民族关系现状。对海西地区少数民族生计方式、居住格局、宗教信仰、文化传统以及民族关系的历史记忆等进行梳理，为本书研究的展开提供基本的历史依据与现实背景。主要通过深入田野调查的方法，探讨多维视角下的海西民族关系。了解海西不同民族的生产生活、风俗习惯、居住格局特别是宗教信仰、文化变迁方面的现状。基于影响民族关系一般指标体系的研究，主要包括：语言使用、居住格局、族际通婚、社会交往、宗教信仰等方面的调查，厘定蒙、藏、汉三大民族之间关系现状，特别是对蒙、藏、汉等主要民族群众日常生产生活中的交往状况、接触深浅等民族关系重要指标进行分析，初步谈讨民族关系和谐抑或冲突的直接原因。

第三，海西蒙、藏、汉民族关系影响因素分析。(1) 经济因素：主要包括经济发展差距、工业化模式、资源开发与收益、收入差距的扩大等方面的问题。(2) 政治因素：主要包括民族关系的政治制度安排：民族区域自治、民族平等、民族优惠政策、少数民族干部、民族工作等。(3) 社会结构因素：主要从社会分化、社会流动、社会发展中的突出问题等方面进行分析。(4) 文化因素：主要包括传统文化、民族心理、文化传播、民族教育等方面论述。(5) 宗教因素：主要包括宗教的社会功能及目前海西蒙古族、藏族自治州的宗教管理等。通过以上诸种影响因素的分析，并结合目前社会转型期民族矛盾与冲突呈现出新的特点以及城乡民族关系、不同民族之间关系的差异性等方面综合考量海西民族关系的基本发展态势。

第四，海西和谐民族关系建构的对策分析。"以人为本"，推进民族经济、社会、文化共同发展，进一步改革民族治理体系，调整和完善民族政策，加强民主政治建设；协调民族认同与国家认同之间的关系，加强"一体多元"的多民族国家政治整合。重点对海西民族关系和谐发展的根本原因进行探讨，认为国家认同建构是民族关系和谐发展、边疆政治稳定的关键。

第五，政府与民间——国家认同建构的双维。分析"政治一体"、党的领导以及大一统的历史文化传统等政治整合优势，结合现代民族国家建构相关理论探讨海西地区少数民族国家认同建构的基本路径，这是当前海西民族关系和谐发展最迫切的任务，也是本书的落脚点。主要包括：同化与多元：少数民族国家认同建构路径研究的理论预设。阐释国家建构视角下国家认同的含义、类型，厘定基本概念，并与民族一体化等概念进行比较，解读民族认同及国家认同的理论。革命、开放与市场：国家认同建构路径的时代特征。总结历史经验，纵向考察民族地区不同历史时期国家认同建构的经验与成败得失。

第六，工业化、城镇化引起的社会结构变迁：当前海西少数民族国家认同建构新的切入点。工业化引起民族地区社会结构与民族文化发生明显的现代化变迁，这种变迁可视为中国中东部发达地区的社会经济、文化模式向相对落后的海西地区的"扩散"。这种"扩散"有利于消除内地与海西地区在经济、文化上的差异，从而在全国同质性增加的过程中实现国家认同的建构。

第七，双重认同与多元一体：西北地区少数民族国家认同建构的理论框架。认为"政治一体、文化多元"是民族地区国家认同建构的基本出发点，对多民族国家建构视角下的国家认同模式理论与实践进行分析，同时对政治参与、政治文化重构等多民族的国家认同建构路径进行分析。在此基础上进行理论总结，得出西北民族地区民族关系建构的基本理论与政策。

本书的重点在于分析海西蒙藏汉民族关系现状及其成因，并对民族关系的影响因素进行深入分析。难点在于社会主义市场经济条件下，探索快速的工业化、城镇化进程中蒙藏汉和谐民族关系建构的基本路径是什么，新时期西北多民族聚居区和谐民族关系建构的一般规律是什么，从而为西北地区边疆稳定、民族关系和谐发展提供理论支撑。

# 第五节　相关说明

## 一、关于本研究中的"回族"问题的说明

本书以"当代青海海西蒙藏汉民族关系研究"为题，通过当代海西蒙藏汉民族关系的分析，探讨民族关系及其问题发展的一般规律，特别是对海西多民族聚居区民族关系相对和谐的原因进行深入分析，在此基础上对海西民族关系存在的问题及和谐民族关系建构提出政策建议。实际上海西蒙古族藏族自治州也是回族聚居区，回族人口占很大比重。因此，海西民族关系研究中，回族是不可忽略的重要民族。但本书没有侧重回族进行研究，原因主要在于：

第一，回族在海西虽然人口数量较多，但海西作为蒙古族藏族自治州，

不具有回族自治地方的典型性，回族与其他民族之间的关系在海西不是十分突出的问题。回族在全国分布十分广泛，学界对回族问题研究较多，特别是对回族自治地方，如宁夏回族自治区、甘肃临夏回族自治州以及分布在全国各大城市的回族，研究成果也较为丰富。而对于蒙藏汉民族之间关系的研究相对较少，因此，本书对海西地区的回族不作为重点研究对象。

第二，海西地区多宗教并存，寺院和清真寺等宗教活动场所很多，各类教职人员数量也很大，宗教氛围十分浓厚。而宗教对民族的形成、发展以及民族关系问题均产生十分重要的影响。本研究涉及的蒙藏汉三大民族，宗教信仰较为单一，蒙藏民族基本全民信仰藏传佛教，而汉族也深受佛教影响，蒙藏汉民族信仰伊斯兰教则非常少见。鉴于此，本书仅选取海西地区具有同一种宗教信仰的主要民族蒙藏汉进行研究，相对而言更能深入地探讨宗教因素之外的其他因素对民族关系的影响。

第三，当前影响海西民族关系发展的主要民族是蒙藏汉民族，而不是回族和其他少数民族。在海西的历史发展中，蒙古族曾经统治海西乃至广大的青藏地区长达数百年之久，这种统治的历史记忆深刻影响着当代的民族关系。藏族是当代海西人口仅次于汉族的民族，民族人口数量大，经济发展相对落后，而以藏传佛教为主的藏文化是海西地区比较强势的文化，对当代民族关系发展产生了重要影响。因此，研究海西民族关系必须研究藏族。此外，当代由于大量汉族移入海西进行开发建设，海西的汉族人口比例最大，汉族也掌握先进的科学技术知识，对海西的经济社会发展具有举足轻重的作用，当代海西地区的民族关系主体已成为汉族与其他少汉民族之间的关系。因此，本书选取蒙藏汉民族展开研究，而不以回族为研究重点。

## 二、空间界定

"一方水土养一方人"，这句俗语揭示了地域特点与民族特色之间的因果关系。世界上任何民族的起源、形成和发展都是对当地不以人的主观意志为转移的客观地理环境不断适应的结果。由于人类活动初期，生产力水平低下，自然环境对人类活动的局限十分明显。从总体上说，中国各族人民生活的亚洲大陆中、东部地区是个相对独立的地理区间，其东濒大海，东北依靠兴安岭原始森林，北方的荒漠、高寒区是向北发展的极限，而西部是一系列连绵的山脉构成了难以逾越的障碍。这种相对独立封闭的地理环境造就了中华民族内向发展、互补依存和逐渐走向融合的历史趋势。① 但就这一辽阔的地理区间内的不同地区而言，其民族又各具特色。因此，在我国统一的多民族国家中，不同地理单元中的民族关系既体现出民族关系的普遍性、一般性特征，又体现出各自的特殊性。因此，民族关系研究首先必须对其所在的地理空间进行界定。本书研究的空间范围界定为青海省海西蒙古族藏族自治州，为清晰地说明这一地区基本情况，适当介绍涉及青海省的基本情况。

青海，简称"青"，地处青藏高原东北部，是我国青藏高原上的重要省份之一，东西全长 1200 千米，南北宽 800 千米，面积达 72 万平方千米，占全国总面积的十三分之一，仅次于新疆、西藏、内蒙古位列第四。青海是长江、黄河、澜沧江的发源地，有"中华水塔"之称，因境内的中国最大的内陆高原咸水湖而得名"青海"。青海全省均属高原范围之内，平均海拔 3000 多米，西部极为高峻，自西向东倾斜，分为祁连山地、柴达木盆地和青藏高原三个自然区域。青海的地形总体上是盆地、高山和河谷相间分布的高原。南面与西南面与西藏中心地带相连，东面与"内地"相连，北面和东北面则是蒙古（经由今天的甘肃）。② 从清雍正朝开始，这里便是一个不容忽视的重要行政区，青海省辖西宁市和海东地区以及玉树、海西、海北、海南、黄南、果洛 6 个民族自治州，共 48 个县级行政单位。有藏族、蒙古族、土族、撒拉族等 53 个少数民族。2012 年末全省常住人口 573.17 万人。其中，城镇居民 271.92 万人，占常住人口的 47.44%；乡村 301.25 万人，占 52.56%。少数民族人口比重仅次于西藏、新疆，高于宁夏、广西、内蒙古等民族自治区。青海省各族人民在长期的共同生产生活中，团结互助、和睦共处，建立了深厚的民族情谊，但由于生计方式和历史记忆等原因，民族边界仍然十分清晰。在这种高度多样化的人文环境中，青海独特的历史、经济、政治和社会运行管理体系都深刻影响着与其毗邻的西部边疆地区。

青海地区历史悠久，旧石器时代晚期，青海先民就在柴达木盆地、昆仑山脉一带活动生息。公元前 11 世纪西周时期，青海与中原地区发生了政

---

① 高凯军：《论中华民族——从地域特点和长城的兴废看中华民族的起源、形成与发展》，文物出版社 2010 年版，第 2 页。

② 贾宁、董建中：《青海学刍议》，《青海民族研究》2012 年第 1 期。

治经济联系。汉武帝元鼎六年（前111），汉军征讨河湟羌人，开始经略湟中，筑西平亭（今西宁市）。汉宣帝神爵初（前61年前后），青海东部地区正式纳入中原王朝郡县体系。魏晋南北朝时期，辽东鲜卑族吐谷浑徙至海西。唐"安史之乱"后，吐蕃控制了青海全境近200年。宋代，唃厮啰以西宁为中心，在河、湟、洮地区建立了以吐蕃为主体的地方政权，臣属于宋。南宋时期，金和西夏占有河湟地区。公元13世纪，成吉思汗进军洮、河、西宁州，青海东部纳入蒙古汗国版图。1286年，设甘肃行中书省，辖西宁诸州，并将今青海全境正式纳入祖国版图。① 明洪武六年（1371年）改西宁府为西宁卫，并设"塞外四卫"。16世纪初，和硕特部移牧青海，1642年固始汗统一青藏高原，蒙古族成为青海的统治民族。1723年，固始汗之孙罗卜藏丹津反清斗争失败后，清朝加强了在青海地区的统治，清王朝根据年羹尧"青海善后事宜十三条"和"禁约青海十二事"，设置青海办事大臣，统辖蒙古29旗和青南玉树地区、果洛地区及环湖地区的藏族部落。其中，柴达木为和硕特部八旗，各旗划定游牧区域，互不统属，各旗首领每年祭海会盟一次。1929年1月，青海正式建省，1949年9月5日，西宁解放。1949年9月26日，青海省人民军政委员会宣告成立。1950年1月1日，青海省人民政府正式组成，以西宁为省会。青海省民族宗教关系十分复杂，信教人数众多，教派支系繁杂，传播历史悠久，活动场所多样，与外国联系密切。② 世界三大宗教佛教、伊斯兰教、基督教在全省都有信徒，现有各类寺庙教官近2000座，其中，以藏传佛教和伊斯兰教影响较大，藏族、土族、蒙古族基本上全民信仰藏传佛教，回族、撒拉族基本上全民信仰伊斯兰教。③

海西地处青海省的西部，与新疆、西藏地域相连，人文相接。因此，少数民族成分主要是藏族和蒙古族。相对于青海东部而言，海西地区人口相对稀少，经济、教育更为落后，浓厚的宗教意识和传统文化氛围与现代经济发展不协调性更为明显，宗教之间、教派之间的矛盾使海西地区的民族关系更为复杂多变。作为祖国东西部交通的重要通道，海西地区实际也是内地与

① 青海省地方志编纂委员会：《2012年青海年鉴》，第46页。
② 蒲文成：《青海民族宗教及其管理工作现状》，《青海民族学院学报》2002年第9期。
③ 青海省地方志编纂委员会：《2012年青海年鉴》，第52页。

新疆、西藏的战略后方,青藏铁路的开通,青海被赋予新的特殊使命。因此,随着时代的变迁和内地与边疆交往的更加密切,海西地区和谐的民族关系便具有了更重要的意义。

### 三、田野点的代表性问题

田野点的代表性问题往往是民族学、人类学研究是否具有科学性的根本性问题,也是其他学科诟病民族学研究是否具有学术价值的主要原因。没有调查就没有发言权,田野点作为民族学的"实验室"是研究成果和结论客观性、真实性和科学性的保证。因此,笔者在当代海西蒙藏汉民族关系研究中对田野点进行了严格的筛选。

由于汉族仍然是海西地区人口最多的民族,因此,首先选取蒙古族相对较为集中的地区,调查蒙藏汉三大民族之间的关系。笔者选取了蒙古族聚居区——格尔木市乌图美仁乡作为第一个田野点。这里是典型的牧区,以蒙古族为主体,也有一定的藏族、汉族和回族,经济落后,生态环境较为恶劣。观察重点在于草原畜牧业中的蒙藏汉民族关系状况。

第二个田野点是以藏族人口较多的海西州都兰县热水乡,该乡主体民族是藏族,草原畜牧与农耕生计方式并存,汉族、藏族和蒙古族杂居,属于经济相对发达地区。重点调查城镇化、工业化主导的经济快速发展过程中蒙藏汉和谐民族关系构建的途径。

第三个田野点选取城市,因为民族关系的展开更多的是民族之间能够相互接触的地区,海西作为西北地区典型的多民族地区,少数民族显然也处于"大杂居、小聚居"格局,相同民族身份的人们住在同一地域。城市应当是民族关系展开的真正区域。因此,笔者选取格尔木市、德令哈市及都兰县城所在地——察汗乌苏镇,调查城市民族关系状况。

上述田野点的选取充分考虑到田野点的代表性。民族之间的接触以及接触深浅是民族关系展开的变量。因此,田野点的民族成分不能过于单一,民族之间在日常生产、生活中要有实质性接触的机会和平台,特别是生产方式具有明显互补性特点的地区,避免了由于地域、生计方式和传统习惯等相对封闭的地区;田野点必须既有城市,又有农村和牧区,这样可以基本反映海西民族关系的全貌;同时,田野点既有经济相对发达,市场化和开放程度较高的地区，也有单一封闭自然经济占主导地位的地区，这样可以反映出不同经济发展程度的民族关系状况。此外，市场化和商品经济的发展对于海西地区的开放具有重要意义，而开放的不断深入和市场化、工业化的发展将深刻影响海西地区的民族关系。因此，田野点的选取还必须考虑不同的经济类型，诸如，牧区、农业区和工商业区等。在阅读文献、咨询专家、认真分析的基础上，遴选田野点对于把握研究方向和研究重点起到基础性作用。

### 四、"民族关系"的概念及其研究重点

学术研究的基本规范是首先从学术概念的界定开始，不同语境的概念具有不同的含义。民族关系概念的界定显然在本研究中具于核心地位。由于民族问题日益成为社会的热点问题，学界、官方以及普通民众都日益关注这一问题，而对于"民族"这一核心概念本身存在不同的认识和理解。因此，从历史和现实两条路线对民族关系进行界定是本研究的基本任务。

显然学界对我国的民族这一概念存在较大争议，以马戎教授为代表的学者认为，我国民族这一概念过于"政治化"，应回归民族的"文化化"本质。因此，民族应该称之为"族群"，即以文化特征为区别标准的人群。然而，很多人从马克思主义民族理论出发，坚持传统的民族概念。

不论哪方观点如何，但无可否认，上述二者都认为不同的人群之间存在差异，这些不同的人群之间的关系就是民族关系，它影响着一个地区乃至国家的政治稳定、经济发展和社会进步。这种群体间的关系一般表现为两种情形，一种是互动、合作，在历史的长河中相互吸收采借，形成宽容与融合趋势；另一种则是矛盾和冲突甚至民族仇杀。在现实生活中相互隔绝，不同民族在同一地域内形成"存在而不属于"的态势，这种累积增加了彼此的敌意，不利于相互理解，和谐民族关系构建也失去基本条件。

民族关系当然是研究不同民族之间的关系，但笔者在海西地区进行了广泛的田野调查后，发现海西民族关系研究的重点不应放在民族个体之间，而应重点研究民族整体之间的关系。因此，原有的民族关系研究的基本思路和方法在海西地区并没有多少实际意义。因为，海西地区作为经济落后、自然条件十分恶劣的地区，各民族在日常生活中并没有体现出多少矛盾和冲突。相反，由于生计方式的互补性，各民族个体之间反而形成相互依赖的特

性，民族个体交往密切，关系较为和谐。如，海西的汉族多从事农耕，藏族、蒙古族多从事畜牧业，汉族需要当地藏族、蒙古族所生产的畜肉、皮毛和奶制品，而藏族、蒙古族需要汉族生产的粮食、蔬菜等农产品。同时，当地的回族主要从事商业贸易活动，使得藏族、蒙古族和汉族的商品能够便捷地流通起来，为广袤无垠的海西各民族之间商品流通提供了便利。因此，海西地区各民族个体之间的关系总体上体现出和谐发展态势。但另一方面，海西地区各民族之间的边界仍然十分清晰。不同民族的语言、体貌、服饰、生活习惯、日常交往及心理状态价值观念表现出很大差异。即使同为信仰藏传佛教，并在同一个草场均从事放牧的藏族和蒙古族，他们也处处体现出不同的风格。比如共同生活在都兰县热水乡赛什堂村的藏族和蒙古族，虽然每天"抬头不见低头见"，但他们之间的交往也比较少，边界清晰，相互交流的语言也是汉语，而不是相互都基本会说的对方的民族语言。至于汉族、回族与藏族、蒙古族之间的边界就更为清晰，这些主要从生计方式、生活习惯、居住格局、服饰和节庆仪式等体现出来。

作为西北多民族聚居区，海西民族关系与西藏、新疆、内蒙古等边疆少数民族的民族关系存在天然联系，其变动状况往往会引起更为敏感的毗邻地区民族关系的联动，因而产生正反两方面的效应。当前，西北边疆地区的民族关系及其问题的研究，显然已经不能单从民族个体之间的交往那样传统的方式进行人类学的研究。"7·5"事件以后，民族关系研究的重点已由原来的民族个体研究转向民族整体之间关系的研究，这是由当前凸现出来亟待解决的重大民族问题的迫切性决定的。对于长期共同生活在人烟稀少的广大海西地区的各个民族个体而言，由于共同面对经济发展滞后、自然条件恶劣、教育水平较低和社会风气败坏等的共同境遇，在日常生活中，民族个体之间是平等友好的民间交往关系，民族身份的政治性色彩并未成为影响日常生活的重要障碍。而更为突出和严重的问题在于民族整体之间体现出更大的差异，比如，对在国家的认同问题、对社会主义核心价值观的体认、对中国特色社会主义共同理想以及对中华民族伟大复兴的中国梦等这些重大价值观念上体现出巨大的差距。总而言之，在对党的领导、国家政治意识形态以及政治合法性等重大问题上，各民族之间存在很大差距，这些问题应当是当前西北民族关系研究的核心问题。这些才是直接影响西北边疆地区政治稳定、边疆安全和民族关系和谐发展的决定性因素。

基于上述考虑，本研究中所谓的民族关系，将重点置于海西整体民族关系研究中，当然，民族关系的个体研究自然也是本研究不容忽视的部分。因为民族文化和民族传统以及民族情绪的传承沿袭主要是在一个个家庭和社区中实现的，偏远落后的海西农村和广大牧区虽然民族个体之间表现出和谐相处的态势，但民族差异并没有消除，民族界限十分清晰，在当前市场经济的深入发展中表现出更大的发展差距。因此，基于民族个体的民族关系研究是整体民族关系生成的土壤。

此外，民族关系的发展受到哪些因素的影响，具有什么样的时代特征。从纵向历史的视角分析海西蒙藏汉民族关系的现状及其发展特点，对科学把握民族关系发展一般规律，制定科学的民族政策、完善民族地方治理体系均具有十分重要的意义。因此，本书的民族关系研究着眼于西部大开发背景下海西地区跨越式发展过程中民族关系的动态演进研究，特别是工业化、市场化引起少数民族地区原有社会结构变迁，从而对民族关系造成深刻影响。工业化作为海西摆脱贫穷落后生产状况的重要手段在海西乃至西北民族地区具有必然性。而工业作为先进生产力的代表势必在海西未来发展中居于主导地位，这将首先改变少数民族文化传统赖以存在的生计方式。而工业化带来的开放和更大范围的民族交往将对民族文化产生重大影响，从而在全国统一开放的市场体系和相同或相近的生产方式中增进各民族的同质性。从长远来看，这为民族关系和谐发展和"各民族共创中华"奠定坚实的基础。实际上，笔者在海西调研中发现，资源开发以及区域发展不平衡等经济因素是海西民族关系不能和谐发展的重要原因。可以说，以内地劳动力为主的国有企业和私营企业与当地居民之间的经济利益矛盾在民族地区以民族矛盾的形式体现出来，这是海西地区民族关系比较突出的方面。正是由于经济利益差异导致民族之间发展差距的扩大，激发了少数民族的民族主义情绪，从而对当地政治稳定和民族关系和谐发展造成严重影响。因此，海西民族关系研究不能抛开工业化及经济开发模式而探讨纯粹的民族关系。实际上，民族地区民族关系还明显受到中央及全国发展状况的影响，其中的政治因素，诸如民族区域自治制度、少数民族干部选拔任用，民族地方治理结构以及少数民族权利保障等也是影响民族关系的重要因素。因此，本研究将重点探讨民族之间的经济关系、政治关系、文化关系以及民族地区社会问题对民族关系的影响，从而为和谐民族关系建构、为西北边疆安全、政治稳定提供理论支撑。

因此，本书旨在探讨民族关系发展的一般规律及其最重要的影响因素，针对西北边疆安全、政治稳定等特殊问题进行民族关系研究。将民族关系置于民族国家建构视野，基于"各民族共创中华"的基本认识以及社会主义新型民族关系构建等领域的民族关系研究。同时，探讨新时期民族关系研究的重点，即民族认同及社会主义新时期各民族共同文化建构等长远视角的民族关系研究。

**五、本书创新之处**

本书基于人类学田野调查方法，对海西地区蒙藏汉民族关系进行深入考察，在综合分析基础上主要有以下几点创新认识：

1. 边疆民族地区的民族关系深受国内外政治形势影响，这是基本的历史经验，强大的中央政府以及内地稳定的政治、繁荣的经济、先进的文化是边疆民族地区和谐稳定的前提。同时，边疆民族关系还深受国际因素的影响，世界大国的全球战略以及边疆民族地区周边国家的政治生态对民族地区民族关系的发展产生重要影响。

2. 深化改革、扩大开放是促进民族地区经济结构、社会结构以及民族文化变迁的决定性力量，而这种结构变迁必然对民族关系产生重要影响。因此，民族地区和谐民族关系建构的基础性工作应是进一步加大改革开放力度，使民族地区的经济、社会以及劳动力融入全国统一的市场体系之中，实现包括劳动力在内的所有生产要素在全国范围流动，从而在生计方式变迁、文化观念转变、少数民族社会化程度不断提高过程中促进各个民族的共同发展。

3. 加快民族地区经济发展是实现民族关系和谐发展的重要选项之一，但民族地区的经济发展不应以民族地区 GDP 等单纯指标的增长为标准，必须以增强民族地方以及少数民族群众自我经济发展能力为重点，避免在全国统一开放的市场体系中形成内地与边疆民族地区依赖型经济模式的出现。特别是通过民族地区经济社会的发展避免少数民族边缘化倾向，使少数民族在现代化、全球化进程中实现人的现代化及民族文化的现代化。

4.落实民族区域自治制度，特别是加强各级政权中的少数民族干部的培养和任用，实现少数民族当家做主的权利，民族地方政府应明确国家认同建构这一现代民族国家的基本任务，加强各民族共创中华的宣传和共性资源挖掘，民族地区的国家认同建构政策和策略应更加多样化。

## 六、本研究困难与不足

宗教知识和宗教体验的欠缺对本书的撰写带来很大困难，没有宗教信仰的人很难理解宗教对人们生活的深刻影响。宗教文化往往是一种特定的思维方式，对基本的宗教教义、教规的掌握是理解海西蒙族民族心灵世界的钥匙。同时，研究海西蒙藏汉民族关系显然需要大量的蒙藏语言文字知识，以便展开深入的田野工作和查阅蒙藏文献资料，大量分散的蒙、藏历史文献需要相关民族语言而不仅仅是汉语及英语资料。因此，本书研究中少数民族语文功底的不足以及史学基础的欠缺给本研究带来较大困难，以致蒙、藏文献资料较少，对于基本史料分析也有可能不是十分客观准确。

# 第 二 章

# 田野点综述

没有科学史的科学哲学是空洞的，没有科学哲学的科学史是盲目的。

——［德］康德

## 第一节　海西蒙古族藏族自治州概况

### 一、地理位置

海西因其主体区域地处青海湖西边而得名"海西"，地理坐标在东经 96°07′—99°46′，北纬 35°01′—39°19′之间（见图 2–1、图 2–2）。海西地处青藏高原北部，青海省西部，南通西藏，北达甘肃，西出新疆，东邻青海省海北、海南藏族自治州，处于青甘新藏四省区交汇的中心地带，格尔木—拉萨成品油输油管线和涩—宁—兰等 5 条输气管线分布境内，青藏铁路和国道 109 线、315 线横贯全境，并与国道 215 线、西部大通道及省、州道纵横贯通，形成四通八达、衢通四省的交通通信网络，是连接西藏、新疆、甘肃的战略支撑点和我国西部腹地的交通枢纽，也是支援和稳定西藏及新疆南疆的重要保障基地，战略地位十分重要。

海西全州东西长 837 千米，南北宽 486 千米，总面积为 32.58 万平方千米，是青海省面积最大的民族自治州，占全省面积 72 万平方千米的 41.8%，

青海省

图 2-1　青海省在全国的方位示意图

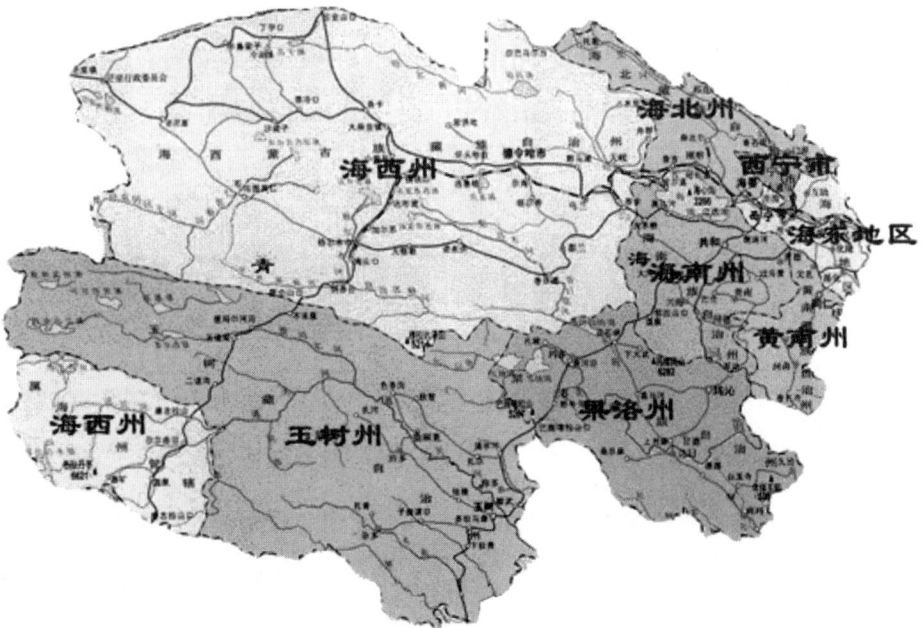

图 2-2　青海省行政区划示意图

是两个山东省或 3 个浙江省的面积。在全国 30 个民族自治州中，面积仅次于新疆维吾尔自治区的巴音郭勒蒙古族自治州。[①] 海西作为青藏高原的重要组成部分，位居"世界屋脊"的东北边缘部。而海西州域主体是我国著名的四大盆地之一——柴达木盆地，它也是我国海拔最高的封闭型内陆盆地。因此，柴达木也是海西蒙古族藏族自治州的代称。境内主要是山脉和盆地相间地形，主要有昆仑山、阿尔金山、祁连山以及唐古拉山的北麓高原，地貌则以高山、平原、湖泊、丘陵、戈壁为主。海西总体地势东北、西南两端高，中间低，即州域边缘多高山，海拔在 3500—4500 米，州域南缘的唐古拉地区海拔在 4500 米以上，其中格拉丹东峰是由海拔 6000 米以上的 21 座雪山组成，最低点是柴达木盆地的达布逊湖、霍布逊湖，海拔 2670 米。[②] 海西有丰富的自然景观和人文景观，具有"中国第一神山"和"万山之祖"之誉的昆仑山雄踞海西，源远流长的昆仑文化在中华文明中占有十分重要的地位，是中华民族神话传说的摇篮，也是中原与西北少数民族的天然纽带。海西蒙古族藏族自治州还是"丝绸之路"青海道的重要组成部分。海西西南部的唐古拉地区是我国第一大河——长江的发源地，州府所在地为德令哈市。

## 二、气候、自然资源与物产

海西州是全国 30 个民族自治州中唯一以蒙古族和藏族两个民族为主体的民族自治州。其基本特点是地广人稀，可耕地少，自然资源丰富，发展潜力大。海西属于典型的大陆性气候，严寒多风，干燥少雨，海拔高，空气稀薄，地区间气候差异巨大。年均降水量 16.7—487.7 毫米，年平均气温 −5.6—5.2℃，年均日温差 16℃ 左右。太阳日照时间长，辐射强度大，年日照时数平均 3000 小时。海西地区大风日数多，西部风力在 8 级以上的天数年均 114—118 天，东部略少也在 79—86 天，无霜期相对较短，为 78—131 天。由于海西地域辽阔，地形地貌复杂，气候特征可分为柴达木盆地干旱荒漠区和盆地四周山地高寒区。

---

① 《海西蒙古族藏族自治州概况》编写组：《海西蒙古族藏族自治州概况》，民族出版社 2009 年版，第 1 页。

② 《海西蒙古族藏族自治州概况》编写组：《海西蒙古族藏族自治州概况》，民族出版社 2009 年版，第 3 页。

海西地域辽阔，州域主体柴达木盆地素有中国"聚宝盆"之美誉，自然资源十分丰富。现已发现矿产 86 种，已探明储量的矿产 57 种，主要矿产品有石油、天然气、煤、盐湖、钾盐、硼、锂、镁盐、锶、溴、碘、芒硝、自然硫、铁、铅锌、金、银、钴、铜、石棉、石灰石、硅灰石等。有 30 种矿种的保有储量位居全国前十位，其中：钾盐、镁盐、芒硝、锂矿、锶矿、石棉、电石用石灰岩矿藏储量居全国首位，溴、硼储量居全国第二位。此外，还有红、蓝宝石及绿松石、蔷薇灰石等玉石矿（化）点。各类矿产资源潜在经济价值约为 16.27 万亿元，占青海省矿产资源潜在经济价值总量的 95%。这些重要的矿产资源已成为海西工业发展的重要基础。①

海西的土地资源主要集中在海拔 2800—3200 米之间的可灌溉地段。宜农土地 546.71 万亩，主要分布在海西东部地区（德令哈市、都兰县、乌兰县、天峻县）。由于独特的地理环境，使得海西日照充足，植物光合作用时间较长，昼夜温差大，为农作物生长提供了得天独厚的条件。海西原本是草原畜牧区，新中国成立后由国营农场进行了大规模的土地开发。优越的自然条件加上农场的精耕细作使得海西的春小麦至今保持亩产 1013.05 公斤的世界纪录。② 海西农业区的农作物主要有青稞、小麦、油菜、马铃薯、玉米等，经济作物有枸杞、杏、苹果等。海西还是青海主要的畜牧业生产基地，全州可利用草场 1.06 亿亩，主要集中在海西东部、中部以及大山脉中。主要的畜种有牦牛、藏系羊、马、骆驼、绒山羊，畜产品如乳、肉、毛、皮享誉全国。由于海拔落差大，海西的野生动植物资源十分丰富，是野生动物重点保护区，野生动物 196 种，国家一、二级重点保护动物 42 种。珍稀植物主要有青甘杨、柳、青海云杉、胡杨、沙棘、沙柳、罗布麻、大黄、虫草、锁阳、枸杞、麻黄、雪莲等。其中，枸杞品种优良，已进行产业化栽植，成为海西都兰县、德令哈、格尔木一带重要的经济作物。同时，海西境内风能资源和太阳能资源富集，具有较高的开发利用价值。

此外，海西具有丰富的人文旅游资源，名山大川、长江源头、荒漠戈壁、昆仑文化传说、蒙藏风俗等旅游资源体现出青藏高原原始、淳朴、粗犷

---

① http://haixi.mofcom.gov.cn/aarticle/gaikuang/200711/20071105197224.html。

② 《海西蒙古族藏族自治州概况》编写组：《海西蒙古族藏族自治州概况》，民族出版社 2009 年版，第 8 页。

的自然环境和自然旅游景点特点。如：长江源位于唐古拉山主峰的格拉丹东峰西南侧的冰川，冰川融水成为万里长江第一河——沱沱河的源流。巍峨雄伟的昆仑山则是神话传说的汇聚中心和仙山圣地。《山海经》记载：帝之下都，有"天柱"、"天门"，为"百神之所在"。另有一些典籍记载，西王母在昆仑山的宫阙十分富丽壮观，有"昆仑宫"、"阆风巅"等。位于海西都兰县诺木洪乡东南方向的荒漠地带，有著名的"贝壳梁"，为东西走向，宽70米左右，长2000米左右，有数以亿计的贝壳，表明海西青藏高原东北侧原本是一片碧水浩淼的古海，如今，海洋褪去，陆地隆升。贝壳梁成为古海的遗踪，也是沧海桑田的最好见证，是研究青藏高原地质变化的有力证据。

## 三、历史沿革与行政区划

海西历史悠久，古为西羌地。据1959年中国科学院考古研究所和青海省文物管理委员会联合考察发现，早在2900年前，这里曾经是一个文明富裕的"花花世界"，其文化蕴涵独特，自成一系，故被命名为"诺木洪文化"。① 根据出土文物考证，当时的古羌人综合生产力已达到了相当高的水准。秦汉海西为先零卑禾等羌人部落活动范围，西部则属于"若羌国"。汉平帝元始四年（公元4年），王莽置西海郡，管辖今海西东部地区。东晋后期为吐谷浑属地，隋朝击败吐谷浑设置4郡，今海西东部属于西海郡，其西部则属于鄯善郡。唐贞观十年（636），吐谷浑成为唐属国。龙朔三年（663），吐蕃灭吐谷浑，海西一度隶属吐蕃腊城节度使管辖。宋代，海西西部为撒里畏兀尔（即黄头回纥）地，东部为吐蕃地方政权——唃厮啰势力范围。元代，海西西北地区为甘肃行省沙州路辖区②，其余大部为宣政院所属吐蕃等处宣慰司辖区。元顺帝时，设曲先答林元帅府，封卜烟帖木儿为宁王，镇守今柴达木西部地区。明初，相继设置塞外4卫（即安定、阿端、曲先、罕东卫），由西宁卫兼管③，主要有撒里维吾尔人、藏族、蒙古族等。武宗正德七年（1512）左右，东蒙古诸部开始进入青海，自此海西成为蒙古统治地区。清初，青海蒙古被分为29旗，海西州有9个蒙古旗，统归"钦差

① 程起骏：《古老神秘的都兰》，青海人民出版社2009年版，第2页。
② 王昱：《青海省志·建制沿革志》，青海人民出版社2009年版，第301页。
③ 王昱：《青海省志·建制沿革志》，青海人民出版社2009年版，第327页。

办理青海蒙古番子事务大臣"管辖。1875—1908 年间，藏族沟里、日安两个百户部落迁入今都兰县境内落居。从 1935 至 1941 年，新疆的部分哈萨克族先后迁入今海西州境内。1949 年 9 月海西解放，11 月成立都兰县人民政府，辖今海西全境，直隶青海省。1952 年 9 月 26 日撤销都兰县，设立县级"都兰县蒙藏哈萨克族自治区"，1954 年 1 月改建为"海西蒙藏哈萨克族自治区"，1955 年 12 月更名为"海西蒙藏哈萨克族自治州"，1963 年 8 月更名为"海西蒙古族藏族哈萨克族自治州"。1966 年 4 月，州府由都兰县的察汗乌苏镇迁往德令哈市。1985 年哈萨克族迁返新疆后，海西更名为"海西蒙古族藏族自治州"。

海西蒙古族藏族自治州按照市、县、行政区 3 级建制，管辖格尔木和德令哈两个市，乌兰县、都兰县、天峻县三个县以及大柴旦、冷湖、茫崖三个行政区。此外，还代管玉树藏族自治州唐古拉山地区，州府所在地为德令哈市。各县市具体情况如表 2–1 所示。

表 2–1　海西州 2012 年县市行政委员会行政区划表①

| | 乡镇、街道办事处 | 村（居、牧）委员会 | | | 乡镇、街道办事处 | 村（居、牧）委员会 |
|---|---|---|---|---|---|---|
| 德令哈市 | 河东办事处 | 4 | 格尔木市 | 城东行政委员会 | 黄河路办事处 | 3 |
| | 河西办事处 | 4 | | | 昆仑路办事处 | 7 |
| | 火车站办事处 | 3 | | | 大格勒乡 | 4 |
| | 尕海镇 | 7 | | | 唐古拉山乡 | 6 |
| | 怀头他拉镇 | 4 | | 西城行政委员会 | 乌图美仁乡 | 13 |
| | 戈壁乡 | 5 | | | 郭勒木德乡 | 14 |
| | 宗务隆乡 | 8 | | | 金峰路办事处 | 5 |
| | 蓄集乡 | 3 | | | 河西办事处 | 6 |
| | 合计 | 38 | | | 西藏路办事处 | 3 |
| | | | | 察尔汗行政委员会 | | |
| | | | | | 合计 | 61 |

① 《海西蒙古族藏族自治州志（1992—2002）》，青海人民出版社 2006 年版，第 32 页。

续表

| | 乡镇、街道办事处 | 村（居、牧）委员会 | | 乡镇、街道办事处 | 村（居、牧）委员会 |
|---|---|---|---|---|---|
| 都兰县 | 察罕乌苏镇 | | 天峻县 | 新源镇 | 14 |
| | 香日德镇 | | | 生格乡 | 4 |
| | 夏日哈镇 | | | 快尔玛乡 | 9 |
| | 热水乡 | | | 组合玛乡 | 6 |
| | 沟里乡 | | | 江河乡 | 8 |
| | 香加乡 | | | 舟群乡 | 6 |
| | 巴隆乡 | | | 龙门乡 | 4 |
| | 宗加乡 | | | 木里乡 | 4 |
| | 诺木洪乡 | | | 阳康乡 | 4 |
| | 合计 | 112 | | 苏里乡 | 4 |
| | | | | 尕河乡 | 1 |
| | | | | 合计 | 64 |
| 乌兰县 | 希里沟镇 | 7 | 茫崖行政委员会 | 花土沟镇 | 1 |
| | 柯柯镇 | 5 | | 茫崖镇 | 1 |
| | 茶卡镇 | 9 | | 尕斯乡 | 3 |
| | 铜普镇 | 6 | | 合计 | 5 |
| | 赛什克乡 | 16 | 冷湖行政委员会 | 冷湖镇 | 11 |
| | 合计 | 43 | | 合计 | 11 |
| 大柴旦行委 | 大柴旦镇 | 2 | | | |
| | 锡铁山镇 | 1 | | | |
| | 鱼卡乡 | 2 | | | |
| | 合计 | 5 | | | |

## 四、宗教信仰与民族文化

海西是一个多种宗教并存的地区，佛教、伊斯兰教、道教、基督教和天主教等世界性宗教都有传播，其中藏传佛教和伊斯兰教在信教群众中有着广泛深刻的影响，藏族、回族、蒙古族基本全民信教。

　　藏族早期信仰苯教，是西藏本土原始宗教，以自然崇拜、万物有灵、灵魂不灭为基础，以天、地、日、月、星、冰川、山河、山石、树木、动物等为崇拜对象，没有寺庙和神职组织，也没有经典。随着社会的进步和生产力的发展，西藏进入奴隶社会，苯教也随之演变为人为的、阶级的宗教，被奴隶主所利用。在吐蕃王朝200多年的历史中，苯教始终是吐蕃地区占统治地位的宗教，在王朝中设立"本波"参与朝政。从吐蕃第八代赞普开始到统一的吐蕃王朝初期的苯教，吸收了外来人为的、阶级的、宗教的某些内容和形式，形成了一套教义、宗教仪式，有了宗教寺庙和专业巫师系统，巫师除主持祭祀、盟誓、葬仪外，还参与朝政、军事行动和日常生活。这个阶段，苯教在青海有了较大传播，在吐蕃征服地区主持地方的本波还吸收《周易》、《道德经》的内容充实苯教教义，便于苯教的传播。吐蕃王朝中后期苯教和佛教互相排斥又互相吸收，由此既使苯教保存了下来，又为在青藏高原形成藏语系佛教奠定了基础。藏族多信仰藏传佛教，俗称"喇嘛教"。在历史上，藏传佛教对藏族的政治、经济、文化，对藏族人民生产生活、伦理道德、风俗习惯都产生了深刻的影响。海西藏族操藏语安多方言，与当地蒙古族、汉族、回族等其他民族交往时，通用汉语（青海方言），但50岁以上或没有接受义务教育的藏族仍然不会讲汉语。藏族能歌善舞，锅庄舞甚至成为当地城镇所有民族都喜欢的舞蹈。笔者在海西都兰县调研时发现，每当周末的晚上，县城西边彻夜不眠的藏族歌曲，冉冉的篝火，宗教情愫的歌声悠悠飘荡，而县城东边是青海的"花儿"，曲曲不断，相互辉映，在小小的县城形成亮丽的民族风情。

　　海西藏族的社会生活和风俗习惯具有浓郁的本民族历史传统和文化特点。藏族牧民男女喜欢穿宽大的羊皮长袍，袖口、领口和前后襟上有毛皮或色布镶边，常袒露右肩便于活动（见图2-3藏族服饰）。近年来，随着西部大开发的逐步深入，藏族的生活发生了很大改变，在服饰上也有了很大的改观。民族服装仅作为节日服装，一年四季其他时间多数着现代服装，诸如毛衣裤、防寒服、羽绒服等，与汉族无异。

　　藏族的节庆活动比较多，有民族传统节日，如藏历年、雪顿节、林卡节、望果节等；有宗教节日，如花灯节、转山节、燃灯节、仙女节等；有中华各民族共同节日，如春节、元宵节、端午节、中秋节。中华人民共和国成

**图 2-3  穿戴民族服装的藏族儿童**

立后，国家法定的节日有元旦、五一国际劳动节、十月一日国庆节等。海西藏族素以畜牧业为主，兼营少量的农业和手工业。近年来，随着海西市场经济的深入发展，海西地区各民族专门从事经商的人口也逐渐增多。畜牧业中经营的牲畜主要是牦牛、羊、马等。

牧区藏族以糌粑和牛羊肉为主食，饮用酥油茶和奶茶，靠近城镇的也有米饭和面食。随着海西地区市场化的不断发展，商品流通加快，海西地区的商品供应和内地没多少差异，南方的土特产、水产品、工业品都有供应。当地藏民的饮食逐渐多元化，藏族男子喜欢喝青稞酒。靠近农业区的藏族一般修建平房居住，和汉族居住房屋大同小异，但草原牧区藏民喜欢住帐房（见图 2-4）。受宗教文化的影响，藏族的生态环境意识特别强烈，严格保护草场、森林、水资源和野生动物。青海藏族世代居住在高寒地区，为适应严酷的生存环境，自古以来藏族人民就形成了以能够抵御风雪严寒为特征的服装模式。无论男女长幼，一年四季均以大襟袍服为主。袍服具有长袖、大襟、宽腰、无兜等特点。牧区藏族男女有蓄发之俗。妇女一般将长发梳成很多小辫，辫梢用辫套套住，垂

**图 2-4  海西蒙古族牧民蒙古包**

于背后，或压在腰带下。辫套镶有银盾、银碗、琥珀等装饰品。无论男女，都喜欢随身佩戴装饰品。男子最主要的装饰品有腰刀，女子的装饰品有金银珠宝的戒指、耳环、项链、护符等。

　　中华人民共和国成立后，海西作为蒙古族藏族自治州，是青海蒙古族居住较为集中的地区，主要分布在乌兰县的茶卡、铜普、赛什克，德令哈市的尕海、柯鲁克怀头他拉，都兰县的香加、巴隆、宗加、诺木洪以及格尔木市的乌图美仁乡等地，①职业以畜牧业为主，马、牛、羊、骆驼是最主要的牲畜。海西蒙古全民族信仰藏传佛教格鲁派，同时，也具有一定的萨满教传统。

　　海西的蒙古族是公元 1206 年前后，成吉思汗统兵西进攻取中亚时，曾派兵到青海的柴达木盆地。1227 年，成吉思汗班师途中，占据了柴达木东部地区，就此屯兵，这是蒙古族迁移青海的开端。②此后，由于用兵西藏的需要，蒙古族或戍守或游牧于海西。明时，允许蒙古族继续驻守海西地区。蒙古势力在青海的鼎盛时期是明万历时期，海西地区的蒙古族达到"十万众"③。海西蒙古族通用蒙古语卫拉特方言，随着民族间接触与交往的增加，多数年轻人都可以使用汉语、藏语进行交流。蒙古包是蒙古族的主要居住形式，适合游牧民族逐水草而居的特点。蒙古族传统服饰是"德吾里"，即长袍，分为夏装和冬装，蒙古族年纪较大的人多喜欢穿民族服装，但为便于生活，现在只有在节日时穿戴。海西蒙古族文学艺术内容十分丰富，其中的祝赞词具有较高的文学艺术水准，每当祝赞歌唱起的时候，蓝天白云，辽阔的草原，这些意境幽远而深长无比的情感油然而生，很多歌词已成为非物质文化遗产的重点保护对象。

　　汉族是青海的世居民族，究其渊源，大都是中原移民。④我国南北朝时期，今青海海西地区就是东西方交通要道，古丝绸之路青海道穿越海西，汉族使者、商人、僧侣往来于此。元时江浙一带乐户迁入海西，这是见于有史

---

　　①　海西蒙古族藏族自治州概况编写组：《海西蒙古族藏族自治州概况》，民族出版社 2009 年版，第 19 页。

　　②　《中国少数民族社会历史调查资料丛刊》修订编辑委员会、青海省编辑组：《青海省藏族蒙古族社会历史调查》，民族出版社 2009 年版，第 133 页。

　　③　《明经世文编》卷 405《郑经略奏疏二》；王昱、聪喆：《青海简史》，青海人民出版社 1992 年版，第 136 页。

　　④　谢佐：《青海民族关系史》，青海人民出版社 2001 年版，第 25 页。

记载的长江沿岸汉族首次进入海西的记录。① 民国时期，由于河湟一带农民受灾、破产逃荒来到海西，这样汉族大量定居海西。国民政府的"柴达木开发"政策，也从内地迁移大量汉族，开发了海西肥田沃土。中华人民共和国成立以后，随着社会主义建设事业的展开，柴达木自然资源被大量开发，吸纳了更多的汉族迁入海西。现今，汉族主要居住在格尔木、察汗乌苏、香日德、诺木洪、希里沟、德令哈等农业和工矿业区。汉族的迁入，为海西的开发建设增添新的力量，带去先进的农业生产技术，同时也使内地的政治、经济、文化及社会运行方式有效扩散到海西，为海西的现代化建设及民族融合发展作出了巨大贡献。

## 第二节　海西经济社会发展概况

海西由于地处"聚宝盆"——柴达木盆地，因而其经济社会发展主要依赖于资源开发，已成立的青海省柴达木循环经济试验区，是全国面积最大的区域性循环经济试点产业园区，已成为青海推进新型工业化和国家实施西部大开发的重点地区。

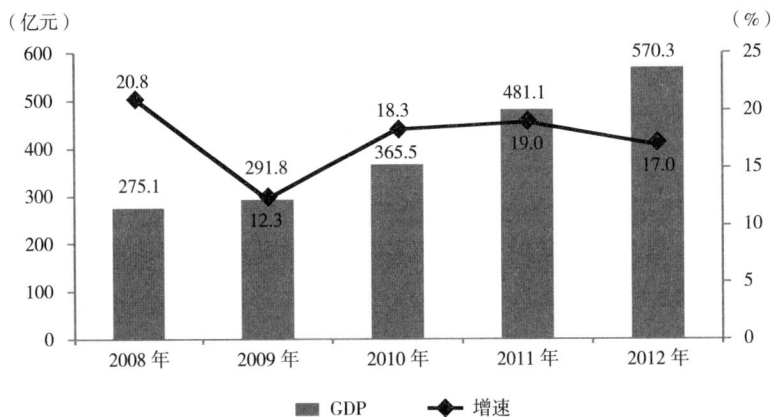

图2–5　近年来海西州国内生产总值统计图②

---

① 《中国少数民族社会历史调查资料丛刊》修订编辑委员会、青海省编辑组：《海西蒙古族藏族自治州概况》，民族出版社2009年版，第26页。
② 数据转引自海西州2012年国民经济和社会发展统计公报。

近年来，海西工业经济快速发展，带动海西国内生产总值不断提高。2012 年海西地区生产总值达到 570.3 亿元，在全国民族自治州中属于前列。其中：第一产业 17.6 亿元，第二产业 464 亿元，第三产业 88.7 亿元。三次产业对 GDP 的贡献率分别为 3.5%、84.1% 和 12.4%，第二产业仍是经济增长的主动力。人均生产总值 114871 元，增长 16.1%。

## 一、农牧业发展概况

相对于农业开发较早的黄河流域而言，海西持续性的农业开发历史较为短暂，但历史上通过民垦、军垦以及募垦等方式，开发了大量的土地，农业有所发展。新中国成立后，国家兴修水利、改良土壤，海西的农业生产进入较快发展的历史时期。海西的农业主要以集中的农场方式经营，计划体制在海西农业发展中发挥了重要作用。海西是青海省重要的畜牧业生产基地之一，全州有天然草场 14358.52 万亩，占海西总面积的 31.8%。[①] 因此，海西的主要经济成分是畜牧业，蒙古族、藏族主要从事畜牧业生产。2012 年海西完成农业总产值 26.6 亿元，比上年增长 22.2%。全州农作物播种面积66.98 万亩。特色作物种植面积为 54.75 万亩，占农作物播种面积的 81.7%，其中，枸杞 29.01 万亩，马铃薯 2.93 万亩，青稞 10.24 万亩，油料 7.96 万亩，蔬菜 1.48 万亩（见表 2–2）。2013 年，海西牲畜存栏 240.27 万头（只）（见表 2–3）。[②]

表 2–2　2012 年海西州主要农产品产量及增长速度[③]

| 产品名称 | 产量（吨） | 比上年增长（%） |
|---|---|---|
| 农产品产量 | | |
| 粮食 | 91286 | −9.7 |
| 其中：小麦 | 45924 | 1.1 |
| 青稞 | 33546 | −4.7 |

①　海西蒙古族藏族自治州概况编写组：《海西蒙古族藏族自治州概况》，民族出版社 2009 年版，第 157 页。

②　数据来源：海西州 2012 年国民经济和社会发展统计公报。

③　数据根据海西州 2012 年国民经济和社会发展统计公报整理。

| 产品名称 | 产量（吨） | 比上年增长（%） |
|---|---|---|
| 豆类 | 1325 | 300.3 |
| 马铃薯（折粮） | 10466 | −42.4 |
| 油料 | 11259 | −3.1 |
| 蔬菜 | 43429 | −13.6 |
| 水果 | 84 | 42.4 |
| 药材 | 26368 | 45.2 |
| 枸杞 | 26368 | 45.2 |

表2–3　2012年海西州主要畜产品产量及增长速度①

| 产品名称 | 产量（吨） |
|---|---|
| 肉类总产量 | 27765 |
| 羊肉 | 17833 |
| 牛肉 | 5787 |
| 猪肉 | 3606 |
| 奶类产量 | 13526 |
| 牛奶 | 9193 |
| 羊毛产量 | 2717 |
| 绵羊毛 | 2383 |
| 羊绒产量（公斤） | 194685 |

随着现代科技的发展和人们观念的进步，海西畜牧业向设施化、专业化、规模化发展。畜牧业发展的基础是草场建设，随着放养规模的不断扩大，海西加强草原基本建设，改善生产条件，大大提高了草原载畜量。同时，不断改良家畜，提高了畜牧业生产效益。与此同时，海西大力发展林草业，改善生态环境，起到了防风固沙，保护草场的作用。海西的天然乔木主要有祁连圆柏、青海云杉、青甘杨及胡杨树，主要分布在海西中部的一些山区。1978

---

① 数据根据海西州2012年国民经济和社会发展统计公报整理。

年，国家实施"三北"防护林建设以及后来的退耕还林还草政策，使得海西的林草业获得空前的发展。此外，海西有大小湖泊 533 个，渔业资源丰富。

## 二、工商业发展状况

新中国成立以前，海西工业生产基本处于空白，仅在农牧区有一些作为农牧业补充的毛毡、皮毛加工业。新中国成立以后，出于地缘政治的战略考虑以及工业发展的需要，国家有重点地在海西进行大规模的资源勘探开发工作。经过艰苦努力，海西工业获得空前发展。"四五计划"末（1971—1975），海西地方工业总产值（按 1970 年不变价）达到 634.98 万元，工厂职工人数达到 101608 人，陆续建成石油、石棉、电力、钾肥、铅锌、煤炭、硼砂、有色金属、皮革制品等行业，工业品种达 60 余种，[①] 工业使海西体现出现代化的勃勃生机。改革开放以来，海西加快发展，目前已形成以石油天然气、盐湖化工、有色金属、煤炭开发及非金属材料为主的工业体系，2012 年海西州完成工业增加值 425.1 亿元，比上年增长 19.1%。其中，州属工业增加值 222.3 亿元，增长 38.6%，增速高于地区工业增速 19.5 个百分点。2013 年 1—10 月，生产原煤 2021.93 万吨，天然原油 178.92 万吨，天然气 56.43 亿立方米，铁矿石原矿量 294.63 万吨，铅精矿 11.31 万吨，锌精矿 7.02 万吨，原盐 237.53 万吨，钾肥 567.25 万吨，黄金 6632 公斤，石棉 11.5 万吨，硫酸钾镁肥 33.17 万吨。[②] 因此，海西地区的工业化发展程度较高，成效显著。

# 第三节　海西人口概况

根据 2010 年第六次全国人口普查，海西全州常住人口为 489338 人。汉族人口为 322996 人，占 66.01%；各少数民族人口为 166342 人，占 33.99%。其中：蒙古族 27043 人，占 5.53%；藏族 53498 人，占 10.93%；回族 65828 人，

---

① 海西蒙古族藏族自治州概况编写组：《海西蒙古族藏族自治州概况》，民族出版社 2009 年版，第 196 页。

② 海西州统计信息网：http://www.hxztjj.gov.cn/html/tjj/col374/2013-11/11/20131111113713554742934_1.html。

占 13.45%；土族 9953 人，占 2.03%；撒拉族 4665 人，占 0.95%；其他少数民族 5355 人，占 1.1%。同 2000 年第五次人口普查相比，汉族人口增加 80642 人，增长了 33.27%；少数民族人口增加 39560 人，增长了 31.2%。少数民族人口比重由 34.35% 下降到 33.99%。常住人口中，具有大学（指大专以上）文化程度的 55979 人；具有高中（含中专）文化程度的 74147 人；具有初中文化程度的 143823 人；具有小学文化程度的 152616 人。同 2000 年第五次人口普查相比，每万人中具有大学文化程度的由 401 人上升为 1144 人；具有高中文化程度的由 1675 人下降为 1515 人；具有初中文化程度的由 2599 人上升为 2939 人；具有小学文化程度的由 2913 人上升为 3119 人。全州常住人口中，文盲人口（15 岁及以上不识字的人）为 28730 人，同 2000 年第五次人口普查相比，文盲人口减少 8674 人，文盲率下降为 5.87%（海西州各地区人口分布见表 2-4）。全州常住人口中，城镇人口 342706 人，占 70.03%；乡村人口 146632 人，占 29.97%。同 2000 年第五次人口普查相比，城镇人口增加了 113475 人，乡村人口增加了 6727 人，城镇人口比重上升了 7.93 个百分点（见表 2-5）。

随着海西社会经济的高速发展，特别是西部大开发战略的实施，海西人口的机械变动上升为海西人口变动的主流。主要是经商务工的外来人口大量增加，这部分人口约有 11 万人以上。就目前形势来看，人口增加的势头强劲，还在持续增加，预计到"十二五"全州机械变动人口将超过 20 万人。

表 2-4　海西州各地区常住人口的地区分布

| 地区 | 人口数 | 比重（%） | | |
|---|---|---|---|---|
| | （人） | 2000 年 | 2006 年 | 2010 年 |
| 海西蒙古族藏族自治州 | 489338 | 100 | 100 | 100 |
| 格尔木市 | 215213 | 44.77 | 44.77 | 43.98 |
| 德令哈市 | 78184 | 17.22 | 17.22 | 15.98 |
| 乌兰县 | 38273 | 9.76 | 9.76 | 7.82 |
| 都兰县 | 76623 | 15.63 | 15.63 | 15.66 |
| 天峻县 | 33923 | 5.13 | 5.13 | 6.93 |

续表

| 地区 | 人口数 | 比重（%） | | |
|------|--------|---------|---|---|
| | （人） | 2000 年 | 2006 年 | 2010 年 |
| 茫崖行委 | 31017 | 4.47 | 4.47 | 6.34 |
| 大柴旦行委 | 13671 | 2.42 | 2.42 | 2.79 |
| 冷湖行委 | 2434 | 0.6 | 0.6 | 0.5 |

表 2–5 海西各地区城镇化率①

| 地区 | 城镇人口（人） | 乡村人口（人） | 城镇化率（%） |
|------|-------------|-------------|-------------|
| 海西蒙古族藏族自治州 | 342706 | 146632 | 70.03 |
| 格尔木市 | 186341 | 28872 | 86.58 |
| 德令哈市 | 54844 | 23340 | 70.15 |
| 乌兰县 | 17944 | 20329 | 46.88 |
| 都兰县 | 25851 | 50772 | 33.74 |
| 天峻县 | 15610 | 18313 | 46.02 |
| 茫崖行委 | 31006 | 11 | 99.96 |
| 大柴旦行委 | 8676 | 4995 | 63.46 |
| 冷湖行委 | 2434 | | 100 |

# 第四节　参照田野点概况

## 一、格尔木市概况

"格尔木"是蒙古语的音译，意为"河流密集的地方"，位于青海省西部，柴达木盆地中南部，是内地通往西藏、新疆的交通要道和军事重镇，地理位置十分重要，青藏公路、铁路，青新公路均经于此，被称为"西藏旱码

---

① 数据根据海西州计生委 2011 年海西州人口与计划生育工作形势分析报告整理。

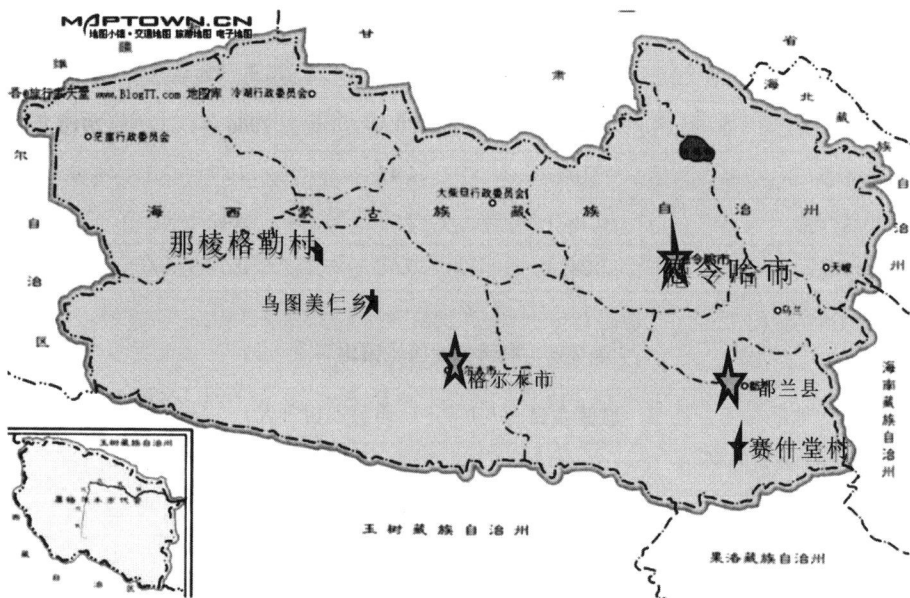

图 2-6    本书的田野点方位示意图

头"。格尔木市地区是中国历史上西部少数民族游牧的重要地区之一。1959
年，在格尔木市发现青铜器文化遗存，被命名为"诺木洪文化"，时代约为
中原的西周时期，距今 2700 多年。

　　新中国成立后，格尔木发展成为新兴的工业重镇，目前已发展为青藏
高原上位居西宁、拉萨之后的第三大城市。格尔木地处青藏高原腹地，辖
区由柴达木盆地中南部和唐古拉山地区两块互不相连的区域组成，总面积
11.89 万平方千米，比浙江省、江苏省的面积还大。西藏与格尔木市联系
十分紧密，西藏很多单位都有驻格尔木市的办事机构。格尔木市傍依被称
为"盐湖之王"的察尔汗盐湖而建，因此，格尔木市也被称为"中国的盐湖
城"。由于青海省会西宁地处青海东部边缘，距离甘肃兰州很近，因此，格
尔木市大体上是青海省的地理几何中心。市区位于柴达木盆地中南部格尔木
河冲积平原上，辖区平均海拔 3569 米，属高原大陆性气候。格尔木市人口
是海西最多、最为集中的地区。全市人口 20.57 万，城市人口占 90% 以上，
现有汉、蒙、藏、回等 26 个民族，其中汉族人口占 83%。格尔木市是典型
的移民城市，因其独特的地理位置使得历次较大发展都与青藏公路、铁路及

拉萨—格尔木输油管道建
设有直接关系，因此，汉
族移民较多。格尔木1954
年建政，现设3个工作委
员会、行政委员会（辖4
个乡镇、5个街道办事处）
和1个经济开发区，由两
省（青海、西藏）三方
（青海、西藏、部队）六
大系统（市属、西格办、
部队、盐湖集团、铁路系
统、石油系统）组成，有

图2-7　西藏自治区政府驻格尔木办事处第一小学

地厅级单位5个，县团级单位近80个。自古以来，格尔木便是我国西部的
重要交通要道。因其西抵新疆，东往甘肃兰州，北通河西走廊，向南即是青
藏公路、铁路的起点，是古丝绸之路南线的要冲，有"西藏后勤基地"之
称，进出藏物资85%以上都在格尔木转运。因此，格尔木拥有数万人的西
藏自治区驻格尔木办事机构，占格尔木相当大的人口比例。此外，由于格尔
木市战略地位十分重要，驻有大量的军队，因此，格尔木又被称为"兵城"。
新中国成立后，鉴于地方政权建设及资源开发的需要，格尔木市建制沿革比
较复杂。1953年9月11日，西北行政委员会民族访问团访问格尔木，宣布
成立阿尔顿曲克哈萨克族自治区筹备委员会，1954年7月正式成立了海西
阿尔顿曲克哈萨克族自治区人民政府。1956年3月成立了格尔木工作委员
会，为县级建制。1960年11月设立格尔木市，1966年3月改设格尔木县，
1980年6月14日复改为市，设立3个街道办事处，4个乡（唐古拉山乡、
乌图美仁乡、大格勒乡、郭勒木德乡）。1992年成立格尔木昆仑经济开发区
（2002年升格时隶属格尔木市管理），格尔木市现仍隶属海西蒙古族藏族自
治州管辖，为副地级市。

格尔木是一座自然资源十分丰富的城市，广泛分布着钾、钠、镁、锂、
硼、锶、锑、石油、天然气、黄金、宝玉石等50余种矿产资源，有30多种
位居全国前10位，其中钾、钠、镁、锂总储量占全国第一位。已探明钾盐

总储量 3.2 亿吨，镁盐总储量 31.6 亿吨，钠盐总储量 33.1 亿吨，其潜在价值巨大。

工业在格尔木市经济发展中居于主导地位。百万吨炼油、百万吨钾肥和石油天然气三项工程构成格尔木市的工业框架和基础。2011 年，全市三次产业比例为 0.89∶77.89∶21.22，实现工业产值 337.7 亿元、同比增长 30%，工业对 GDP 增长的贡献率达到 75.9%。格尔木市进入全国产业百强县（市）行列。

根据海西州"十二五"规划纲要，"十二五"期间格尔木市地区生产总值年均增长 20% 以上，达到 600 亿元，工业增加值年均增长 22% 以上，达到 450 亿元，社会固定资产投资年均增长 24% 以上，累计完成 1000 亿元，地区和地方财政一般预算收入年均增长 21% 以上，分别突破 137 亿元和 25 亿元，社会消费品零售总额年均增长 18% 以上，城镇居民人均可支配收入、农牧民人均纯收入年均分别增长 12% 和 16%。同时，将继续坚持工业强市战略，加快培育战略新兴产业，建成一批产业集群和工业基地，尽快形成地方特色工业体系。预计至"十二五"末，形成 450 万吨钾肥、100 万吨硫酸钾镁肥、4 万吨碳酸锂、5 万吨硼酸、10 万吨金属镁、50 万吨氧化镁系列产品、200 万吨原油加工、100 亿立方米 / 年天然气、400 万吨甲醇、20 万吨醋酸、10 万吨醋酐、10 万吨二甲醚、20 万吨粗铅、10 万吨铜、10 万吨锌等生产能力，工业总产值达到 1100 亿元以上。①

## 二、乌图美仁乡概况

乌图美仁乡是本书研究的一个重要田野点。乌图美仁乡位于格尔木市西部，距格尔木市区 200 千米。地处东经 93°10′，北纬 36°54′，面积为 5.766 万平方千米，平均海拔 2843 米。乌图美仁是蒙古语，意为"长长的河流"，因乌图美仁河而得名。南与青海省玉树州相邻，北与海西州大柴旦、茫崖接壤，东至中灶火，西至甘森，占格尔木市区域总面积的 29%，全乡有可利用草场 887 万余亩，耕地近 6000 亩，户均耕地 16.13 亩，人均耕地 5 亩。全乡下辖 4 个农业村（祥和村、安康村、幸福村、团结村），9 个牧业

---

① 数据来源：格尔木市"十二五"规划纲要。

社（柴开牧业社、白力其尔牧业社、那棱格勒牧业社、乌兰美仁牧业社、巴勒格图牧业社、哈夏图牧业社、察汗乌苏牧业社、敖包图牧业社、俄日腾牧业社），共有居民 432 户，其中牧业 211 户，农业 221 户；全乡共有人口 1781 人，其中牧业 749 人，农业 1032 人。农作物主要有青稞、油菜、马铃薯等。民族成分较多，有汉、蒙古、藏、回等，其中蒙古族占总人口的 50% 左右，回族占 8.2%，藏族人口较少。乌图美仁乡党委下设 15 个支部，共有党员 238 名。乌图美仁乡是格尔木市重要的有色金属原产地，辖区内有丰富的铜、铅、锌、铁等矿产资源及野牦牛、野驴、藏羚羊等珍稀野生动物等，是一个具有资源和旅游开发潜力的地区。目前，全乡共有矿产企业 13 家。

乌图美仁乡的蒙古族是 1957 年 10 月至 1962 年 8 月期间，先后由 1940 年以前因部族、民族冲突逃至甘肃省肃北蒙古族自治县、青海省都兰县诺木洪等地的台吉乃尔蒙古牧民回迁定居放牧。1962 年 2 月，乌图美仁牧业人民公社成立，1962 年 6 月，改公社为乡。1962 年，开始有小面积的种植业。蒙古族主要从事牧业。乡政府所在地有一所蒙古族小学，全乡蒙古族适龄儿童均进入该校学习，授课语言为蒙古语。

### 三、德令哈市概况

德令哈市是海西州首府，青海省的重要交通枢纽，也是青海省第三大城市，是海西州政治、科技、文化中心。"德令哈"为蒙古语，蒙语全称"阿里腾德令哈"，意为"金色的世界"。地处北纬 36°65′—39°10′，东经 95°40′—98°10′，位于柴达木盆地的东北边缘，青海省西北部，北与甘肃省肃北蒙古族自治县接壤，东与海西天峻县、乌兰县为邻，西与大柴旦镇相接，南与都兰县相连。德令哈市东西距离 215 千米，南北 240 千米，区域总面积 32401 平方千米，其中市区面积 25 平方千米，平均海拔 2980 米。

德令哈明代时为罕东卫辖区，后为蒙古诸部管辖，清属青海蒙古北左旗、北右旗辖地，民国隶属都兰县。1955 年从都兰县析置德令哈工委，1958 年改为德令哈县。1962 年撤县并入乌兰县，1988 年德令哈撤镇建市。德令哈下辖 3 个街道、3 镇 1 乡，即河西街道、河东街道、火车站街道、尕海镇、怀头他拉镇柯鲁柯镇、蓄集乡。德令哈市自然资源较为丰富，现已探明矿产资源 16 种，野生动植物资源也十分丰富，主要有草豹、熊、麝、野牦牛以及沙棘、枸杞、锁阳等。德令哈市现有宜农耕地 33 万亩，其中各种农场 30 万亩。农作物主要有小麦、青稞、豌豆、洋芋、油菜等。可利用草场 1472 万亩，其中可灌溉草场 207 万亩。主要河流有巴音河、白水河，水力资源丰富。

新中国成立前，德令哈地区处于封建社会，人们生活困难，主要是蒙古族，以畜牧业为主，产量很低。新中国成立后，废除封建王公贵族私有制，经过社会主义革命和建设，各项事业不断进步。

畜牧业是德令哈国民经济的基础产业。1949 年全区各类牲畜仅有 1.3 万头（只），1958 年达到 20.01 万头（只），年增 37.68%。德令哈市的农业生产以巴音河、尕海、戈壁、怀头他拉 4 乡为主。1950 年耕地面积 69.5 公顷，1995 年达到 1673.5 公顷。① 改革开放以来，德令哈与全国其他地区一样，发展多种所有制经济，工业企业及个体户迅速增加，形成国有经济、集体经济和私营个体经济全面发展的局面。中华人民共和国成立前，德令哈地区的教育、医疗和科学文化事业基本处于空白，今天的德令哈与全国其他地区一样，经济、文化、科技等各项事业快速发展。

根据 2010 年全国人口普查，德令哈总人口 77325 人，有 19 个民族，其中，蒙古族、藏族、回族、土族、撒拉族等少数民族占总人口的 47%，是典型的多民族聚居区。德令哈的蒙古族源于蒙古和硕特部。因时代变迁、王朝更迭，至民国时期的 1929 年，德令哈北左翼旗有 10 个蒙古族部落，1500 户 6000 多人口，各类牲畜 30 万头（只），是海西地区最富足的蒙古族旗。后因战乱，到 1949 年时仅有 400 多户 1000 多人；北右翼末旗在民国时期的 1913 年约 1000 户 4500 余人，后因战乱流离失散，至 1949 年，仅剩余 70 户 300 余人。德令哈的藏族源于唐初进攻吐谷浑的吐蕃，明代中后期，蒙古族大量进入青海，吐蕃人"失其领地、多远徙，其留者不能自保，多沦为奴隶"②。中华人民共和国成立后，甘肃及青海藏族又迁回德令哈，建立了海西蒙古族藏族自治州，实现了人民当家做主的权利。汉族是德令哈人口最多的民族，民国时期青海省湟中县、湟源县等地农民因战乱逃难定居德令哈，从

---

① 德令哈市志编纂委员会：《德令哈市志》，方志出版社 2004 年版，第 3 页。
② 《明史》卷三百三十《西域二西番诸卫传》。

事农业生产。50 年代以后，大量的青海汉族迁入德令哈开荒种田。其他人口较少的民族如回族、土族等均在清朝末年或民国时期由青海东部农业区零散迁入。德令哈市虽然人口较少，但由于民族众多，宗教信仰也较为复杂，藏传佛教、伊斯兰教和基督教都有传播。其中，蒙古族、藏族、土族群众信仰藏传佛教格鲁派，信众以转嘛呢轮为功德。主要佛教寺院有阿拉腾德令哈寺、郭里木寺、怀头他拉寺。伊斯兰教于民国 26 年（1937）传入德令哈地区，主要信众为回族。1988 年左右，基督教传入德令哈，主要信众为汉族。

### 四、都兰县概况

都兰，蒙古语意为"温暖"的意思，都兰县位于青海省海西蒙古族藏族自治州东南部，县人民政府驻察汗乌苏镇，距州府德令哈市 205 千米，距省会西宁市 428 千米。都兰县辖四镇四乡，即：察汗乌苏镇、香日德镇、夏日哈镇、宗加镇、热水乡、香加乡、沟里乡、巴隆乡，共 107 个村委会，5 个社区居委会。其中热水乡、沟里乡以藏族为主，是距今 290 多年前，清初平定罗卜藏丹津叛乱后从黄河以南迁移过来的，从事畜牧业。

都兰县地处柴达木盆地东南隅，地势由东南向西北倾斜。全境可分为汗布达山区和柴达木盆地平原两种地貌类型。戈壁、沙漠、谷地、河湖、丘陵、高原、山地等地形依次分布。境内有沙柳河、托索河、察汗乌苏河等大小河流 40 多条。属高原干旱大陆性气候，年均气温 2.7℃，最低极端气温为 -29.8℃，最高极端温度达 33℃。年均降水量 179.1 毫米。

都兰县历史悠久，早在 1500 前，都兰县是"唐蕃古道"青海丝绸之路上的重镇。周秦至汉初，都兰属西羌之白兰羌牧地。公元 4 年（汉文帝元始四年），都兰属汉朝统辖。公元 4—7 世纪，是鲜卑吐谷浑王朝的领地，后被吐蕃兼并。从 13 世纪（元代）起都兰始归中央王朝版图，为东蒙古诸部、和硕特西右后旗驻牧地。民国六年（1917）设置都兰理事公署，隶甘肃省西宁道，民国十九年（1930）改为都兰县。1949 年都兰解放，成立都兰县人民政府，1952 年改设都兰自治区，1953 年、1954 年先后易名为都兰蒙古族藏族哈萨克族联合自治区和都兰蒙古族自治区，1955 年改为都兰县，驻地由香日德区迁至察汗乌苏乡。根据第六次全国人口普查，都兰县现有常住人口 76623 人，各民族人口数量及比例见下表（表 2–6）。

表 2–6    都兰县常住人口统计表①

单位：人

|  | 人口 | 比例（%） |
|---|---|---|
| 汉族 | 40664 | 53.07 |
| 藏族 | 16795 | 21.91 |
| 蒙古族 | 7572 | 9.88 |
| 回族 | 9444 | 12.32 |
| 其他民族 | 2184 | 2.86 |
| 合计 | 76623 | 100 |

都兰县地理条件相对优越，是青藏高原边缘区最适合农业发展的地区之一，这里气候温和，资源丰富。历史上都兰的春小麦单产曾达 1013.3 公斤，创全国最高纪录。1989 年进入了全国粮食生产缴售百强县行列，号称"柴达木粮仓"。2011 年全县共有耕地 34.1 万亩，其中小麦 4.3 万亩，青稞 5.61 万亩，油菜 5.43 万亩，马铃薯 3 万亩，蔬菜 0.16 万亩。全年粮食作物产量 5.2 万吨，枸杞 1.53 万吨。近年来不断调整农作物种植比例，扩大经济作物，如枸杞、马铃薯、甘草等特色经济作物的播种面积。境内草原辽阔，水草丰美，有可利用草原面积 2331.3 万亩，占全县总面积的 29.35%，主要牲畜有绵羊、山羊、牦牛、骆驼等。2011 年全县牲畜存栏 110 万头（只），出栏率和商品率分别达到 47% 和 43%，羊毛产量 1492 吨，羊绒产量 93.5 吨。

都兰是青海省的十大资源县之一，现已发现的矿产资源主要有煤、铁、锰、铜、锂、锌、铅、硼、金、镁盐、钾盐、石墨、硅灰石等 40 多个矿种，其中大型矿床有 3 处、中型矿床有 4 处、小型矿床有 19 处，铁、石墨、硅灰石等矿产储量居全省前列。

2011 年都兰县完成地区生产总值 16.07 亿元，同比增长 31.1%，其中第一产业完成 5.08 亿元，增长 37.4%；第二产业完成 6.69 亿元，增长 37%。其中，工业增加值完成 5.61 亿元，增长 46.5%；第三产业完成 4.3 亿元，增

---

①    人口数据根据 2011 年 7 月在都兰县民族宗教局调研资料整理。

长 17.3%，三次产业比分别是 31.6∶41.6∶26.8。全地区固定资产投资完成
10.95 亿元，同比增长 78%，全地区一般预算收入完成 2.39 亿元，同比增长
39.08%，其中地方一般预算收入完成 1.06 亿元，增长 31.24%，地方一般预
算支出 10.78 亿元，增长 76.19%。① 可见国家转移支付力度很大，虽然海西
州总体财政收入居全国前列，但都兰县由于地处格尔木市与德令哈市中间地
带，第一产业相对发达，而第二产业较为滞后。同时，都兰县蔬菜种植面积
很小，反季节的大棚蔬菜等基本没有，蔬菜主要从西宁市运输。

　　都兰县多宗教并存，宗教意识浓厚，全县 8 个乡镇共有 11 座藏传佛教
寺院，13 座清真寺。教职人员 163 人，藏传佛教主要是格鲁派和宁玛派。
随着教育事业的发展和人们商业意识的增加，人们的宗教信仰虔诚度淡化趋
势明显，20 岁左右上过大学的青年人最为突出。即便如此，都兰县的少数
民族宗教活动依然很多，每年 6 月 10 日，寺院都会举行一些盛大的活动，
当地老百姓普遍参加，当然民族与宗教相结合的活动较少。汉族的民族学或
人类学者往往对同一个地区的不同宗教并行不悖比较惊讶。实际上，对于具
有宗教信仰的人而言，宗教是自然而然的日常生活，是习惯使然，不是刻意
向别人表明什么。都兰的蒙藏汉普遍信仰藏传佛教，但回族、撒拉族则信仰
伊斯兰教，宗教之间互相尊重，共同进步。

　　近年来，都兰县的教育事业发展很快，市场经济及商业观念的深入发
展，人们愈加重视教育，地方政府高度重视教育，教育投资也很大，硬件设
施甚至比内地学校都好。2011 年，都兰县有高级中学 1 所，初级中学 1 所，
小学 10 所，在校学生 10500 名，教职工 763 人，师生比为 1∶14.64。适龄
儿童入学率 99.98%；高考升学率 2010 年为 79%，2011 年达到 95%。

　　都兰县热水乡是本书研究中的重点调研区域。该乡位于都兰县境东南
部，东与果洛州的玛多县相连，东南与海南州的兴海县接壤。地处高原，属
柴达木盆地干旱农牧业区，全乡东西长约 180 千米，南北宽 57 千米，全乡
总面积 606 万亩，其中草场面积 454.54 万亩，饲草饲料地 4363 亩。地势整
体上由南向北，由东向西倾斜。山地地形以昆仑山支脉为主，呈东西走向，

① 都兰县 2011 年国民经济和社会发展计划执行情况和 2012 年计划（草案）的报告，都兰县第十五
届人大二次会议。

海拔 3500—5000 米。全乡辖 3 个行政村，16 个牧业社，乡政府所在地距县城 12 千米，总人口 3787 人，有汉、蒙、藏、回等民族，藏族占总人口的 93%。

　　赛什堂坐落在热水乡东南部，全村东西宽 120 千米，南北长 30 千米，有草山 162 万亩。全村共有 320 户，1373 人，其中，藏族占 95%，汉族 16 户。该村的汉族是"文革"期间下放到都兰的，有些在改革开放后返回，但这 16 户留在了赛什堂村。在长期的交往中，这些汉族学会了藏语。这里民风淳朴，为人诚恳。随着西部大开发深入发展，外来人员越来越多，赛什堂村也发生快速的转型，主要体现在人们的思想观念方面。实际上藏族普通百姓普遍对这种商业化、市场化为价值目标的社会转型感到担忧，传统文化与现代文明的冲突在人们心灵深处造成的冲突比较严重。村里的党支部书记告诉笔者："随着经济社会的发展，我们藏民族好的习惯丢掉了很多，现在人们的思想文化向好的方面转变的并不多，现在什么事情都要经公（经过国家处理的意思），诉诸法律，伤害了人们之间的感情。"①

---

① 2012 年 8 月 3 日，都兰县热水乡赛什堂村采访资料。

# 第 三 章

# 海西蒙藏汉民族关系的集体记忆

在许多多民族国家中，历史是民族群体之间怨恨和分裂的根源，而不是自豪感的源泉，那些激发多数民族自豪感的人和事件，往往在少数民族中产生相反的感觉。而且，对于历史的依赖往往需要有选择地甚至古为今用的重叙历史。

——[加拿大] 威尔·金利卡

民族关系作为一种客观的社会关系，是社会发展进程中不同民族之间交往、联系及相互影响的关系，具有一定的历史继承性，民族关系总是在一定的民族关系历史记忆中演进的。族群记忆的历史遗产是民族生成的重要依据。因此，对民族关系的历史记忆进行必要回顾是研究当前民族关系的前提。这种历史记忆影响着不同民族对民族关系的认知以及在民族关系实践中的基本立场。同时，历史上民族关系发展状况也是我们制定当前民族政策的基本出发点。对民族关系集体记忆的回顾也为今天构建和谐民族关系提供了历史经验。民族关系的历史记忆总是和民族关系史上的重大事件紧密相连，并以这些事件为质料不断构建起民族关系的历史记忆。本书研究的海西蒙藏汉民族关系，其历史记忆主要以蒙藏汉民族接触交往的蒙元时期开始，以近代以来影响海西蒙藏汉民族关系的历史事件为重要视点而展开。当然，海西的民族关系受全国政治形势影响，民国时期马步芳的封建军阀统治，实行残酷的剥削及民族压迫政策，造成的民族隔阂对今天海西民族关系造成很大影响。

## 第一节　民族的集体记忆

伏尔泰在他的《哲学词典》中关于身份（identity）一词写道："此词不意味着'同样的事物'。在法语中可以用'相同性'一词表示同样的意思。只有记忆才能建立起身份，即您个人的相同性。"① 每个人、每个民族今天的身份都来自昨天的经历以及历史在人们个体及民族意识中留下的印象。这种记忆是后天通过社会、家庭、学校、媒体、书籍习得和传承的，这种历史痕迹的轻重与价值评判取决于人们根据现实的需要对历史史实的取舍。民族的历史记忆被建构的成分很多，是人们所受的影响形成的，人们很难判断当年的历史真相。比如 1995 年 5 月 8 日，在一个调查问卷的提问中：哪个国家对推翻纳粹德国统治的贡献更大？在西德，69% 的回答是美国，而东德 96% 的回答是苏联。事实上，历史学的正确回答是二者皆是，但这一比率的差异表明人们所受的影响对历史记忆评价的重要作用，② 从而，这些历史记忆不断影响着人们的民族关系实践。

"民族的历史记忆"即民族的集体记忆，是构成一个民族精神生命的重要组成部分，享有共同的历史记忆是民族认同的根基。民族的集体记忆在民族回溯性的身份认同中起到了持久的作用，对于唤醒民族意识、提高民族自豪感和自信心，加强民族凝聚力具有十分重要的作用。民族形成的核心是拥有共同的文化认同。对"我们是谁？"这个问题的回答主要是从民族的集体记忆中寻找答案。民族身份认同也是对拥有的共同历史集体记忆不断阐释中不断确认和强化的。民族的历史记忆是一种客观存在，但它不同于民族的共同经济生活、共同的地域或共同的语言等直观层面，而属于上层建筑即意识形态的重要组成部分。重要的集体记忆包括民族的神话传说与故事，民族英雄、民族关系中的重大历史事件等都在不断塑造和强化着民族认同情感。例

---

① ［法］阿尔弗里德·格罗塞（Alfred Grosser）:《哲学词典》，王鲲译，社会科学文献出版社 2010 年版，第 33 页。

② ［法］阿尔弗里德·格罗塞（Alfred Grosser）:《哲学词典》，王鲲译，社会科学文献出版社 2010 年版，第 43 页。

如，哈萨克斯坦独立之后出版了一系列通史和教科书，力求"把哈萨克斯坦过去的历史图像从共产主义意识形态的控制中解放出来，恢复其客观性"。因为"这是复兴人民历史记忆的基础，也是形成民族统一，进行公民教育和爱国主义教育的最重要的因素之一"①。因而，民族的历史记忆与民族的形成以及民族关系的发展休戚相关。不同民族之间在历史上相互关系的历史记忆，是民族关系历史记忆十分重要的组成部分，对现实的民族关系发挥着十分重要的影响。

然而，人们的记忆存在着差别，任何记忆都很难客观地恢复历史事件的原貌。持不同立场的人对同一事件会形成不同的评价和认识。因此，民族的历史记忆需要追溯和诠释，根据族群各层次的认同不同来加以区分不同民族群体的历史记忆。②人们是根据自己"特定的政治目的"来建构或重新建构本民族的历史记忆的。

社会学家哈布瓦赫（Halbwachs）认为，记忆不是一个既定的概念，而是以一个群体历史上的迁徙融合、重大事件、战争等为基础的社会建构概念。正如美国社会学家巴里·赫瓦茨（Baryr Schwartz）所说，过去总是一个持续与变迁、连续与更新的复合体。我们或许的确无法步入同一条河流，但是这条河流却仍有绵延不绝的特征，具有别的河流无法与之共有的特征。③王明珂在《华夏边缘》一书中对集体记忆做了概括："一个社会群体选择、组织、重述过去，其目的是创造一个群体的共同传统，来诠释该群体的本质以及维系群体的凝聚。"④在本书的调查中我们发现：历史记忆对海西民族关系产生了重要的形塑作用。历史上民族之间相互支持、和平共处的历史记忆抑或矛盾冲突导致的民族仇恨都对今天民族关系的发展产生深远的影响。任何事物的发展都无法脱离其既有的历史轨迹，民族关系亦如此。现实深深地植根于历史之中，当代海西民族关系状况也是历史上某种民族关系的延续。

---

① 欧亚学研究网：http://www.eurasianhistory.com/data/articles/b01/607.html。
② ［英］阿诺德·汤因比：《历史研究》，上海人民出版社 2002 年版，第 421 页。
③ ［法］莫里斯哈布瓦赫：《论集体记忆》，毕然、郭金华译，上海人民出版社 2002 年版，第 46 页。
④ 王明珂：《华夏边缘：历史记忆和族群认同》，（台北）允辰文化事业股份有限公司 1997 年版，第 51 页。

## 第二节　清王朝及其以前的海西地区蒙藏汉民族关系概况

据考古资料，海西地区早在两万年前就有人类活动足迹，旧石器时代、新石器时代以及青铜时代都留下了大量人类早期文明的遗迹。夏、商、周三代，海西为羌人繁衍生息之地，此后，海西经历鲜卑吐谷浑和吐蕃唃厮啰两个时代后进入蒙古时代。

海西的蒙古族人口数量不多，但追溯其在青海及青藏高原的活动，则又显赫一时，主宰乾坤。蒙古族进入海西是伴随成吉思汗 1227 年灭夏攻金的军事活动及其继承者进兵西藏、南攻大理等军事活动而来的，并进而据此统一了整个青藏高原，① 从此蒙古族与当地的藏、汉等民族展开了波澜壮阔的民族交往大幕。随着时代的变迁，海西蒙藏汉民族关系伴随王朝更替及海西社会结构的变迁经历了复杂变化。然而对当代蒙藏汉民族关系产生重要影响的除宗教因素之外，近代以来民族关系的重大历史事件具有直接影响。有清一代及民国时期，统治者对海西的少数民族进行过不止一次的血腥镇压，加上民族纠纷引起的频繁械斗，致使成千上万人遭受屠戮。② 这种遥远的历史记忆至今仍对当代民族关系产生很大影响。当然海西的蒙藏汉民族关系受青海乃至全国整体民族关系发展状况的影响。总体而言，虽然历史上海西各民族统治集团之间存在矛盾和冲突，但各民族人民之间在生产生活以及文化交流中建立了友好互助的传统友谊。

### 一、蒙藏民族关系

蒙藏两民族关系的展开受到政治、军事、文化等一系列重要因素的影响，但两大民族的交往能有今天这样的密切程度，则得益于藏传佛教这一不朽的桥梁。藏传佛教在对青藏高原的藏族进行有效整合的基础上，也对蒙古族产生了十分重要的影响，基于藏传佛教，蒙藏两大民族的关系扩展至政治、宗教、语言、文学、经济、军事、医药、工艺以及日常社会风俗习惯等

---

① 卞一之：《青海蒙古族历史简编》，青海人民出版社 1993 年版，第 5 页。

② 海西蒙古族藏族自治州概况编写组：《海西蒙古族藏族自治州概况》，民族出版社 2009 年版，第 16 页。

广泛领域。海西的蒙藏民族关系是蒙藏两大民族整体关系的一部分或其中的片段，海西地区蒙藏民族关系受制于蒙藏民族关系的整体发展状况，而其中的宗教和政治可视为蒙藏民族关系的经纬，不同时期的蒙藏民族关系具有不同的政治背景，但宗教这一经线却始终不断。蒙藏两大民族原本是地域不接、语言隔膜的两处人群，由于7个多世纪前，蒙古族的西进，藏族的东来，一方的军事统帅与另一方的高僧大德聚首于祁连山下，通过著名的"凉州会谈"，正式揭开了蒙藏两大民族关系的序幕。① 蒙古族最初出于政治、军事目的，为减少军事斗争中遇到的反抗，利用宗教人士的影响力达到军事目的，对宗教一般都采取兼收并蓄的政策，在灭西夏及西征中亚的战争中，蒙古王室与藏族及藏传佛教发生了接触和交往，并为以后的统一藏族地区和蒙藏关系的发展奠定了基础。此后，蒙藏两大民族便结下了不解之缘，随着藏传佛教对蒙古族影响日增，蒙藏两个民族的关系已扩展至政治、经济、军事、宗教、语言、文学、医药、工艺乃至社会习俗等各个领域。当然，这种密切关系的形成历经了漫长的历史过程。②

　　海西地区由于与西藏地域相连，人文相近，历史渊源关系颇为深厚。海西还是从北方进入西藏的必经之地，海西的格尔木是进藏物资的重要集散地，因此受到蒙古上层的高度重视。元世祖封其第七子奥鲁赤为西平王，整个藏区包括海西均为其封地，蒙古族开始大批迁入海西。元亡，大量蒙古族北去。明时，在海西设置安定、阿端、罕东、曲先四卫，统辖海西全境，其中，曲先卫的活动中心即在今格尔木乌图美仁一带。1559年，东蒙古俺达汗移牧青海湖和海西，此时海西蒙古族大增。1636年，西蒙古和硕特部由乌鲁木齐穿越塔里木盆地进驻今海西乌兰县一带，借西藏教派纷争之机，经"血山之战"击败东蒙古，西蒙古和硕特部的固始汗成为青藏高原的统治者。固始汗死后，其子达什巴图尔在大活佛章嘉阿旺罗桑曲丹建议下附清，这标志着包括海西蒙古在内的青海和硕特蒙古正式成为清王朝的藩属。③ 此后，清王朝进一步加强对青海、西藏地区的直接统治，逐步实行与满族统治一体

---

①　丁守璞、杨恩洪：《蒙藏关系史·文化卷》，西藏人民出版社2000年版，序言，第1页。

②　黄维忠：《评〈蒙藏关系史大系·政治卷〉》，《中国西藏》2004年第1期。

③　海西蒙古族藏族自治州概况编写组：《海西蒙古族藏族自治州概况》，民族出版社2009年版，第79—83页。

化的政策，消除蒙古族在青藏康的影响力，这引起蒙古族传统统治势力的不满。1723 年，达什巴图尔之子和硕亲王罗卜藏丹津起兵反清，遭到清王朝的残酷镇压。青海蒙古贵族逐渐失去了对甘肃、青海、四川、西藏以及云南等地藏族原有的统治权，蒙古族上层"牛羊驴马取之于番，青裸麦豆取之于番，力役征调取之于番"① 的状况均不复存在。由于罗卜藏丹津反清起义引起的大规模战乱被清军镇压，致使海西蒙古族人口数量急剧下降，以致蒙古族经济凋敝。曾随年羹尧西征青海的汪景祺在其所著的《读书堂西征随笔》记载："于是西夷大创，斩获无算。有掳其全部者除贼首三人解京正罪外，余五十以下，十五以上者皆斩之，所杀数十万人，不但幕南无王庭，并无人迹。"② 事件之后清廷对海西地区的蒙古族采取分而治之的策略，青海蒙古族被分编为二十九旗（见表 3–1），其中海西蒙古有九旗，互不隶属，也不得私相往来。这种盟旗制度代替海西地区蒙古族、藏族的部落制度，加强了青海作为王朝正式行政单位的统治力量，削弱了蒙古族在海西的传统统治，同时也大大削弱了蒙古族各部的聚合力。特别是雍正三年（1725），西宁府的设立，为清王朝有效治理青海东部、管治海西地区蒙藏民族发挥了重要作用。同时，清王朝对海西蒙古族进一步采取"限蒙"、"弱蒙"、"扶番抑蒙"

表 3–1　蒙古二十九旗表③

| | 序号 | 名称 | 俗称 | 所在地域 |
|---|---|---|---|---|
| 和硕特部 | 1 | 前首旗 | 河南亲王旗 | 黄河南岸苏乎阿力盖支曲两岸，今河南蒙古族自治县 |
| | 2 | 南右中旗 | 达参旗 | 黄河南岸西倾山一带，今河南蒙古族自治县 |
| | 3 | 南左中旗 | 拉加旗 | 黄河南岸拉加寺尕科亥浪麻，今同德县 |
| | 4 | 北左旗 | 可鲁沟贝子旗 | 布隆吉尔河南，德令哈以北，今德令哈市 |
| | 5 | 北前旗 | 布哈公旗 | 大通河上游默勒一带，今祁连县 |

① 《清档·民族事务类·4 全宗》170 卷，《年羹尧奏折》。
② 杜长顺：《清代青海蒙旗人口与经济问题探析》，《青海师范大学学报》1996 年第 3 期。
③ 1.嘉庆十三年，南左次旗因攻袭南左首旗，而被下诏撤销，和硕特部减为二十旗，后加上察罕诺们汗一旗（旗下为蒙古族和藏族），仍习称二十九旗。2.此表根据芈一之主编《青海蒙古族历史简编》（青海人民出版社 1993 年版，第 305—311 页）整理。

续表

| | 序号 | 名称 | 俗称 | 所在地域 |
|---|---|---|---|---|
| | 6 | 西前旗 | 青海王旗 | 都兰察罕诺尔一带，今都兰县 |
| | 7 | 西后旗 | 柯柯贝勒旗 | 赛什克盐池一带，今都兰县 |
| | 8 | 南左后期 | 阿喀公旗 | 湟源西北拉拉达坂一带 |
| | 9 | 南右后旗 | 托茂公旗 | 青海湖东岸班马河一带，今海晏县 |
| | 10 | 北左末旗 | 茶卡王旗 | 茶卡盐池一带，今乌兰县 |
| | 11 | 北右末旗 | 可鲁札萨旗 | 柴达木巴音河一带，今德令哈市 |
| | 12 | 西右中旗 | 台吉乃尔旗 | 诺木洪河以西，当金山以南，今都兰县 |
| | 13 | 南右末旗 | 居里盖札萨旗 | 恰卜恰至柳梢沟一带，今共和县 |
| | 14 | 南左首旗 | 默勒王旗 | 今祁连县一带 |
| | 15 | 北右旗 | 宗子贝旗 | 群科滩，今海晏县 |
| | 16 | 西右前旗 | 默勒札萨旗 | 俄博、永安一带，今祁连县 |
| | 17 | 东上旗 | 巴哈诺儿札萨旗 | 青海湖北岸，今海晏县 |
| | 18 | 南左末旗 | 群科札萨旗 | 今海晏县 |
| | 19 | 西右后旗 | 巴隆札萨旗 | 巴隆，今都兰县 |
| | 20 | 西左右旗 | 宗加札萨旗 | 宗加，今都兰县 |
| | 21 | 南左次旗 | | 今共和县 |
| 土尔扈特部 | 22 | 南后旗 | 角昂札萨旗 | 永安、默勒一带，今祁连县 |
| | 23 | 西旗 | 托里合札萨旗 | 恰卜恰，今共和县 |
| | 24 | 南前期 | 托日和札萨旗 | 苏乎大小外司，今河南县 |
| | 25 | 南中旗 | 永安札萨旗 | 永安滩，今祁连县 |
| 绰罗斯部 | 26 | 南右首旗 | 尔里克贝勒旗 | 班马河一带，今海晏县 |
| | 27 | 北中旗 | 水峡贝子旗 | 水峡外，今海晏县 |
| 辉特部 | 28 | 南旗 | 端达哈旗 | 恰卜恰，今共和县 |
| 喀尔喀部 | 29 | 南右旗 | 喀尔喀札萨旗 | 永安滩，今祁连县 |
| 白佛旗 | 30 | 察罕诺们汗旗 | | 黄河南德庆寺一带，今贵德县 |

政策，蒙古族不能直接统治藏族，藏族的赋税也改为清王朝直接征收，青藏高原完全置于大清中央政府统治之下。

同时，罗卜藏丹津叛乱结束后海西蒙古族以盟旗制度为基础的封建领主制生产关系并没有终结，蒙古族上层王公贵族对下层普通旗民进行的繁重的经济剥削、残酷的政治压迫依然存在，导致蒙古族内部阶级矛盾和社会矛盾十分尖锐，严重阻碍了社会生产力的发展。青海各旗札萨克等"自图安逸、不能妥办旗务，差徭繁多"①。受战乱重创的蒙古族社会经济难以复苏，人口大量流离。蒙古族曾经的辉煌成了永远的历史回忆。雍乾之际，青海蒙旗牧民"因生计艰难，是以流移"，其中甚至有"毫无产业"的赤贫户。②由于海西蒙古族人口的大量衰减和经济社会的日益贫困化，海西蒙古族总体显现出日益涣散萎靡态势。河北（蒙古族）数千里尽数旷土，河南（藏族）地峡人众。③因而，黄河以南诸藏部落不断蚕食侵吞蒙古族的草场，藏民对蒙古族有组织或无组织的各种袭击、抢掠以及仇杀导致蒙藏民族关系十分紧张。以草原畜牧业为主的普通游牧民族个体之间最常见的草场纠纷日益增多，如有清一代，青海蒙藏民族之间曾发生了长达 100 多年的围绕争夺草场牧地的纠纷，一度造成该地区社会管理的无序状态和不稳定。④这在蒙藏民族个体的历史记忆中留下深刻的印象。不仅如此，由于海西藏族势力不断向蒙古族地区渗透，蒙古族内部也纷争不断，部分蒙古族部落相继迁往甘肃、内蒙古等地，经历无数辉煌的蒙古族势力在海西进一步衰落，海西蒙古族逐渐由统治民族沦落为弱势群体。

但从国家角度来看，平定罗卜藏丹津的叛乱及其后的一系列政策，使海西与内地的关系更加紧密，海西逐渐成为国家行政权力直接管辖的区域，内地政治、经济与文化模式逐渐扩散到海西，促进了海西与内地一体化的发展。

通过上述分析可见，我国蒙藏两大民族自从蒙古上层与西藏地方正式

---

① 嘉庆初陕甘总督松筠的奏折，中国第一历史档案馆清档，民族事务类·4全宗，137卷《松筠奏折》。
② 《清高宗实录》卷26。
③ 那彦成：《那彦成青海奏议》，卷6，宋挺生校注，青海人民出版社1997年版，第159—180页。
④ 鄂崇荣：《明代以来青海草场冲突纠纷及解决路径略述》，《青海民族研究》2010年第3期。

建立政治联系后，蒙藏民族之间的交往日益密切，相互间在政治、经济、文化等方面的联系不断得到巩固和发展。由于历史及政治制度等原因，蒙藏民族之间的关系从来都是蒙藏两大民族的政治、宗教领袖等历史人物合演的历史大剧，他们将蒙藏两大民族关系不断推向前进。同时，在蒙藏两大民族关系发展中，蒙古族方面由于军事、政治等优势处于主导地位，对两大民族关系的发展发挥了更为突出的作用。但另一方面，藏族的宗教信仰显然也对蒙古族社会发生了深刻影响，从而使得蒙藏民族成为中国民族关系中最为独特的一对民族关系。"蒙藏自古是一家"缘于强大的藏传佛教文化的整合作用。蒙藏民族关系的友好发展意义重大，影响深远，对中国政治版图和领土的统一发挥了重要作用，同时两大民族对缔造我国悠久的历史文化作出了重大贡献。蒙藏两大民族自从公元 13 世纪建立交往关系历经元、明、清及中华民国等历史时期，各个民族政治统治集团上层或其他具有全国影响力的政治事件对我国民族关系的发展以及历代国家整体政治生态产生了重要影响。当然，蒙藏两大民族由于信仰同一宗教，遍布海西各地的寺院实际是蒙藏两大民族民间共同的宗教生活中心，寺院作为当地文化教育中心，在提高民族文化素质的同时，也增进了蒙藏民族之间的文化交流与发展，重大宗教活动及节庆仪式的举办，为民族之间的经济文化交流提供了重要平台。相同的宗教信仰，甚至政教合一的政治体制推动了民族之间文化上的相互吸收与融合，增进了民族之间的相互认同与理解。此外，迁居于青海海西的蒙古族虽以统治者的身份登上海西历史舞台，但藏传佛教很快成为蒙古族意识形态的重要组成部分，藏族长期生活在青藏高原，适应这一地理环境而创造的民族文化必然要被蒙古族采借和因循，这又使蒙古族更多地融入藏族的传统文化中，如藏族的语言文字、服饰、饮食等被蒙古族吸收；因信仰藏传佛教的需要，与宗教有关的风俗习惯也被蒙古族普遍接纳①，这使得蒙藏两大民族有了文化认同的基础，文化同质性的不断增加，使得蒙藏族际通婚也十分普遍。不仅如此，迁居于此的蒙古族不得不适应青藏高原的自然环境，逐渐形成与当地藏族相似的生计方式，增加了两大民族的同质性，进而促进了蒙藏

---

① 　郭晓虎、郎维伟：《蒙藏关系下的文化变迁和民族认同——以青海省河南蒙古族为例》，《西藏研究》2007 年第 4 期。

民族之间的了解，长期生活在同一区域的地域认同也增加了蒙藏民族之间的亲近感。因此，蒙藏民族之间的友好关系不断发展，成为海西蒙藏民族关系的主流。

### 二、汉藏民族关系

汉藏民族关系是我国最基本、最重要的民族关系之一。海西地区的汉藏民族关系是汉藏民族整体关系的重要组成部分。蒲文成、王心岳认为：汉藏两大民族有着密切的亲情血缘关系，唐蕃关系的发展是奠定我国"多元一体"多民族统一国家的基础之一，西藏及整个藏区纳入元朝版图，对汉藏民族关系发展具有历史性意义。[①] 汉藏民族关系基本包括两个层面，其一，政治上层关系的发展；其二，汉藏民族之间民间文化交流的发展、生计方式的相互吸收、族际间的宗教文化互动等。民间交往是汉藏民族关系展开的基础，而两大民族上层政治关系的发展为民族关系的发展提供了条件。海西地区汉藏民族关系的展开是以蒙元统一青藏地区为基本历史背景的，元朝在青海海西建立各级地方政权，推行乌拉制度和蒙古法律，加强了藏族与内地、西藏地方与中央的联系，也使得汉藏民族关系得以不断发展。据史料记载，1336—1367 年，西迁部分扬州乐户到海西，这是见于史书长江沿岸的汉族群体首次进入柴达木。[②] 中华人民共和国成立以来，特别是计划体制建立后，内地汉族因柴达木盆地自然资源开发、垦荒种植以及国营劳改农场建设等原因，大量汉族机械流动至海西地区，海西的蒙藏汉民族结构发生巨大变化。以德令哈市为例，1949 年，德令哈地区总人口 1498 人，汉族仅为 149 人，占总人口的 9.95%，少数民族占 90.05%，少数民族中蒙古族占总人口的 88.7%。1960 年，汉族人口为 39801 人，占德令哈总人口 43131 的 92.28%。1962 年，因精简人员、撤销部分农场，德令哈汉族人口有所减少，1995 年时，汉族人口占总人口的 76.79%。[③]

---

① 蒲文成、王心岳：《汉藏民族关系史》，甘肃人民出版社 2008 年版，"前言"第 2—3 页。

② 海西蒙古族藏族自治州概况编写组：《海西蒙古族藏族自治州概况》，民族出版社 2009 年版，第 79 页。

③ 德令哈市志编纂委员会：《德令哈市志》，方志出版社 2004 年版，第 71 页。

## 第三节　民国建立以来海西民族关系曲折发展

今天海西地区的民族关系是对历史上海西民族关系的继承与发展，这种历史沿革对于当代海西民族关系的塑造以及民族心理均产生重要影响。海西蒙藏汉民族关系受青海乃至全国蒙藏汉等民族关系整体发展状况的影响，特别是民国时期青海马步芳家族军阀统治时期，实行的民族宗教政策导致民族、宗教以及教派之间的冲突，这种历史记忆对今天海西民族关系产生重要影响。

民国时期青海重要统治势力是马步芳家族，其军阀统治青海达半个世纪之久。由于马家军阀在青海的初期统治不稳，为防止海西蒙古族、藏族等联合反对其统治，因而继承清王朝分而治之的策略，不仅将蒙古族分为人口很少的互不类属的蒙旗，推行保甲制度，瓦解蒙藏民族原有的社会组织体系，还在海西各民族之间制造矛盾和纠纷，煽动各民族之间或民族内部不同部落之间进行仇杀和抢劫，从而从中渔利，实现政治统治。

马家军阀统治青海40余年中，制造的各种民族纠纷达3万多起。[1] 马步芳军阀依靠武装力量进行残酷统治，其主要依赖回族、撒拉族等家族、亲戚组成核心集团统治青海，对青海多民族地区采取民族压迫政策，海西各族人民之间相互猜忌、戒备以至仇杀，造成很深的民族仇恨，受到压迫的民族自然形成强烈的民族认同，并形成民族主义运动，这种历史记忆至今仍然留下难以磨灭的影响。马家军阀通过挑起民族和部落之间的矛盾与冲突，增加内耗，使得蒙藏少数民族不能团结一致对抗马步芳的统治，使马步芳的统治能够凌驾于其他各种地方势力之上，从而实现其统治。例如草场纠纷是游牧民族最常见的矛盾冲突产生的原因，矛盾的解决不能要求不产生这样的矛盾，而在于创造一种解决这种矛盾的机制。马步芳军阀统治集团不仅未能解决这些矛盾，反而利用这些矛盾从中渔利，实现自己的统治。这样的事件非常之多，如：尖扎昂拉和同仁和日那部落之间的纠纷；河南蒙旗索柔群哇和泽库瓜什则部落之间的纠纷；黄南同仁驾吾和甘甲之间的草山纠纷。[2] 再如，马

---

① 陈秉渊：《马步芳家族统治青海四十年》，青海人民出版社2007年版，第221页。

② 周亮亮：《军事威慑与政治笼络并用——马步芳家族对青海草原地区的统治方式》，《知识经济》2010年第18期。

步芳挑起了蒙古族、藏族与哈萨克族之间的矛盾。1939 年由新疆迁来的哈萨克族经请示蒙古族台吉乃旗王爷同意居住在秀沟一带，本与蒙古族和睦相处。马步芳一方面强征蒙古旗兵枪杀哈萨克族牧众；另一方面，又挑拨哈萨克族说，"蒙古人欲害哈萨克族，他们领路当先，我们都是伊斯兰，我们不会害你们"①，从而导致蒙古族、藏族与哈萨克族之间关系日益恶化，最终发生持续数十年的严重的民族仇杀，给各族群众生命财产带来了巨大的损失。

1929 年青海建省时，青海全省蒙古族只有 3 万余人。马步芳统治青海时期，在海西蒙藏地区推行保甲制度，将保甲制度插入蒙藏事务之中，这种与内地一体化的统治方式，大大削弱了蒙藏民族的自治权力，促进了蒙藏民族原有政治社会结构的变迁，加强了军阀政权对各族人民的控制。同时，实行民族歧视政策，民族纠纷不断，蒙古族人口持续减少，到中华人民共和国成立时海西蒙古族已不足 2 万人。②民国时期，西北地区由于远离中国政治中心，国民政府无法有效控制青海，造成青海的权力"真空"，青海实际处于通过宗教和军事优势获得政治权力的马步芳家族的半自治状态。马步芳军阀政权实行民族压迫政策，不承认民族之间利益的实际不同，不断引发和激化了海西的民族矛盾，造成各民族之间关系的紧张与冲突。

1949 年中华人民共和国成立时，台吉乃旗只有 187 户、785 人。其中，109 户有破烂的蒙古包、26 户有简易毡包，其余均为一贫如洗的赤贫户，各类牲畜仅有 9401 头（只）。③直到 1953 年 3 月，党和政府坚持民族团结、平等互利政策，发扬民主协商、互谅互让精神，在兰州召集蒙藏哈民族头人参加的甘、青、新 3 省民族联谊会和团结大会，才最终得以化解历史遗留下来的民族矛盾，但留在民族记忆中的累累伤痕却需要长久的时间和恰当的政策才能消除。可见国民党军阀的反动政策，特别是对各民族的压迫剥削，在各民族之间的挑拨离间造成了海西主要民族之间的猜忌、戒备以致隔阂、仇恨械斗的严重局面。

---

① 海西州政协文史和法制委员会：《海西文史资料》（第三辑），1991 年版，第 102 页。

② 《中国少数民族社会历史调查资料丛刊》修订编辑委员会：《青海省蒙古族藏族社会历史调查》，民族出版社 2009 年版，第 141 页。

③ 《中国少数民族社会历史调查资料丛刊》修订编辑委员会：《青海省蒙古族藏族社会历史调查》，民族出版社 2009 年，第 105 页。

由于海西地广人稀，生产力总体水平较低，宗教在人们日常生活中具有十分重要的意义，海西地区藏族、回族、蒙古族基本全民信教，信徒数量大，具有决定青海社会发展和政治走向的作用。[①] 宗教政策是影响海西民族关系的重要因素。马步芳家族由于信奉伊斯兰教，因此对藏传佛教采取不信任和不断打击的政策。马步芳认为："番子要穷，穷到了没刀、枪、牛、马便不会造反。"[②] 对于藏族的反抗采取严厉镇压措施，动辄残杀藏族牧民，劫掠牲畜、财物。在马步芳统治青海的几十年中，黄河沿岸一带宗务占郡族、洋玉族、大积石山南的果洛阿什群族及玉树雅砻江上游，加德喀桑三族中德白日多麻、修玛、麦玛诸部，均被相继消灭殆尽。[③] 同时，马步芳无视藏族群众对藏传佛教寺院的神圣崇拜，屡屡以各种莫须有罪名，抢劫破坏藏族寺庙，使藏传佛教遭受沉重打击。

中华人民共和国成立以后，在党和政府领导下，海西历史上第一次实现了民族平等，废除民族压迫制度，禁止民族之间的歧视和分裂行为，从而有效地改善了民族关系，保障了各民族的平等权利，平等、团结、互助的社会主义新型民族关系逐步得以建立。总体来看，新中国成立后海西民族关系大致经历了三个发展阶段。第一个时期，1949—1966 年，海西社会主义新型民族关系逐步形成和发展。第二个时期，"文革"十年，民族关系受到严重损害。第三个时期是十一届三中全会以后至今，海西民族关系得以逐步完善和发展，具体如下：

解决历史遗留下的民族纠纷，这是新中国成立初期海西多民族地区的头等政治大事，是海西民族关系和谐发展、政治稳定的前提。海西地方党委和政府领导出面，发动群众充分揭露马步芳军阀统治集团造成民族隔阂的实质，本着加强团结，发展生产的原则，充分发挥民族宗教界上层人士的积极作用，坚持公平合理原则，在充分协商的基础上，将民族之间的各种纠纷一一解决，为和谐民族关系发展扫清障碍。新中国成立后在两年时间内解决了上百件较大的民族纠纷，其中有相当一部分事件是年深日久而又十分棘手的矛盾。上述大量民族与部落之间累积的矛盾的解决，为民族团结发展铺平

---

① 曾谦：《民国时期马步芳家族与青海各宗教之间的关系》，《宝鸡文理学院学报》2008 年第 4 期。
② 黄奋生：《藏族史略》，民族出版社 1985 年版，第 366 页。
③ 黄奋生：《藏族史略》，民族出版社 1985 年版，第 366 页。

了道路。民族之间相互偷盗、拦路抢劫乃至为争夺草场流血冲突的事件再没有发生，海西民族关系进入一个新的历史时代。

此外，新中国成立初期，我国依照各民族一律平等的基本政策，少数民族地区实行民族区域自治，注重培养和提拔少数民族干部，使民族关系和谐发展有了基本条件。由于民族干部来自于本民族群众，与本民族的人民群众有着血肉相连的密切关系，他们熟悉本民族的思想感情、风土人情、民族特点，而且通晓民族语言。因此，海西大量提拔任用在剿匪肃特等工作中涌现出的积极分子，并进行培训，这是海西建政后开展各项工作的骨干，是实现海西民族区域自治的主体力量。由于宗教在海西人们日常生活中发挥着极为重要的作用，因此，国家高度重视海西地区民族宗教的上层人士，通过细致而耐心的统战等工作，为这些影响力巨大的民族宗教界人士安排适当的工作，他们成为海西建政初期民族干部的另一重要来源，在民族关系和谐发展中发挥了重要作用。

50 年代中后期，海西地区民主改革和社会主义改造胜利完成，各民族内部旧的社会制度彻底被废除，剥削阶级基本被消灭，海西的各民族之间开始建立起经济上不受剥削、政治上一律平等的社会主义新型民族关系。主要体现在以下方面：

首先，各民族平等地参加国家事务的管理，保证在各级政权中的平等权利。各民族参加各级人民代表大会和政治协商会议的代表名额都有专门的规定和特殊照顾。严格实行民族区域自治，自治州州长、人大常委会主任等都由区域内主体民族的公民担任，各级政府机构都有适当名额的少数民族。充分保障少数民族使用本民族语言文字的自由。自治州内出版物以及广播、电视、法院案件诉讼等均使用蒙藏汉三种语言和文字，充分尊重少数民族的风俗习惯和宗教信仰自由。

其次，新中国成立初期，海西十分注重加强民族团结进步的教育宣传工作，使广大少数民族群众了解党的民族宗教政策，使得海西各民族相互尊重、团结、共同进步的民族关系得以不断发展。

但是从 1958 年起受全国政治形势的影响，海西出现了大量"左"的错误，对刚刚形成的良好的民族关系造成严重影响。1958 年至 1961 年，青海省在经济、文化非常落后的少数民族地区强制推行"大跃进"。在牧区，将民主革命和社会主义革命"一步走",向共产主义过渡,引起社会震动,人口大量减少。1957年底统计青海人口265万,到1962年降到205万,减少60万,人口减少最多的地区是青海西部的民族地区。1958年至1960年,由于防叛工作中发生扩大化错误,很多人因涉嫌达赖集团叛乱事件而被错捕、错判,酿成了海西新中国成立以来最大的错案。1962年部分进行了纠正,但"文化大革命"开始后,海西民族工作又一次遭遇很大挫折。在"怀疑一切、打倒一切"的错误口号下,将民族问题和阶级斗争混为一谈,海西地区业已建立的民族政策、宗教政策、统战政策遭到破坏,海西大量的民族干部,特别是民族和宗教上层受到严重冲击,为海西民族团结、社会进步作出重大贡献的部分干部、知识分子被批斗甚至致死。海西很多寺院、佛塔被摧毁,社会动荡,民族关系紧张,特别是汉族与蒙藏回等少数民族之间的矛盾成为海西地区的主要民族矛盾。直到1976年粉碎"四人帮"以后,伤害民族情感的错案得以平反,海西民族关系逐渐得以恢复和调整,但这种历史记忆对今天民族关系的发展造成深远影响。

20世纪80年代以来,民族区域自治制度不断修正完善,民族自治权力得到很好的保护,民族语言文字的使用和发展权利受到党和政府的支持,海西地区的双语教学普遍开展。大量民族干部重新被提拔任用,海西地区已经形成了以蒙古族、藏族为主体的干部队伍。农牧业生产也得到很好的恢复,随着生产的发展,民族之间的交往日益频繁,海西与内地交流形式日益多样化,包括选派民族干部到内地挂职锻炼,组织民族干部到内地考察交流访问,甚至选派村一级的基层党员干部到南方考察,对促进民族关系发展发挥了重要作用。海西都兰县热水乡赛什堂村的支部书记告诉笔者:"我参加了青海省组织的基层党员赴东南沿海考察活动,感受深刻。南方发展真的好,但我们这里太落后了,江浙那边的村支书的工资比我们县长的都高,而我每年工资才3000元,还忙,还不能出去打工。"① 可见,当前的海西与内地交往日益密切,交往形式也多样化,政府的推动和工作创新发挥着重要作用。民族之间的互动交流有力地促进了民族关系的和谐发展。内地汉族赴青藏观光旅游、寻找商机、投资兴业的越来越多,而海西少数民族农牧民子女在内地

---

① 2011年7月26日,青海海西州都兰县调研资料。

上大学，带着父母亲戚在内地旅游的也迅速增加。格尔木市乌图美仁乡的蒙古族大学生 KX，在青海民族大学上学时就带着父母来西宁、兰州、西安等地参观旅游，大学毕业后又带着父母、兄弟及亲戚到内蒙古的呼和浩特以及北京、上海、广州等大城市旅游。热水乡的藏族牧民曾经带着父母去过"北上广"旅游，他告诉笔者这趟旅游感受最深刻的就是大城市的宾馆好，现代、时髦、豪华、舒服，住惯了账房的藏民偶尔住在宾馆楼房里，那种完全不同的感受也促进了汉族与少数民族生活习惯上的认识与了解。在这种内容丰富、形式多样的交往中，各民族相互借鉴学习，共同进步，促进了民族关系的和谐发展。近年来，草原游牧民族的歌曲风靡全国，少数民族歌舞及少数民族歌星广受内地汉族的喜爱，藏族的锅庄舞对汉族而言已不再是奇闻轶事，而成为很多内地市民及企事业单位职工喜爱的舞蹈艺术，已经融入内地汉族的日常生活中。

90 年代，特别是西部大开发战略实施以来，我国改革开放事业不断深入发展，海西民族关系进入全方位大发展的历史时期，海西的民族关系发展揭开了新的历史篇章。现代化通讯、网络技术及交通运输业的发展深刻地改变着人们的日常生产生活，跨地域的交流日益频繁。随着城市化进程的推进和户籍制度等的改革，大量少数民族剩余劳动力进入城市务工、定居，子女接受城市先进的教育，为民族之间、地域之间的密切交往提供了空前的良好条件。海西都兰县统计局的干部 ×× 告诉我们："我们县里的公务员或经济条件好的人基本都在西宁买了房，退休或闲暇时间都去西宁。"① 这在青海海西地区是十分普遍的现象。格尔木市作为汉族移民新兴城市，大多数汉族都在内地的西安、成都购置了房产。跨地区的民族交流日益频繁成为当代民族交往的基本特点。海西地区人口跨地域频繁流动的原因还在于海西的自然环境和气候条件。夏天的海西阳光明媚、风景秀丽，可是进入冬季，则气候严寒，冰天雪地，很多商场关门、企业停产，特别是汉族和有条件的少数民族都去内地过冬，开春之后又返回海西，形成季节性有规律的迁徙。

---

① 2011 年 7 月 28 日，青海海西州都兰县调研资料。

# 第四节 本章小结

通过民族关系发展史的回顾，海西这种民族的集体记忆在新时期民族关系建构中发挥着重要作用。我们需要从上述民族关系发展中不断总结经验，吸取教训。从上述民族关系的历史回顾总体来看，海西地区自蒙古窝阔台汗开始，历经固始汗的二次辉煌至清雍正朝平定罗卜藏丹津叛乱的数百年中，海西地区长期处于蒙古族的统治之下，实行阶级压迫和民族压迫政策。民国时期的海西又沦为马步芳家族军阀统治，封建的阶级压迫和民族压迫政策并无多少改变。只有中华人民共和国成立以后，我们党坚持社会主义民族政策，建立民族区域自治制度，保护少数民族的各项权利，海西民族关系进入了各民族平等团结、共同发展新的历史时期。"三个离不开"的思想可以说是对当代民族关系发展现实的总结。

改革开放以来，随着市场经济的深入发展，海西地区逐渐纳入全国统一开放的经济体系之中，海西蒙藏汉民族关系以日益加深的经济联系为纽带，民族之间的接触与交往空前频繁，不同民族文化的互动交融不断重构着海西新的民族关系。但历史上民族矛盾与冲突的历史记忆不会很快消失，沉淀在民族记忆深处的伤痛，在特定的场景中便会复生，使得海西民族关系上那些民族压迫、剥削的历史记忆成为今天海西和谐民族关系发展重要的历史包袱。今天的海西地区民族关系处于历史上最好的时期，但民族边界依然十分清晰，日常交往中具有明显的民族倾向性，这在不同民族的日常生产生活以及民族之间的居住格局、族际通婚等方面均有体现。但海西民族关系总体呈现出和谐、团结的发展态势。

综上所述，海西历史上的民族关系历史记忆具有以下几个主要特征：

1.民国以前对海西民族关系产生较为直接影响的历史记忆是蒙元时代以来的蒙藏民族关系。蒙元以前的历史记忆由于民族融合和政权的更迭已经湮灭在漫长的历史长河中，今天海西记忆犹新的历史一般都从蒙元时期开始。可见，民国以前的蒙元民族关系构成海西民族关系历史记忆的主要内容，这种历史上长期的交往、接触与融合是形成今天海西各民族关系中蒙族民族关系较为密切的历史原因。而汉族、回族迁居海西并成为海西民族关系主角是近代以来才开始的。客观分析,草原蒙古势力在海西的衰落以及汉族、回族大量的迁居海西是海西与内地紧密关系建立的基础。

2. 历史上,海西地区的民族关系是不平等的民族关系,民族矛盾和民族歧视根深蒂固。民族压迫和剥削是产生民族隔阂、矛盾甚至冲突的根本原因,但民族压迫剥削制度本身就是传统的封建政治制度或奴隶政治制度的一部分。同时,海西地区的民族关系与海西地方政权与中央政权之间的权力博弈状况密不可分。当中央统治力量薄弱,地方势力便会坐大,外部势力也会乘机干涉,海西与内地的关系就显示出不同于一般地方与中央的关系,从而对当地民族关系产生直接影响。

3. 通过海西民族关系的历史回顾,我们清晰地看到地方民族关系状况与国家是否拥有一个强大的中央政府直接关联。强大的中央政府是海西民族关系和谐发展、保持政治稳定的基础。当中央比较弱势的时候,一般会利用挑拨海西内部的民族冲突,达到从中渔利的目的,从而实现中央对海西的政治统治。同时,强大的中央政府也是抵御境外敌对势力分化、瓦解海西良好民族关系的重要保障。晚清时期的边疆危机、边疆民族冲突都与中央王朝的衰落和帝国主义外部势力的挑拨与干涉密切相关。

4. 海西地区的民族关系同时受中央王朝及海西周边地方民族势力状况影响,历史上的吐蕃政权、窝阔台汗、固始汗蒙古势力以及甘肃河州的马步芳家族军阀势力的变化都对海西的民族关系产生重要影响。

5. 祖国内地的繁荣富强与海西地区的民族关系和谐发展密不可分。当内地团结统一,经济、军事、政治等比较强势时,海西与内地及周边的开放程度就会相对较高,民族交往就更为密切。

6. 民国以来,海西民族关系舞台上的主角逐渐由蒙、藏民族关系演变为回族、撒拉族与海西蒙古族、藏族、哈萨克族之间的民族关系。中华人民共和国成立以后,汉族与蒙藏回等少数民族关系成为海西民族关系的主要内容。

7. 通过新中国成立前后民族关系比较可见,蒙、藏、汉、回民族关系是海西民族关系的主流,但这种关系在不同的历史时代、不同的社会制度下民族关系状况截然不同。中华人民共和国成立以前海西民族关系总体上是建立在民族压迫、民族剥削、互不信任的基础上;而新中国成立以后,特别是社会主义基本制度的建立使得海西各民族关系的发展建立在民族平等、互信以及互助基础之上。

8."文化大革命"时期实行错误的民族政策、宗教政策，对当代民族关系的发展产生了消极影响，但海西地区社会主义民族平等、团结的基本发展态势没有变化，各民族之间的了解与认同不断加深，这一点要有充分的认识。

9.随着海西现代化建设步伐的加快，各民族之间的经济联系日益紧密，随着文化因素在社会发展中的重要作用日益凸显，海西多元民族文化之间的互动、调适与重构将成为民族关系发展的重要方面。

10.民族融合是一个历史过程，对今天民族关系影响最深的历史记忆是距今最近的历史时期的民族关系。当然历史发展过程中难免有矛盾与冲突，这些历史记忆不断被重构，在不同的时代背景下发挥着不同的作用。但总体而言，当代海西民族关系总体呈现出平等、团结、互助、合作并不断发展融合的民族关系。在市场经济大背景下，各民族的经济意识不断增强，不断影响着民族关系的发展格局。

# 第 四 章

# 当代海西蒙藏汉民族关系分析

> 人类学家必须学习和了解整个社会生活，在社会生活的全部背景这个整体之外，他不可能清楚而全面地理解一个民族社会生活中的任意一部分，在一个好的人类学家的笔记中，也许他仅仅描写社会生活的一部分而忽略其余部分，但他总是以他们的整个社会活动为背景，考虑到他们的整个社会结构。
>
> —— ［英］爱德华·埃文思－普里查德

　　民族关系作为多民族国家重要而普遍的社会关系，对民族地区的发展具有全方位的重要影响。民族是历史长期发展的产物，民族关系也具有一定历史继承性。特定历史时期民族整体之间总是呈现出友好、和谐、融合抑或敌视、冲突、隔绝的关系状态，但社会生活中大量的民族关系及民族关系问题实际上却深深植根于普通民族个体之间，民族个体之间的交往是民族关系的基础。因此，民族关系研究不仅要从民族整体之间的历史、政治、经济、文化等宏观层面进行分析，更应从大量的社会基层民族个体之间交往的微观层面进行分析。民族关系理论及民族关系研究方法也主要是基于民族个体之间的日常交往逐渐总结和建构的。

　　西方在族群研究中已经形成了很多理论，总结了诸多研究方法，对民族及民族关系发展的规律有较深刻的认识，对今天人们探讨世界不同国家和地区的民族（族群）关系问题具有一定的借鉴意义。美国社会学家罗伯特·帕克（Robert.，E.Park）从移民引起的民族关系入手，提出了民族关系发展的四阶段论，即民族关系的发展一般都经历竞争、冲突、调适、融合四个阶段。融合就是一个渗透并结合的过程。在这个过程中，（民族）群体及其人员获得了其他（民族）群体及其人员的记忆、感触和态度，并且分享了对方的经验和历史，过上了和对方一样的文化生活。① 而密尔顿·戈登（Milton Gorton）在此基础上提出了测量民族关系发展状况的 7 项指标，即文化融合、结构融合、通婚、认同、态度上的相互接受（无民族偏见）、行为上的互助（没有民族歧视）、公民的相似性（没有价值观和权力的冲突）。戈登的民族关系研究理论已经成为民族关系及其测度研究的权威理论。我国学者马戎教授首先引入该理论分析我国民族关系，并提出民族关系测度的 8 个变量指标，即语言使用、宗教与生活习俗的差异、人口迁移、居住格局、交友情况、族群分层、族际通婚和民族意识。徐黎丽教授在西北边疆民族地区进行调研分析后，指出接触深浅是民族关系得以展开的客观变量，民族认同是影响民族关系深入发展的主观变量，国家认同是民族关系和谐发展的核心变量。② 除此之外，沙米·史穆哈（Sammy Smooha）认为现代国家是民族之间融合的媒介，这一思想受到人们的普遍重视。民族国家是当今国际政治最重要的行为主体，也是不同的人类群体（包括民族）维护自身利益最重要的工具，建立民族国家，促进民族国家的发展也是各个民族的基本追求。而我国自近代以来开始由王朝体制向民族国家转型，中华人民共和国的成立为民族国家（中华民族）建构提供了基本条件，但由于历史、地理及国情等原因，我国民族国家建构不论是理论还是实践均尚待进一步完善。因此，沙米·史穆哈现代国家是民族融合媒介的理论对于我国现代民族国家建构以及民族关系和谐发展具有十分重要的启发意义，对于理解和认识我国当前民族关系的基本态势和民族问题的解决提供了民族国家建构的新思路。

---

① ［美］帕克、伯吉斯（Ernest W.Burgess）：《社会科学导论》，芝加哥大学出版社 1924 年版，第 735 页。转引自吉平、高丙中《新疆维汉民族交融诸因素的量化分析》，参见潘乃谷主编《边区开发论著》，北京大学出版社 1993 年版，第 385 页。

② 徐黎丽、孙金菊、夏妍：《影响西北边疆少数民族地区民族关系的变量分析》，《云南师范大学学报》2009 年第 3 期。

# 第一节　日常交往中民族关系的具体表现

如果说生产方式和生活环境的差异决定了不同民族在农牧区、城镇及各种节庆中的交往关系具有一定的客观必然性，那么不同民族在居住格局、语言的使用、族际通婚等方面则反映出民族交往关系具有一定的主观选择性。

## 一、居住格局

"民族居住格局是研究民族关系的一个重要场景和变量，它是指特定区域内不同民族在空间上的排列与组合情况，它反映一个民族所有成员在居住地域与其他民族相互接触的机会与交往的熟悉程度，民族居住格局不仅可以用来观察和调节民族交往的内涵、形式及质量，而且不同的民族居住格局还能构成影响民族关系的不同人文生态环境。"① 同时，居住格局对人们的日常交往产生了重要影响，而交往则是友好民族关系建立的起点。俗语说"远亲不如近邻"，说明居住格局对人们之间亲疏关系所具有的影响作用。我国是一个统一的多民族国家，疆域辽阔，民族众多，不同地区生产力发展水平差距大，由于历史等原因，我国 56 个民族分布在全国不同的地域，形成了明显的大杂居、小聚居的民族分布格局。虽然随着现代化、市场化深入发展，全国统一开放的市场体系逐渐建立，边疆少数民族和内地汉族之间的双向人口流动规模不断扩大，但人口流动的范围和程度仍然十分有限。从大的地理空间分析，由于民族的这种分布格局使得很多人鲜有和其他民族接触的机会，也没有和其他民族交往的经验和心理体会，这种民族之间的陌生感自然造成民族隔阂与猜忌。对于不同民族之间发生的一些社会问题，常常凭借既定的思维模式、历史经验或自我想象，并从本民族本位主义角度出发决定自己的态度和立场。居住格局提供的交往平台在民族关系中起重要作用，也说明民族之间的接触与了解必然增进民族之间友好关系的发展，而民族隔阂、纠纷则是由于交往平台的缺失造成的。显然生活在新疆与维吾尔族有接

---

① 李吉和：《武汉市民族关系研究》，《中南民族大学学报》2008 年第 4 期。

触交往的汉族因为共同的生活地域关系，对少数民族的了解比内地汉族要多得多。其实，中国古语中"非我族类，其心必异"往往也使当代很多人在民族问题上采取过于简单化的方式。然而，实际上"民族"这一概念是近代以来的舶来品。其与出自《左传·成公四年》中的"非我族类"的"族"本不是同一概念。"因为中国在建立少数民族自治地方以前，少数民族有一套在地方语境中运作的族性分类方式，人们更多地以共同的祖先记忆以及真实的血缘关系这种原生情感为族群成员凝聚的纽带，形成的是以部落为基础的归属意识，并主要以部落作为区分自我与他者的界限。"① 乔纳森·弗里德曼认为："传统的族群性是一种很不同的文化认同，它是建立在成员关系的基础上，这种成员关系是由某些实践活动界定的，包括与遗传有关的实践。"② 但历史上边疆民族地区的人们主要以属于哪个部落为确定身份的标准，并没有像今天民族国家时代的民族这种身份标准。但无论如何，今天人们已经按照马克思主义的民族定义划分和确定了人们不同的民族属性，并且这种划分日益成为民族国家时代重要的身份标识。

如前所述，柴达木盆地构成了海西的州域主体。1949 年以来国家对柴达木盆地的大规模开发建设已形成了不同规模的城市，特别是格尔木和德令哈两市已分别成为青海省第二和第三大城市。西部大开发战略实施以来，海西大力推进城镇化、城乡一体化建设以及游牧民族定居点建设，使海西的城镇化规模和发展水平不断提升，民族混杂居住的情况更加普遍，这大大增加了民族之间的接触机会。"民族混居的程度越高，民族间在经济、社会生活各个领域的交往与互助合作的可能性就越大，就越有助于增进相互了解、共同发展。"③ 在计划体制时代，格尔木就形成了汉族和当地少数民族友好相处的局面，民族之间的交往网络并不以民族为条件，而是以工作上的业缘关系（工作单位）为纽带。

① 萨仁娜：《社会互动中的民族认同建构——关于青海省河南蒙古族认同问题的调查报告》，中央民族大学出版社 2011 年版，第 48 页。

② ［美］乔纳森·佛里德曼：《文化认同与全球性过程》，周宪、许均译，商务印书馆 2003 年版，第 48 页。

③ 马戎：《西藏人口与社会》，同心出版社 1996 年版，第 430 页。

**个案**（教育局退休干部，60 岁，男，汉族）：

格尔木市在 1954 年建政初期仅有一条马路，数十顶蒙古包，人烟稀少，主要是蒙、哈、藏牧民放牧的地方。从 1956 年开始，随着柴达木开发，特别是青藏公路建成通车以后，国家派遣一批批干部、科技人员投入这里的建设。当然格尔木市区还是以汉族为主，居住上没多少特别的讲究。但少数民族群聚的情况比较明显，如回族市民基本都围着河东清真大寺和河西清真大寺居住。新开发的小区各民族则混居的比较多，主要考虑的是房价、周边环境以及距离工作单位远近等，民族成分的考虑相对较少。90 年代以前，住宅楼尚未商品化，实行单位福利分房，各机关单位自行选址盖楼，同一个单位的职工自然不分民族成分杂居。我们这一代人，受过毛主席的教育，甚至很多少数民族党员干部都是无神论者。现在我们退休了，也经常在一起打牌、下棋，关系很好。但现在年轻人不愿意生活在这里，很多人都在西宁买了楼，节假日和退休以后都去了西宁或内地其他城市。①

笔者走访中发现，实际上人们居住还是具有明显的民族身份的考量，比如格尔木市城区中心地带，居住的汉族居多，其他少数民族则住在城区边缘地带，而且主要以具有一定亲属关系的人们住在一起，城区周边的农牧区，不同民族居住的格局更为明显。

相对格尔木市和德令哈市，都兰县以农牧业为主，第二、三产业较为落后，城区民族小聚居的情况更为明显。1949 年 11 月至 1966 年，都兰县曾辖海西全境，因而老城区范围大，也比较陈旧，居住的多是藏族、蒙古族；新城区则以汉族为主，基本形成"东北西南"居住格局，即县城东北部机关企业事业单位较多，且规划为新的住宅区，居住的多为汉族；城西面和南面则以藏族、蒙古族为主。正如前文所述，藏族日常主要集中在购物中心以南的和平街，而具有国家干部职工身份，有一定社会地位、财富，知识水平相当的不同民族人们则集聚在一起。都兰县城中心有一个很大的广场，餐饮娱乐业较为发达，这里每天都聚集大量的退休职工、闲散人员，以下象

---

① 2012 年 9 月 3 日，在格尔木市区调研资料。

棋、打麻将为主。可见除民族身份、部落、家族等因素之外，社会阶层也是决定居住格局的重要因素。不同的居住格局则产生了不同的民族关系，"少数民族居住越分散，与汉族交错居住的程度越高，社会隔绝程度就越低，民族关系自然比较融洽"①。农牧区与城镇不同民族的居住格局证明了这一判断。农牧区民族之间的关系相对较为疏远，特别是蒙藏牧民与汉回农民日常很少交往，往往因牲畜偷吃了庄稼等琐碎事情而容易产生矛盾和纠纷，而城镇多民族杂居的地方则民族关系较为和谐。

## 二、语言的使用

语言是交流思想、情感的基本工具，也是连结一个民族的牢固纽带，是构成民族的基本要素之一。相同的语言能够增加人们之间的亲近感，是民族内部成员相互认同的重要文化特征。斯大林给"民族"下的定义中，亦将"共同的语言"作为构成民族的四大要素之一，可见语言是民族特性的主要表现。语言作为思维的工具，本身不具有民族性，但语言的不同表达形式却具有民族性，深刻影响着民族文化的发展。"凡文化都具有符号性和一定的象征意义，如宗教、婚姻等都具有很强的象征意义。语言是一种符号系统，其符号性和象征意义比其他人类的制度文化显得更为突出。"②语言作为文化的载体，在交往中使用对方民族语言，不仅是尊重对方的表现，也是对对方民族文化的一种认同。民族之间的差异最直接的体现在于语言文字方面，民族语言差异是民族交往与融合的主要障碍。民族之间的友好交往首先从拥有共同的语言开始，然后才能谈及思想感情、价值观念等深层次的交流。同时，语言关系也是民族关系的重要组成部分，不同民族间的语言关系会在一定程度上影响民族关系，而民族关系中的一些问题也往往会在语言关系上反映出来。尤其对于越来越多的少数民族流动人口来说，语言的自由沟通交流是他们真正融入当地生活的前提，也是实现真正和谐民族关系的起点。就少数民族个体而言，只有通过族际语——汉语普通话、汉语方言或一种少数民族语言的学习，才能够具备顺利步入主流社会的条件，从而跨越文化障碍获

---

① 马宗保：《多元一体格局中的回汉民族关系》，宁夏民族出版社 2002 年版，第 78 页。
② 孙秋云主编：《文化人类学教程》，民族出版社 2004 年版，第 96 页。

得个人在主流社会的更大发展。①

在海西的城镇，人们普遍使用汉语普通话，但带有浓厚的西宁方言，广大农牧区则广泛使用蒙古语和藏语。由于海西地区的蒙藏民族之间交往时间长、接触广，蒙藏民族基本能听懂对方的语言，汉语普及率则相对较低，偏远山区、年龄较长的蒙藏牧民基本不懂汉语。城乡之间在汉语言的使用上体现出较大差别，越靠近城市的地区，汉语普及率越高，反之则越低。在海西这个多民族交往的场域里，每天面对的都是不同的民族，当人们不能确定对方民族身份时普遍使用汉语。笔者在海西都兰县热水乡赛什堂村的草山调研时发现，长期居住在同一个村落或生活在同一座草山上，日常接触与交往比较频繁的蒙藏民族之间，即使他们已经掌握对方的语言，但在日常交往中却不会主动使用对方的民族语言。"第三方语言"——汉语则成为蒙藏民族共同交流的语言。这一方面有民族尊严方面的考虑，但更重要的是海西地区人口占多数的仍然是汉族，不论藏族还是蒙古族大都接受过一定的汉语学习，使用汉语交流更为便利。汉语普遍被当作蒙藏民族日常交流使用语言的原因还在于，即使在蒙藏双语教学的学校，课程设置中一般只开设本民族语言和汉语，不可能开设其他民族的语言。因此，汉语成为蒙藏民族多少都学过的语言，而对于藏族而言，蒙古族语言本身并没有进行系统学习，对于蒙古族而言，情况也完全相同。当然长期生活在少数民族村落为数很少的汉族则学会了当地的民族语言。"文化大革命"时期，下放到偏远农牧区的汉族一般都掌握了当地民族语言。同时，长期生活在藏族人口占多数地区的蒙古族也会广泛使用藏语。英格尔认为，语言的使用情况反映着民族特征的增强或减弱，如果一个民族成员在日常生活中特别强调本民族语言而不是当地社会主流语言，则说明该民族特征有增强的趋势。反之，如果广泛使用本地流行语，而不是本民族语言，则说明该民族的民族特征有减弱的趋势。② 我们经常听说的藏化或汉化首先表现在藏语和汉语的使用上，比如青海省河南蒙古族自治县的蒙古族，几百年来与周围甘青藏区的藏族往来互动中基本习得了藏语，而蒙古语使用的频率反而比较低，由此人们认为这是蒙古族藏化的

---

① 陈海玲：《少数民族流动人口语言交流与民族关系的思考》，《满族研究》2012 年第 2 期。

② 马戎：《民族社会学——社会学的族群关系研究》，北京大学出版社 2004 年版，第 470 页。

重要体现。实际上语言的学习对民族之间的文化认知与文化交流极为重要，因为在学习一种语言的过程中，也学会了在语言中概念化了的文化和社会系统。各种各样的社会关系、各种各样的信仰、各种各样的技术进程——事实上社会生活中的每一件事都通过语言和行动表达，当一个人充分理解他者的语言中所有词语在相关的所有情景中的意义时，他才完整地理解了他者的生活。可见，语言的学习和使用是民族关系发展状况的一个重要指标，也是民族之间深入交往的前提。

实际上笔者调查中发现，在广大牧区，20岁以上的藏族，特别是妇女，汉语基本听不懂，老年人的汉语能力则更差，可见汉语普通话的广泛使用是近十多年来才出现的情况。这与当地的生产力发展水平和社会分工程度密切相关，学习语言的动力来自生产生活实践中的需求。年轻一代面临就业压力，随着城市化水平的提高，普遍期望进入城市工作，这是近十多年来汉语普及率较高的原因，也是海西少数民族地区社会结构发生现代化变迁的必然结果。对于世代生活在草原的游牧民族而言，不通过上学念书改变命运就意味着要继续祖辈在山沟里放羊的行当。草原畜牧业被认为是人类文明的停滞，相对于工业、农业而言，畜牧业显然难以实现现代化，从事畜牧业即使收入高，但还是基本靠人力，十分辛苦。海西地区不论哪个民族已经普遍高度重视子女的教育，海西各级政府也十分重视教育，学校的硬件是当地所有机关单位中最好的，比内地农村县城的学校都高级，可见国家对西部地区的教育投入很大。每年9月，都兰县政府都由县长亲自主持召开表彰大会，奖励当年度取得高考优良成绩的教师。

同时，国家鼓励和要求适龄儿童进入学校学习。对于地广人稀的海西农牧区而言，学校一般集中在县城，不像寺院那么分散，孩子们进城上学接触汉语的几率要大大高于建在村里的寺院。随着经济社会发展和海西开放程度的提高，与汉族交往与接触的机会大大增加，促进了汉语的广泛使用。海西偏远农村和牧区普遍体现出如下特点，即汉语能力强的家庭，生活普遍比较富裕，与外界交往多、社会关系网络也比较复杂。相反，汉语能力较差的牧户往往交往能力也较差，经济收入偏低，社会关系单一。热水乡政府的司机××告诉笔者："个人原因致贫的藏族多是汉语能力比较低的，1982年分配草山和牲畜的时候各家各户基本上都是平均分配的，这些贫困户当把家里的草山和牲畜都卖完之后，进城务工，因不懂汉语而遇到很大困难。"① 可见，在多民族聚居区，不同的汉语能力在很大程度上反映着人们的生存能力。语言障碍大大制约了民族之间的交往，也影响着人们的思想和行为。从整体来看，越靠近市区，人们的汉语能力越强，越远离城镇，汉语能力则越低。此外，在海西不论民族，对对方语言的熟练程度也反映着不同民族之间的交往关系状况，语言的交融使用程度实际上是民族关系和谐程度的体现。显然，随着经济的发展和时代的进步，汉语已日益成为海西地区的"通用语"。

当然，随着时代的变迁，语言自身也在不断发展变化，比如新的词汇不断出现和相互借用也反映着语言自身的发展规律。笔者在海西的乌图美仁乡蒙古族家庭和赛什堂村藏族家庭长期调研中发现，在日常的蒙语、藏语交流中，经常夹杂着汉语词汇，常能听到的主要是一些汉语固定概念，如充电器、青霉素、手机、兰大、公务员、上网等。藏语中则在很多场景中频繁使用"法码"这个词汇，用于表达很厉害、很严重的情况。如，"这几年我们这里草山上开矿法码得很（指开矿多、规模大）"。汉族交流中也时常夹杂着很多的藏语、蒙古语，如当地的汉语经常将表示程度的副词"很"后置，如"冷得很"，而很少说"很冷"。民族语言的相互交融、借用反映出民族之间交流与融合的基本态势，通过对海西蒙藏汉民族语言使用的考察，反映出当地蒙藏汉民族之间交往的密切程度不断加深，民族关系逐渐融合发展。

### 三、族际通婚

通过婚姻组建家庭是人类社会存在和发展的基本形式。族际通婚是指不同民族之间通过婚姻关系建立家庭，族际通婚关系不仅是简单的组建家庭，其背后所隐含的更是两个不同民族之间相互认同的基本态势。因此，族际通婚往往成为民族关系的风向标，它标志着民族关系的密切与融合的程度。美国学者辛普森（Simpson）和英格尔（Yinger）认为"族际通婚的比率通常可以衡量一个社会中不同族群之间的民族接触的性质、社会距离、人口规模异质性、族群认同的强度以及社会整合程度"②。影响族际通婚的因素

---

① 2012 年 8 月 5 日，在海西都兰县热水乡调研资料。

② Simpon G.E.and Yinge.J.M.Racial and cultural Minorities：An analysis of prejudice and discrimination (five) plenum press，New York and London.1985：296.

很多，不仅包括各自所属家庭的社会地位、从事的职业、宗教信仰、经济状况、城乡户口等社会因素，还包括双方的相貌、感情、偏好、生活习惯、彼此语言掌握程度等个人因素。马戎教授认为，"只有当民族之间的语言能够相通，有大量的日常社会交往、价值观彼此认同、在法律和权利分配上基本平等，相互间没有民族歧视和偏见，这样的情况下才能发生大规模的族际通婚"①。

族际通婚作为影响民族关系发展的重要因素，是促进民族关系和谐发展的内在动力，是民族之间广泛交流的结果，也是民族团结的重要体现。

海西地区民族众多，族际通婚的比率相对较高，当地除回族、撒拉族等信仰伊斯兰教的民族外，其他民族之间都有通婚现象。据第六次人口普查，青海省属于全国族际通婚率较高的省份。根据笔者在德令哈、格尔木、都兰县城等企事业单位职工进行的调查问卷，在回答"您希望自己的配偶是什么民族？"这个问题时，选择同一民族的占30.2%，选择同一宗教的占42.8%，选择无所谓的占27%。可见，在选择配偶时，人们对相同的宗教更为看重；其次是民族身份，也有很大部分人认为通婚与民族身份关系不大，只要感情好，合得来，民族无所谓。笔者从都兰县民政局提供的资料分析，海西都兰县"族际通婚"（民族混合户）呈逐年上升趋势（见表4-1）。

表4-1　2002—2012年都兰县族际通婚情况统计表②

| 年份（年） | 结婚总对数（对） | 族际婚总对数（对） | 比例（%） |
|---|---|---|---|
| 2003 | 339 | 58 | 17.1 |
| 2004 | 348 | 55 | 15.8 |
| 2005 | 362 | 52 | 14.4 |
| 2006 | 373 | 53 | 14.3 |
| 2007 | 390 | 62 | 15.9 |
| 2008 | 375 | 59 | 15.7 |
| 2009 | 372 | 63 | 16.9 |

---

① 马戎：《西藏的人口与社会》，同心出版社1996年版，第316—319页。
② 数据根据都兰县民政局提供资料整理。本表数据有一定遗漏，因为部分人虽已经结婚，但并未办理结婚登记手续。

| 年份（年） | 结婚总对数（对） | 族际婚总对数（对） | 比例（%） |
|---|---|---|---|
| 2010 | 386 | 63 | 16.3 |
| 2011 | 379 | 67 | 17.7 |
| 2012 | 343 | 59 | 17.2 |
| 合计 | 3667 | 591 | 16.1 |

从表4-1可以看出，都兰县2003—2013年的结婚总对数与族际通婚总体呈递增趋势，当年结婚数量与族际通婚数量关系并不完全同步，但每年都超过10%。一般而言，族际通婚率超过10%，就认为民族之间的关系比较融洽和睦。① 因此，通过族际通婚这一指标可以说明海西蒙藏汉民族关系十分和谐融洽。

此外，通过调查也反映出海西地区族际通婚率最高的是汉藏民族，其次是汉蒙，再次是蒙藏民族。信仰伊斯兰教的回族、撒拉族、哈萨克族等族际通婚率最低。汉族与蒙藏民族通婚率高的原因在于，汉族并没有像少数民族那样单一而虔诚的宗教信仰，因而具有一定的包容性，汉族生活习惯上与其他民族通婚并无什么禁忌。此外，海西资源丰富，新中国成立以来历次大开发，大量的汉族进入海西。因此，海西地区汉族人口比重较大，而且汉族普遍文化程度较高，从事的职业技术含量高，经济、政治、社会地位诸多方面都有一定优势。因此，汉藏、汉蒙族际通婚率比较高。此外，语言是族际通婚的主要障碍，应该说蒙藏民族由于生计方式相似，藏传佛教为主的文化共享性较高，但蒙藏民族之间通婚率反而没有汉藏或汉蒙族际通婚率高，这与当地地方流行语是汉语普通话有很大关系，也与当地人们希望促进子女文化程度提高等社会因素有关，而不仅限于宗教因素。

**个案**（都兰县城某超市老板，女，蒙古族，43岁）：

我们这里的汉族也信佛教，只是不像藏族和蒙古族那么虔诚，念的经也少，但这不妨碍我们的配偶选择。现在人们都很喜欢金钱，汉

---

① 马戎：《民族社会学——社会学的族群关系研究》，北京大学出版社2004年版，第205—206页。

族人脑子比较活，也有文化，相对比较富裕，特别是机关单位上班的汉族比较多，我们这里年轻人选择配偶时主要看重的是对方是否有正式工作，所以，汉族与藏族、蒙古族通婚的比较普遍。实际上回族等穆斯林在选择配偶时也很看重对方的经济条件和社会地位，但他们与没有宗教信仰的人结婚的几率非常少，所以回族与其他民族通婚的比较少。①

可见，海西地区不同民族在日常生活的诸多方面并不是内地汉族想象的民族边界清晰，壁垒森严，通婚主要看重的是能否"说到一起去"。实际上，据笔者观察，由于海西地区资源富集，中华人民共和国成立以来的大规模资源开发过程中，大量汉族干部、技术人才响应党的号召，被分配到海西工作，在海西展现出了相对的能力优势。加之，计划体制时代的二元经济社会，导致人们普遍向往过上城里人的生活，而"城里人"自然以汉族为主。同时，汉族比较重视教育，少数民族认为和汉族结婚，将来孩子就能接受较好的教育，因为语言的学习是孩子社会化的重要任务，孩子在家庭就能习得汉语，将来在学习和就业中会处于相对优势。因此，海西少数民族中比较开明的家庭一般会支持子女选择与汉族通婚。此外，由于海西地处甘肃、新疆、西藏以及青海东部地区的交界地带，青藏铁路、公路横穿全境，交通沿线的人们观念相对比较开放，从情感上对汉族也更易接受和认可。另外，族际通婚（民族混合户）家庭中，男性在家庭中多处于主导地位，家庭内部成员在家庭或家族内的地位与民族身份基本没有关系，招赘婚中的女婿在家庭中的地位比较高。笔者2011年7月在去都兰县的长途汽车上遇到一位做了藏族上门女婿的汉族人，他的婚姻在当地很有代表性。

**个案**（丁先生，汉族，36岁，工作单位：格尔木市钾肥厂盐湖宾馆；原籍：陕西省榆林市府谷县）：
我来都兰县已经整20年了，来这里的原因就是当今时髦话语叫

---

① 笔者2012年8月18日在都兰县察汗乌苏镇调研资料。

"高考移民"。那时候，我老家陕北榆林特别贫穷，考大学是"跳龙门"的唯一方式，我哥哥学习比较好，青海高考分数线比较低，我们就通过在都兰工作的远方亲戚帮哥哥办理了都兰户口，我当时已经辍学，是来都兰陪读。我还清晰地记得20年前的那年正月十五，年味还未散去，我们兄弟俩就从纯农耕的汉族地区——贫穷的榆林来到了陌生的少数民族地区——都兰县，离开老家时虽然冰寒料峭，但冰雪已开始融化。可到了都兰，好像又重新过了一个冬天，这里还是冰天雪地、寒冷刺骨。哥哥在都兰连考两年都没考上，就在建筑工地上搞副业，后来成了藏族的上门女婿。那时候工厂经常招工，哥哥就通过招工去了格尔木钾肥厂，嫂子在都兰县肉联厂上班。我在县城建筑工地搞副业时，认识了藏族姑娘，也做了藏民的上门女婿，但我媳妇没工作，在家里放羊，后来我都带到格尔木了。现在日子好了，我在格尔木买了房，买了车，在西宁也买了房子，准备过几年孩子来西宁上中学住。我把父母也从老家陕北接到格尔木。当年海西招工机会非常多，现在也有，只是藏民不愿意去，原因在于一方面观念保守，对外面的世界，特别是对汉族比较多的地方生活不习惯，也有畏惧心理；另一方面在于看不到招工的经济效益，也许他们习惯了放牧。这里的藏民特别淳朴友善，比汉族好打交道。我们结婚时，娘家人也不要彩礼。由于汉藏婚俗及家庭观念的差异，我受到了一般汉族家庭的女婿所没有的尊重，藏族不像汉族那样瞧不起上门女婿，甚至公开承认"女婿只顶半个儿"。我这个上门女婿就是媳妇家里的顶梁柱，大事都要我亲自决定。我在家里的日常生活中，和妻子及其父母、亲戚也没什么民族宗教文化方面的冲突，关系还很融洽。今天我在西宁装修房子，但大舅子家里出了事，叫我赶紧回去。他在109国道上骑摩托车，坐在摩托后面的嫂子被你们甘肃去西藏的大货车撞死了。家里叫赶紧回去处理，要"主事"，媳妇娘家人都没念书，也没见过世面，遇到这等麻烦事情我必须出面解决。现在家家户户都单干，村里原有的家族权威也基本不存在了，村里的人也不像原来那么热心处理这些事情了。现在都兰草原上的藏民和蒙族都竞相购买摩托车，摩托作为代替马匹的新鲜事物正处于海西流行的巅峰时刻，因而交通事故也比较多。①

通婚对民族关系的和谐发展具有基础性的作用，族际通婚加深了不同民族之间的了解，这也是实现民族关系和谐发展或淡化民族身份的关键。族际通婚使不同民族的两个个体融合成为一个新的利益主体，共同的经济利益，共同的生活及相近的价值观念逐渐建立。同时，这种血统的融合使民族之间的融合更具有了坚实的基础。我们也看到，随着教育事业的发展，越来越多的少数民族孩子进入内地大学读书，很好地完成了社会化、城市化，与其他民族的接触日益增多。此外，随着海西地区对外开放事业的不断发展，海西愈加深入地参与到全国统一开放的市场体系之中，市场经济强大的一体化功能，使民族之间的接触几率大大增加，这都将进一步促进族际通婚的出现。

## 第二节　日常生活中的蒙藏汉民族关系

学问要从老百姓那里做起，也要回到老百姓那里去。② 日常生产生活中的交往是人类生存和社会进步的基本方式，也是民族关系展开的基本条件。因此，以国家或地区为基本场域的不同民族群体日常生产生活中大量的交往及其发展状况是民族关系研究的起点。王辅仁先生在研究蒙藏民族关系时就认为："蒙藏两个伟大的民族在历史上密切的关系似乎都和统治阶级及西藏佛教（喇嘛教）有着千丝万缕的联系，但那毕竟是表面现象，实质上还是这两个民族人民之间的交往。"③ 因为在这种大量的、频繁的交往中可以实现不同民族群体之间经济、政治、思想文化等的交换与发展，满足民族之间在物质、能量及信息等方面的需求，从而推动人类社会的不断进步。马克思说人是各种社会关系的总和，因而强调人们之间交往的重要性；雅斯贝尔斯也认

---

① 2012 年 7 月 12 日，笔者由西宁前往都兰县田野调查，西宁市发往都兰县的客车每天只有两班，票早卖完了，我们一起费了很大周折，才高价从司机手中买到车票。在 7 个多小时的长途汽车上，丁先生不无自豪地告诉笔者做藏族上门女婿的美好经历。

② 《中国社会科学报》2011 年 9 月 6 日。

③ 李丽主编：《王辅仁与藏学》，社会科学文献出版社 2006 年版，第 315 页。

为人不是作为孤立的个体而存在，总是某种组织单位诸如家庭、团体以及众所周知的各种人群的成员而存在。① 因此，海西蒙藏汉民族关系研究也要从最基本的民族个体之间的日常交往入手，探讨民族关系发展的状况，并分析其形成的原因。

由于各个民族在长期的历史发展中形成了适应各自所处自然环境的传统生存方式，具有不同的生产力水平，进而形成了各自独特的文化传统和风俗习惯。因此，各民族之间的相互关系取决于每一个民族的生产力、分工和内部交往的状况。② 当代海西蒙藏汉民族关系是在我国包括民族地方在内的现代化快速发展以及深刻的社会转型背景下展开的，各个民族所拥有的不同的生产力水平和经济社会分工状况是蒙藏汉民族关系展开的基本前提，随着生产力的不断发展和社会分工的日益精细化，原有的自给自足的自然经济被打破，分工合作成为民族发展的基本形式，不同民族之间已经不可避免地产生了密切的交往，各民族之间的经济、政治、文化等各方面的联系日益强化。海西地区由于各种历史、政治及军事斗争的原因，历经数次大开发，今天居住在海西的蒙藏汉回等主体民族大多都是在不同历史时期迁入海西的，海西和全国其他民族地区一样也体现出大杂居、小聚居的局面，这种民族分布格局以及不同民族所具有的独特的生计方式（生计方式决定着人们日常生活的基本方面，包括饮食习惯、生活禁忌、体质体貌等）深刻影响着海西的民族关系。海西地区传统的主导产业是畜牧业，蒙古族、藏族多从事畜牧业，而农业多集中在柴达木盆地气候较为温暖的几个较大的绿洲，以汉族为主，城乡商贸流通则以回族等为主。城市人口自然以汉族居多。改革开放特别是西部大开发战略实施以来，东南沿海的汉族来到海西从事工商、经贸、矿产资源开发的人口迅速增加，并形成不同地域的人从事不同行业的条块分割局面。如海西州的格尔木市、德令哈市以及都兰县、乌兰县、天峻县等地从事服装生意的多为浙江温州人，从事打字复印等 IT 业的多为湖南人，从事建筑业的多为甘肃临夏人，开发矿产资源的私人企业主多为江浙商人，体现出明显的行业与民族、地域身份对应关系。但整体而言，当地大多数蒙藏

---

① [德] 卡尔·雅斯贝尔斯：《现代的人》，周晓亮、宋祖良译，社会科学文献出版社 1992 年版，第 7 页。

② 《马克思恩格斯选集》第 1 卷，人民出版社 1995 年版，第 68 页。

民族依然从事传统的畜牧业，汉族从事农耕，与经济快速发展相关的新兴产业、第三产业的从业者多是外来人员。但即便如此，现代化以及市场经济的深入发展，已经使海西不同民族之间展开了广泛而密切的交往。不论城市还是乡村，不论是农牧区还是工业区，今天海西各个民族在日常生产生活中的交往是历史上最为密切的历史时期，已经基本形成了稳定的商业关系、邻里关系、朋友关系，深刻影响着当地少数民族的传统观念，各民族共同的经济基础得到不断巩固和发展。不同民族之间社会交往网络主要在生产、生活和节庆等场域逐渐建立。

**一、农牧区蒙藏汉民族之间的交往**

青海海西蒙藏两大民族之间除民族文化同质性较多之外，共同面对青藏高原这一严酷的自然环境以及拥有相同的畜牧业生计方式也是蒙藏两大民族历来交往密切的主要原因。生计方式决定了不同民族之间相互影响和交融的密切程度。

海西草场总面积991.2万公顷，其中可利用草场731.51万公顷，在可利用的草场中，冬春草场为329.01万公顷，夏秋草场402.5万公顷。[①] 而海西地区农业区域面积相对较小，粮油产量也很低。因而，畜牧业是海西地区传统的主导产业，并具有千年发展历史。[②] 这种长期生活的共同地域以及具有相同的生计方式使得海西蒙、藏民族拥有了共同的经济生活。环境决定论认为人类的身心特征、民族特性、社会组织、文化发展以及社会运行机制等人文现象受自然环境、特别是气候条件的支配。

海西以传统农耕为主的汉族人口数量相对较少，历史上通过屯田戍边、出兵开发、发配罪犯，或派员安抚、移民实边等，从事农业生产的汉族逐渐进入海西。特别是近代以来从青海东部迁往海西开垦荒地的汉族迅速增加。1954年，柴达木资源勘探取得突破性进展后，国家开始大力开发柴达木盆地，有计划地从内地的天津、山东、河南、安徽等省市调动学生、工人、农民、干部达12万人进入青海，这种人口大量的机械流动，使海西民族结

---

① 杨慧清、李世雄：《青海省海西州天然草地资源现状及动态》，《草业科学》2010年第6期。
② 海西州政协文史和法制委员会编：《海西文史资料》（第16辑），第47页。

构发生了很大变化，海西的农业区域也随之不断扩大。1958 年，海西人口由 1956 年的 9.3 万人增加到 18.5 万人，而国营农场占全部总播种面积的 77.5%。[1] 但以农业为主要生计方式的汉族与蒙、藏民族之间的差异十分明显，体现在经济、政治、文化、社会生活的诸多方面。由于海西草原辽阔，不同民族之间大杂居、小聚居的特征十分鲜明，以畜牧业为主的蒙、藏民族生产生活的场域多集中于茫茫草原，汉族和回族等以农工商为主的人口多集中于城镇或城乡结合部。因而城乡结合部，如乡政府所在地、县城周边是多民族接触交往的大舞台，在这里见到的多是相貌、体征、服饰、语言、行装迥异的民族成员，陌生人之间交往一般都十分注重民族身份，一般以对方民族身份作出主观判断以及尽可能准确的民族身份确认作为展开交往的前提。

生计方式的差异对人们的日常交往产生了根本性的影响。民族之间亲疏关系的建立往往以他者与自我同质性的多少为依据，相同的认同（如地域、宗教、语言、所处的阶层、职业、学历等）越多，便越能增加相互间的理解，友好关系便从这些同质性中开始建立。敏俊卿在其博士论文《甘南地区民族关系研究》中认为，甘南回藏和谐民族关系建构的基础在于经济互补性这种基础性交往机制的存在，从而使得在特定的地理、历史、人文和社会背景下具有不同生计方式的民族之间能够和谐共处、相互依存。[2] 实际上，海西地区各民族之间，特别是回汉民族与蒙藏民族之间也存在着这种经济互补性的特征。但这种经济互补性交往机制往往仅局限于物质利益层面的交往，而文化、价值观念等精神层面的交往和理解则十分有限。民族之间是否接触以及接触的深浅是民族关系发展的重要变量，只有从物质到精神层面真正意义上的相互接触才是建立良好民族关系的基础。海西回族与其他民族之间的经济互补关系增加了民族之间交往的机会，但也使蒙藏牧民对回族形成固定印象，认为回族通过畜牧产品的交易从中获取很大利益。这种认识影响民族关系的深入发展，笔者在格尔木市牧区调研时发现当地蒙藏民族与回族的经济互补性很强，日常交往非常多，但民族之间的心理距离却很远。

① 海西州政协文史和法制委员会编：《海西文史资料》（第 16 辑），第 47 页。
② 敏俊卿：《甘南地区民族关系研究》，中央民族大学 2006 年博士论文。

**个案**（牛羊商贩、回族，35岁，格尔木市人，开一辆大卡车往返于乌图美仁乡与格尔木市区之间，进村入户收购活牛羊等畜产品）：

乌图美仁这一带的马、牛、羊等畜产品均由我们回族收购，然后贩卖到格尔木、德令哈、西宁等城市销售，或批发给城里更大的批发商，再销往全国各地。这里的羊肉特别好吃，因为这一带土壤盐碱度大，羊吃这种草肉的膻味较小。加之，这里的蒙藏民族民风淳朴、为人诚恳，我们的生意一向比较好做。但这里的蒙民和藏民自己不善于经营这种生意，他们在城里没有什么社会关系，在集贸市场上由于语言和销售经验等原因往往赚不到钱，还不如卖给我们图个方便。这里的蒙藏民整天只忙着在茫茫草原上放牧，我们就赚个差价，贩羊其实也很简单，就是靠眼力"看"，看一眼就知道能宰多少斤肉，然后估价付给牧民。

我与乌图美仁这一带蒙古人关系很好，他们非常信任我。比如，我们这里草原十分广阔，距离城镇的银行很远，蒙古族牧民很多人不去城里存钱，几万几万的都放在我这里，要花钱时打电话，我经常在这一带贩羊就送过去。[1]

然而，这个回民并不特别受蒙藏民族的欢迎，心理隔阂十分明显。乌图美仁乡那棱格勒村的牧民××告诉我们，这个人跟我们很熟悉，多年了一直在我们这里贩羊，我们知道他从我们这里赚了很多钱，等我们有经验了就不再卖给他，我们自己组织销售网络、渠道。

善于经商的回族与善于经营畜牧业的蒙藏民族之间存在着较强的经济互补关系，双方各取所需，相互依存，但两个民族之间的差异却十分明显，回族生意人见多识广、视野开阔，往往视相对封闭、保守、顺从且社会关系简单的蒙族牧民为落后的民族，因而这种日常的交往只是临时性的生意关系，更深入的交往则难以为继。然而，乌图美仁乡那棱格勒村的蒙藏民族之间关系就要密切得多，生产中常有密切的合作关系，如，互相代为放牧就十分常见。因为自20世纪80年代初包产到户至今，草场再没有重新分配，有

---

① 2010年1月28日，笔者乘坐其贩运牲畜的车由乌图美仁返回格尔木市区时的采访资料。

的家庭由于人口减少，草场面积大，需要将部分草场租出去，而有的家庭因为子女多，现在都 20 多岁、30 岁了，但他们没有草场。因此，海西牧区的这种草场租用关系便十分常见。有的家庭将照顾不过来的部分草场租给他人，收取租金。当地蒙古族牧民普遍信赖藏族牧民，这种草场租用关系大多数在蒙藏民族之间进行，与汉族和回族则很少出现这种关系。这种生产上的合作大大增加了蒙藏民族之间的交往频度和深度，也为良好的民族关系构建提供了条件。以生产过程中的交往为基础，蒙藏民族之间在居住格局、族际通婚、语言的互相学习和借用方面发生了很大变化，以致两大民族在文化上更易相互理解和认同。

如都兰县热水乡是一个藏族人口占大多数的乡，也有少量的蒙古族和汉族，蒙藏民族主要从事畜牧业，而汉族从事农业生产。不同的生计方式对不同民族之间的距离产生了影响。

**个案**（藏族牧民，53 岁，男，放牧为生）：

×××告诉我们，实行家庭联产承包责任制前，不分民族都根据人民公社和生产队的统一安排从事畜牧或农业生产，那时候不同民族之间以生产队为平台交往非常多，大家一起生产劳动，增进了彼此的了解，我们对不同民族之间的一些风俗习惯逐渐都了解，并在日常生活中相互大量借鉴对方先进的东西。然而包产到户后，基本都是单干，以小农经济为主，人们之间的交往普遍减少了，不同民族之间的交往就更少了。由于自然条件的原因，这里的畜牧业经济效益要比农业好得多，但我们藏族在热水世代居住，汉族是解放后才迁来的，所以当年包产到户时我们藏族分到了草场，而汉族只能分到耕地，因而这么多年我们这里汉族的经济收入并没有我们藏族的好。我们跟他们也没多少交往，现在商品流通很快，我们要买农产品都去都兰购物中心（都兰县大超市）购买，也不需要直接和我们村里的汉族进行商品交易。①

---

① 2012 年 8 月 3 日，在都兰县热水乡调研资料。

而这种交流平台的缺失，在经济上也不能建立有效互补关系，使得汉族与蒙藏民族之间相互交往越来越少。因此，生活在热水乡为数不多的汉族在当地可视为弱势群体。于是，大量的汉族都把民族身份写成少数民族，不论父母是从事什么职业的，只要父母有一方是少数民族的，子女普遍随了少数民族的身份。若父母双方都是汉族的家庭，则更加注重子女的教育，希望子女通过高考，进入自然条件好的城镇或内地工作。笔者在调研中发现，都兰县的公务员队伍就以汉族为主，主要都是当地的汉族通过高考分配和公务员考试进入行政或事业单位工作的。

## 二、城镇社区中的民族交往

城市是人类文明的结晶，而城镇化水平反映着一个地区生产力水平以及社会分工的程度。对民族地区而言，城镇是不同民族交往最集中的场域，它为从草原和农田走出的不同民族提供了增长见识、开阔视野、交流信息的重要机会，也为从草原走出来的少数民族农牧民接触

图4-1　赛什堂村小商铺牌号用三种语言书写

现代文明提供了窗口。多民族地区的小城镇也显示出大杂居、小聚居的特征，民族边界在同一县城的不同街区充分展现。

都兰县城位于察汗乌苏镇，这里地势平坦，县城周边是农业区。在西部大开发过程中，海西获得了较快的发展机会。笔者在2012年8月调研时，看到县城街道城建规模很大，体现出一片欣欣向荣、蓬勃发展的势头。县城街道宽阔，车水马龙，但民族之间的交往却是泾渭分明，体现出鲜明的多民族特征，具有浓郁的少数民族风情。街道和商铺的名称普遍用蒙藏汉三种语言标识（见图4-2、4-3）。

海西都兰县的新城区在县城的东北面，这里集中了主要的政府机构，

图4-2  都兰县蒙藏汉语言标识的街道名称

图4-3  都兰购物中心

如县委、县政府、法院等单位。因而在这一条街上，主要聚集了汉族，特别是从内地陕西、甘肃、河南、湖南、安徽、江浙等地来的汉族经营的各类商铺。商铺牌号及装饰设计与内地完全一样，经营的主要是餐饮、打字喷绘复印、家具店、麻将机店、文具店等，顾客群自然以汉族、回族为主。都兰县城最大的超市是"都兰购物中心"（见图4-3），商品琳琅满目，与内地并无两样。但县城南面的和平街却是另一番景象。这条街道是藏族最为集中的地方，少数民族的气息十分浓厚。虽然各类商铺也一应俱全，但具有鲜明的少数民族特征。首先，牛羊肉店铺多，摩托车修理店多，日杂商店里销售最多的也是与藏传佛教有关的商品，如各种佛像、佛龛、哈达、供水杯、香炉、念珠、佛珠、唐卡、供香、酥油灯等。显然这些商铺不如汉族商铺那么华丽、现代、整洁。此外，每个商铺都有最畅销的摩托车车载音响。海西草原广阔，山高路远，但人烟稀少，牧民的交通工具已由马匹改为摩托车。因此，摩托车装上响亮的音响设备在辽阔无边的草原上飞驰已成为都兰亮丽的风景，这在人口稠密的汉族聚居区则比较少见。人们在空旷的大山深处或寂静无比的旷野中希望用歌声驱散恐惧和寂寞。这里每个商店从早到晚不知厌倦地反复播放各种佛经，不绝于耳，没有内地的爱情主题流行乐曲。经营者和购买者自然是以信仰藏传佛教的藏族和蒙古族为主。这些商铺牌号均以藏语为主，辅之以汉语，装饰也比较陈旧简单，与县城北面汉族聚居的街道显然是两种风格。但这条街上的人口密度却是都兰县最大的，随处可见一簇簇的人群，有穿着藏袍，一手持转经筒，一手不停拨着念珠的藏族老人，也有很多穿着与汉族没什么两样的青年人。这条名叫"民族街"上的人们交流的语言自然是藏语，街道十分宽阔，两边摆放的最多的是台球桌。在这条长 500 米左右的街道两边约有 30 多个台球桌，人不分老幼都花几块钱打几场，台球桌边站满了围观者，扛着台球杆不停地转，欢呼声、说笑声此起彼伏，甚是热闹。台球也许是都兰藏族现在最流行、最时尚的新生事物，可以被看作当地社会变迁的标志性社会现象。藏族群众大多从大山里或草原上走出来，来到县城购物、办事、闲逛，最终都汇聚在这条街道，而汉族则很

少见。赛什堂村的支部书记 AK 说："我们经常在这里召集村民会议，讨论村里的事情，发放政府的惠农款项等，虽然村里也有固定的办公场所，但人们都不愿去，我们也就乘大家在县城办事的机会，凑在一起。"虽然这条街道没有他们居住的楼房，但却是他们日常最重要的活动区域，藏族牧民有事没事都聚集在这条街上，与县城其他街区形成鲜明的对比。

图 4-4　都兰县人民政府办公大楼

2011 年党的十七届六中全会召开以后，全国大力发展文化事业，海西地区也不例外。都兰县作为

图 4-5　都兰县文化广场

多民族聚居区，民族文化多元素特征最为明显。不同的民族风情在县城竞相绽放。都兰县新建的文化广场，每个周末都有当地各民族的文化节目上演。文化节目以青海的回族"花儿"居多，藏族歌舞则在县城西面上演。每天晚上，城东的花儿与城西的藏族歌舞同时上演，乐曲此起彼伏、连绵不断。异彩纷呈的民族文化在同一座小小的县城里激荡交融，热闹非凡。

近年来，国家大力支持农村发展，各个乡镇乃至有些村落（特别是有寺院的村落，围寺而居是藏民传统居住习惯）都有直通公交车，公交车多由当地汉族经营，政府给一定的油价补贴，但经营车辆的收入依然赶不上蒙藏牧民。

**个案**（公交车司机：男，汉族，姓赵，41 岁）：

我老家是青海省大通县的，1968 年来到热水。当年我二叔任热水公社书记，我来热水乡希望叔叔能安排工作。但你知道毛主席教育的那一代人特别清正廉洁，哪像现在有的官员给自己捞好处，我最终没安排，只能在这里落户种地。1985 年分队时，人家说我是外来户，草山及牲畜都不分，只给分耕地，现在种地没什么经济效益，我按每亩每年 150 元的价格承包给别人了。去年我花了 13 万元买了公交车开始"跑车"（经营车），每月收入 3000 多元，在这里算是收入比较低的。我们几台车轮流跑各个乡镇，我昨天去的是诺木洪乡，今天要去曲日岗寺（在都兰县热水乡赛什堂村）。这里藏民收入好得很，这几年肉价不断上涨，一只羊好点的能卖 1000 多元，比较勤快的藏民家里都有 2000 多只羊呢！汉族包产到户时没分到草场只能种庄稼。我们汉族和藏族也能很好地

图4-6　县城发往赛什堂村曲日岗寺的公交车

相处，没什么矛盾，我有很多藏族好朋友，他们都很仗义。我开车晚上到了曲日岗寺，就住在寺院里，和阿卡一起吃饭，我们很熟悉。但他们念经、磕长头啊什么的，和我们还是不一样，我们没有宗教信仰。但谁也不能说谁就不好。①

实际上，海西的汉族在当地不论是经济收入还是政治地位都处于相对弱势，因为民族地区的很多优惠政策是针对少数民族，而不是针对特定地区的。少数民族地区的汉族实际成为当地的"少数"，虽然也面对同样恶劣的自然环境、落后的经济社会发展，但并没有平等地享有这些优惠政策。同时，由于汉族没有蒙藏民族那样虔诚的宗教信仰，在经济社会发展中出现的问题使得汉族整体不具有道德优越感。因而与共同生活在都兰这片天地的蒙、藏少数民族相比，汉族的生存状况并不比少数民族好。居住在少数民族聚居区的汉族在当地显现不出什么优势，只是他们在国内发达地区尚有一定的社会关系，而且他们相信，就全国而言汉族依然占有很大优势，因而汉族学生读书学习普遍比较认真努力，希望通过高考改变工作和生活的境遇。

城镇的农贸市场是不同民族接触交往的重要平台，都兰县城察汗乌苏农贸市场是当地最大的农贸市场，由于县城的统一规划，农产品的交易都集中在这个农贸市场。经营者自然以回、汉民族为主，但消费群体则以蒙藏民

图4-7  海西都兰县县城察汗乌苏农贸市场

___

① 2012年8月5日，乘车去热水乡曲日岗寺调研资料。

族为主。由于畜牧业是都兰县的主导产业，因而蔬菜、瓜果特别是南方的水果、水产等都从千里之外的西宁运来。

长途贩菜的多是汉族、回族商人，从西宁进货，经过 428 千米的长途运输到达都兰，将蔬菜批发给当地的小商贩。这个市场里的民族食品自然主要是少数民族经营，如牛羊肉、民族小吃等。这个市场里不论什么民族，也不论是什么职业，通过农副产品等商品交易，相互接触成为必然。

**个案**（回族，女，38 岁，都兰县察汗乌苏集贸市场，卖酿皮）：
我是甘肃临夏的，来都兰做生意 3 年了，酿皮肯定我们回族的好，你是汉族，咱们都是一个口味。①

从她的言谈中，明显感受到普通民众普遍认为回汉民族关系较回藏、回蒙等民族关系要亲密，至少在招揽生意时也是一个说头，这种不同民族之间的亲近感在海西时刻都能感受得到。

当然，与内地相比，海西地区市场经济发展还很不充分，特别是当地蒙藏农牧民市场观念转变较慢。因此，大力发展市场经济是地方政府的重要工作任务。一方面通过营造良好的市场环境，制定特殊优惠的招商引资政策，筑巢引凤，繁荣地方经济，增加税收，实现"你发财，我发展"的目的；另一方面，通过引进外资（海西州外资金）、活跃市场，加强人员流动，开阔当地居民的视野，促进当地人观念转变。

**访谈 1**（海西都兰县热水乡由于地处青藏高原北部边缘，夏天温差很大，山顶积雪常年不化，笔者盛夏 8 月调研时，赛什堂村还下雪，去都兰县城购买防寒服，对在都兰经营服装生意的陕西夫妇进行了访谈）
时间：2012 年 8 月 12 日
报告人：LCS，男，42 岁，汉族，个体户（服装店，老板夫妇）
都兰县购物中心后面服装一条街，门头多用汉字，也有蒙藏文字附在一起的。店里销售的服装都是汉族平常穿的那种，经营者基本都

① 2012 年 8 月 25 日，在都兰县城察汗乌苏农贸市场调研资料。

是汉族。走进一家面积约有100平方米的店铺，老板很热情，操陕西口音。

Q：你们俩来自哪里？

A：西安。

Q：来几年了？

A：10年了。

Q：当年怎么想到来这里？

A：朋友带过来的。

Q：那你们孩子呢？

A：全在老家，老人带。

Q：生意怎么样？

A：比内地好。这里蒙民、藏民都很好，他们也有钱，我们生意还比较好做。但冬天我们就回去了

Q：这里官员对你们怎么样？

A：很好。很支持我们。县工商局经常组织我们开展集体活动，明天又要去草原上唱歌、聚餐，各民族的人都有，很热闹。

改革开放以来，都兰的市场经济发展很快，转变观念最快的自然是汉族，因此他们抓住了机会，赚得"第一桶金"。都兰县城规模较大的酒店、宾馆、运输公司、各类修理厂等多由汉族经营，而且以陕甘两省移民为主。都兰县城109国道旁边的某宾馆就是30年前由甘肃迁来的汉族老板经营。实际上，海西各市县做生意的90%以上都是内地汉族。

**访谈2**（笔者在都兰住宿时，对宾馆老板进行了访谈）

时间：2012年7月23日

报告人：都兰县兴都宾馆总经理，男，51岁，汉族，原籍甘肃省景泰县，身高1.8米左右，皮肤粗糙、略显黝黑，但目光炯炯有神，一脸的淡定、儒雅，衣着也十分考究。

Q：您是从哪里来的？来都兰几年了？

A：我是甘肃景泰的，来都兰30多年了。

Q：宾馆生意怎么样？

A：还不错。

Q：当初为什么来都兰？

A：为了生活啊！

Q：你在这里过得怎么样？这里少数民族对你怎么样？

A：这里的人都不错，普遍比较单纯、朴实，也比较落后，但不欺客（不歧视外地来人），比我们老家甘肃那些人好多了。我老家景泰那时候很穷啊，可以说是穷山恶水。

Q：您再回去过景泰吗？

A：老家景泰多少年都没回去了，但兰州常去，印象不好，污染、拥挤，发展得也不行。

Q：你觉得都兰发展得怎么样？

A：这里的人观念落后，思想保守，商业意识不强。但海西矿产资源很多，这里人都是端着金饭碗讨饭，这些丰富的资源并没有给当地政府和老百姓带来什么实惠，开矿的都是江浙老板，钱都流进少数南方人手里了。

图4-8　汉族人在都兰县经营的宾馆

言谈中能感受到他作为一个汉族移民在海西这个少数民族聚居区生活得很好，他不断贬低甘肃老家，甚至蔑视内地的汉族。几十年过去了，离开家乡时曾经的固定印象成为挥之不去的历史记忆。实际上改革开放以来，祖国大地处处生机勃勃，经济社会发生了翻天覆地的变化，内地与边疆民族地区一样都取得了辉煌的成就，只是生活在少数民族地区的汉族感受不到故乡的进步，对故乡的固定印象仍是改革开放前的样子。但从这位汉族移民身上我们感受到了当地汉族比较认可少数民族，不觉得他们有什么不好，反映出当地民族关系比较和谐的基本态势。

在海西多民族聚居区，普通民众之间交往时，一般十分重视对方的民族身份和宗教信仰，不违反对方的宗教及生活禁忌。特别是汉族总是小心翼翼地处理日常交往中与宗教信仰有关的事情。因为对于像海西都兰县热水乡这样宗教意识浓厚的蒙藏民族而言，宗教文化已经大规模渗入到人们日常生活的方方面面，逐渐影响和改变了人们的性情和思想，宗教甚至塑造了人们生活的全部。赛什堂村的藏族牧民CRRQ，建房时从房顶不慎摔下，腿部骨折，至今走路一瘸一拐，家里也很穷，但他每月都要花钱请阿卡来家里或他本人去寺院念经，保佑平安。笔者一周内曾两次看到他将从60里地外的都兰县城买来的营养快线（一种饮料）和塑料包装的鸡腿送给了阿卡，而当地的汉族一般不会这样做。因此，不同的宗教信仰实际是不同民族之间最大的差异，也是交往的障碍，是一道"看不见的墙"。但总体而言，在今天我国经济快速发展，商业化主导的现代文明向社会生活不同层面不断渗透扩张的过程中，追求现世的财富和权力已经成为时代的风尚，人们很少能顾恋灵魂和精神的需要，宗教的劝善功能使具有宗教信仰的人往往在日常交往中具有一定的道德优越感。因此，这种"各美其美、美人之美、美美与共"的文化氛围是海西地区总体上具有相对经济优势的汉族与精神世界比较充实的少数民族能够相互尊重、平等相处的重要原因。

此外，公共场合中的民族交往边界十分清晰。由于迥异的外貌、服饰、语言、装扮、饮食、行为举止甚至在宗教信仰、文化教育、审美意识等鲜明的差异，使民族之间的交往表现出明显的以民族划界的特色，民族相同的利益无关者之间也会自然产生一种亲近感，而对异民族流露出种种排斥情绪。也就是说，海西地区蒙藏汉民族在日常的公共场合交往中，文化中心主义十分明显。文化中心主义是指以本民族的文化价值观来衡量人类所有民族文化的一种倾向，它往往表现出民族优越感。

**个案**（青藏铁路火车上，不同民族之间的交往）：

2010年2月2日15时21分，北京发往拉萨的T27次列车，经停兰州后，继续西行。

火车上的人很多，乱哄哄的一片，因为都是路人，车厢里相互交谈的人很少。我对面坐着一位汉族人，看起来很谨慎，我们之间也没有任何交谈。车到西宁站时，一群穿着绛红色藏袍的藏民从窗外站台上匆匆而过，他们乘火车去拉萨。车厢里原本一句话也没有的汉族这时都不约而同亲近起来，不断唏嘘着，脸上不由得流露出自我优越感，担心这群藏族人上来了坐在自己旁边的空座位上不方便。于是有些人很快调换着坐在一起，腾出对面的座位让他们坐一起。不一会儿，这群藏人上车了，男女老少都有，背着沉重的行李，行李多是蛇皮袋子，没有一个带旅行箱的。这时恰好一名中年男子持票来到我们这一排，他找到座位后，将一个沉甸甸的、很脏的蛇皮袋很吃力地放在头顶上的行李架上，我们在座的汉族没有一个人给他帮忙。因为大家看他黝黑的脸和头上戴的蓝底花边的高帽子就发怵，因为那个右侧粘着一根鸡毛的独特高帽就像老山里百年修炼的道长带的那种。他的衣裤虽不算整洁，但式样与我们没什么差别。他坐在我们对面，没有一个人向他打招呼。原来车上不说话的汉族人，此时，仿佛早就是自家人了，不停地窃窃私语。对面的藏族人坐定后，立即从口袋里掏出一本小书默默地读起来，书全部是藏文的，封面上印着一尊盘腿打坐的佛祖。他一会儿念念有词，一会儿还合起来背一背，煞有介事的样子。我们都不知道他读的什么，十分神秘而又认真。年轻人容易沟通这是普遍真理，对各民族都是适用的，正当我们都正襟危坐时，在我们后几排的一个藏族学生已经和一个汉族年轻人热烈地聊起来了，他们好像很随意，并没什么隔阂。这个藏族学生十分机灵，幽默地一一回答汉族人提出的挑逗性问题，大家都感到十分轻松有趣，都开始喜欢这个藏族大学生，仿佛他也是我们中的一员。这个学生的脸不是特别的黝黑，穿着藏袍，十分华丽，几个汉族小伙兴高采烈地试穿、拍照，满车厢顿时显出了难得的欢声笑语。人人个个来了精神，长途的劳累好像都不见了。

我旁边坐着西宁上车的一个女学生，汉族，父母都在西藏山南上班，她在西藏山南职业技术学院上学。不像对面的藏族成年人一言不发，专心读书，这位故乡在西宁，但长期生活在西藏的学生饶有兴趣地给我们讲她在西藏遇到的不同民族之间的各种逸闻趣事。她说："我是班里唯一的汉族，在学校成了真正的少数，学校对我十分照顾。其中，有一件抱憾终生的事，那就是 2008 年奥运火炬传递，我已经被选为火炬手了，那是多么幸运。我要出彩了，要上电视了，奥运火炬是民族复兴象征，我给所有同学、亲朋好友都打电话，但是最终却泡汤了，因为火炬在山南地区的传递计划取消了。"

通过这个案例可见，在多民族地区，人们比较严格地按照民族身份确定亲疏关系和自己的态度，人们很难超越自己的民族属性去平等地对待"他者"，文化中心主义本是一种自然的态度。因此，我们不仅要创造条件加强民族之间的交流、接触，在互相发现中增进了解，消除文化差异带来的隔阂，这样和谐民族关系才能实现。文化相对论认为，若要判断或者解释他人行为的优劣善恶，必须按照他们自己的文化传统标准来衡量，切不可戴上研究本民族文化的有色眼镜去看问题。因此，要深刻理解不同的民族社会文化现象，构建和谐民族关系就必须打破民族中心主义，反对大汉族主义和地方民族主义，树立文化相对论的观念，从而推动不同民族文化平等对话，交流融合，推动人类文明事业不断向前发展。

### 三、节庆场域中的民族交往

日常生产生活中不同民族之间的交往格局一般是固定的，亲疏关系经由各种机缘基本确定下来，并在家族中代代相传。实际上，人们的生活总是丰富多彩的，如不同民族的节日、红白喜事的仪式充满了民族和地域特色，这些节庆活动也是各民族交往的重要场域。每年 8 月份，海西蒙古族都举行盛大的那达慕活动，远近乡邻不分民族竞相参与。

都兰县热水乡赛什堂村虽然是以藏族为主的村落，但每年 8 月也举行类似那达慕的活动。都兰县地处青藏高原北麓，地势东高西低，因此，这里的河流大多自东向西流，赛什堂村的夏季牧场就坐落于一条河谷两岸较为平坦的滩上，藏民的帐房沿河谷一字排开。靠近山脚地势较高的部分就是这里著名的曲日岗寺。每年 8 月这个村蒙藏民族的那达慕就在这里举行，除群众体育比赛项目之外，其性质也与汉族地区的物资交流大会相似。下面是笔者 2012 年 8 月在赛什堂村进行田野调查时参加的活动。

8月23日，这一天是这个村一年中最热闹的时候，平日里人们都在遥远的草山（当地人称为"黑山"）上放牧，但这一天人们都聚集于此，仿佛平地里冒出那么多人一般。

约上午10点，全村男女老少都穿着崭新的民族服装，浓妆艳抹、喜气洋洋地来到曲日岗寺下面的草滩上，顿时汽车声、摩托车、马的嘶鸣声、人们的欢笑声语汇聚在这条河谷，人山人海。

草原虽然辽阔无边，但家家户户的草场却有严格边界。随着人口的增长，草场成为稀缺资源，草场的多少及草场的质量直接与载畜量即牧民经济的收入直接关联。20世纪80年代，这里的草场和耕地也实行家庭联产承包责任制，牧民有了经济自主权，独立经营草场，但牧民实际上处于更加封闭单一的自然经济状态。人们之间的交往缺少计划体制时代集体劳动的交流机会，独立的生产经营模式使不同的民族之间基本没有什么交流。

图4-9　赛什堂村藏民的帐房

图4-10　比赛

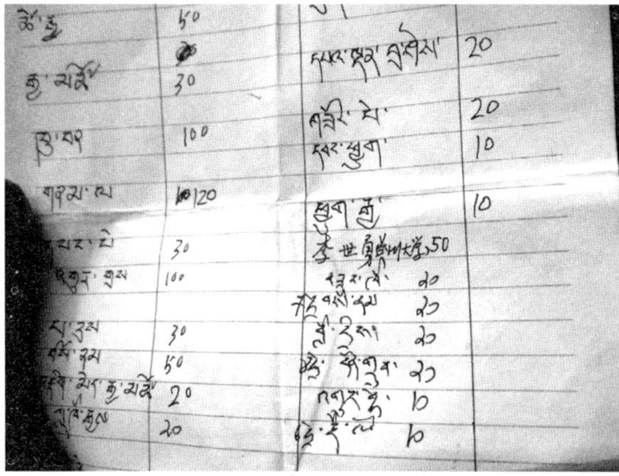

那达慕大会将分散在遥远的草原和农田上的农牧民聚拢在一起，这是当地远近百里的乡邻聚会的重要方式，也是信息、物资、情感等交流的重要场域。活动由村民自发组织，各家各户自愿交一定的份子钱（图4-11），用来给活动优胜者发奖。

图4-11　村民自愿交纳份子钱账单

比赛项目主要有赛马、拔河、下棋、抱土袋子等，但这些项目都是男子参与，女子则呐喊助威。比赛开始先是赛马，村里20多匹装扮华丽的马整齐地排成一列，马鞍、马镫、缰绳等都十分考究。只听一声号令，一马当先、万马奔腾向前冲去，马蹄声、马铃铛声响作一片。

这些活动自然以蒙古族和藏族为主，但当地的汉族也普遍参与，汉族的外貌特征、衣着打扮与少数民族不同。其中，有一个在赛什堂村居住30多年的河南农民，在人群中一眼就可辨认出是汉族，笔者对他进行了采访。

**访谈3**

时间：2012年8月23日

报告人：村民组织的那达慕大会上的汉族

Q：您是哪里人？

A：就是这个村的，但我老家在河南邓州。

Q：那您来这里多长时间了？

A：30多年了。

Q：当年为什么来这个地方？

A：为了生活啊！

Q：现在过得怎么样？

　　A：凑合着过吧！我原来是个木匠，走村串户做木工活，现在老了，现在没人叫我做家具了，现在人们都到都兰县家具店购买了。我一辈子没结过婚，现在种一点地，主要靠捡破烂度日。

　　Q：那你为啥不回老家？现在内地发展得很好！

　　A：我回去过，老家的确发展快，但这么多年我在这里已经习惯了，这里人比较熟悉，回不回去再说吧。

　　Q：那这里的少数民族对你好吗？

　　A：挺好的啊！我没感觉民族之间有什么不好的，这里民风淳朴，蒙藏民族老百姓都很忠厚老实。

　　他在这个人流如织的盛大活动中和当地的蒙藏民族一起分享着节日的欢乐，民族身份的差异在这个场景中并没有带给人们什么不便，反而人越多越热闹，各个民族都喜欢大型活动中人气旺一些。实际上，人们总是喜欢生活在自己所熟悉的自然与人文环境中。长期生活在内地的汉族，通过新闻媒体和文学作品的传播，对少数民族地区往往形成一种特定的思维和刻板印象，总有一种希望汉族能返回内地生活的"良好愿望"。认为生活在少数民族地区的汉族是不幸福、不安全，是万不得已的临时性选择。其实，很多生活在边疆少数民族地区的汉族并没有回到内地的意向。笔者对很多来自新疆、青海、西藏的汉族青年大学生进行调查，当问及他们毕业选择就业地域时，希望留在内地发展的愿望远没有从未去过边疆地区的学生那么强烈，他们会认为自己生长的地方就是自己的故乡，民族地区风光好，物产丰富，社会关系也比较多。

　　至于蒙藏民族之间则显得更加亲密，普遍热衷于参加这种集体活动。年轻一代的蒙藏青年在这种场合很少考虑民族身份，对赛马、下棋等活动中才艺高超的人普遍表现出赞赏之情。因此，年轻人在这个节庆中相互嬉戏尤为热闹。交往是人的基本需求，是人类存在和发展的基本方式，赛什堂村的这项活动为人们之间的交流提供了机会。恰如汉族的春节，人们都要回老家团圆，一年中奔波在外的人回乡聚会，互通信息、交流情感。赛什堂村这项活动同时也为不同族群提供了交流的空间和时间。回族贩羊的商户，借此机会在这里可以做买卖，免去亲自跑到分散在百里之外的草山寻找牧户；相亲的借此机会与对方见面……

蒙藏汉回等民族通过节庆交往，增进了了解，建立了关系，交往更加密切。当然，民族之间由于文化的差异在交往中避免不了出现因不了解民族风俗和禁忌的事情，但这很少会形成不愉快的交往经历，反而成为人们日常生活中的笑料和谈资。

除每年举行这样的盛大节庆活动之外，还有其他节庆活动，比如婚丧嫁娶的典礼仪式，不分民族都会参加。婚礼是喜庆的事情，乡邻及亲朋好友不分民族都会前去祝贺随礼，主家会回请他们吃饭，蒙藏汉民族交往则显得更为密切。总体而言，这种日常生活中的节庆活动增加了交往机会，促进了蒙藏汉民族关系的融合与发展。

## 第三节 本章小结

当然，当代海西现实生活中的蒙藏汉民族关系的具体表现是多方面的，很多学者借用很多理论与方法进行了广泛的研究，取得了丰富的成果，比如分析居住格局的"分离指数"①，民族杂居异质性测度公式等。但海西民族关系中上述三个方面比较突出，因此，本书就此展开了探讨。

实际上，日常生活中人们交往对象的选择与职业和生活需求直接相关，民族身份的考虑则居其次。笔者在都兰县、德令哈市机关单位进行的问卷调查及走访中，发现多民族聚居区民族间交往的主要影响因素有宗教信仰、风俗习惯、教育水平、思想观念、经济利益和政治权利、相互不理解、彼此不尊重等，其中宗教信仰和风俗习惯的差异是影响民族间交往的最主要因素。此外，教育水平差异和思想观念不同也是影响族际交往的重要因素。另外，各民族对于接受现代教育和保持民族传统都是极为重视的，其中藏族、土族和回族对于保持宗教信仰也认为值得重视。

总之，随着社会生产力的不断发展和社会分工的日益细化，海西各民

---

① 分离指数（Index of Dissimilarity）：是社会学家用来计算一个人口的整体结构与其内部各部分结构之间差异的量化指标。美国学者在研究有关种族、族群关系问题时常以此来分析居住方面族群隔离的程度。其数值从 0 到 1，数值越大，说明在区域单元需要进行迁移调整的人数就越多，亦即表示民族隔离的程度越高。

族之间的交往日益密切，这一点是毋庸置疑的。这种在快速的现代化过程中扩大的民族交往，对不同的民族产生了不同的影响。汉族自然在这种交往过程中获得了经济利益，丰富了精神文化生活，对我国多元民族文化有了切身感受，有利于文化大发展、大繁荣。但最大的受益者应是当地的少数民族，我们明显地感受到经济快速发展和汉族的迁入使海西少数民族经济、文化及生计方式等发生了巨大的变迁。在现代性不断增加的过程中，少数民族自身的发展能力得到了提高。这从蒙藏民族的宗教意识及商业意识的变化可见一斑。这种民族地区的开放与市场化的发展将少数民族从单一的宗教思想束缚中不断解放出来，人们对宗教的理解不断融入了现代元素，这有助于民族关系的融合发展。

# 第 五 章

# 海西蒙藏汉民族关系的影响因素分析

> 一个情景的真相并不能在日常的观察中看到，而是要在一种有耐心的、一步一步慢慢来的蒸馏过程中去寻找。
>
> ——[法] 列维·斯特劳斯

当今世界处于民族国家时代，主权国家作为国际政治最重要的行为主体，对一个国家内部具有至高无上的权力。二战以后的民族主义浪潮打破了原有的世界殖民体系，也使发轫于欧洲的民族国家成为世界各个民族的理想追求目标，同时也使今天以民族为基础构建的国家具有了一定的合法性基础。直至今日，世界民族主义运动仍然潮流涌动，对世界和平稳定产生重要影响。但当今世界上绝大多数国家依然是多民族国家。民族关系成为影响国内乃至地区稳定的重要变量。由于国际格局的变动以及不同国家国际战略的需要，民族往往成为世界大国博弈中的重要筹码。因而当今世界不同国家内部的民族关系普遍受到国内外多层次、多方位的影响，并深深打上了时代的烙印。

国内外学者对民族关系影响因素的研究成果汗牛充栋。可以说当人们注意到民族这个社会现象的同时，对民族关系影响因素的研究就已经开始了。古今中外学者从政治学、经济学、社会学、人类学、法学、传播学、心理学甚至哲学等多个学科领域对民族关系的影响因素进行了大量的分析研究。一般都认为民族关系一方面具有一定的历史继承性，另一方面又是不同时代依据不同的需要不断被构建的。汪春燕在《城市化进程中的西北民族关系》一书中认为:"民族关系作为一种社会关系,受多方面因素的影响,包括历史环境和条件的沉积、现实环境和条件的作用、历史积弊与现实问题的耦合、人际交往关系的差序格局等。"① 笔者认为影响民族关系的主要因素是民族差异的存在,特别是民族利益的分野。"物以群分,人以类聚",正是由于不同民族之间诸多方面的差异才使得不同民族的特征更加凸显,导致民族分歧和矛盾层出不穷。因此,不断构建基于各个民族的共同性,实现国族(国家民族)基础的民族整合是解决民族问题的根本途径,但这条路漫漫。因此,必须清楚我们主张的民族融合其本质不是民族同化,正如1923年李大钊指出的"今后中国的汉、满、蒙、回、藏五大民族,不能把其他四族做哪一族的隶属"②,而是基于民族文化平等多元基础上的同质性的增加,其中构建共同的经济生活是关键环节。

　　青海海西地区的民族关系由于受地理环境以及经济、政治、文化、历史、民族结构等因素的影响而具有一定的独特性。因此,本书从经济、政治、文化、宗教、社会结构等方面的民族差异对海西民族关系影响因素进行分析。

## 第一节　生计方式的差异

　　差异和矛盾是人类社会最普遍的现象。不同的自然地理环境而产生的不同的生计方式是产生民族差异的根本原因。人类生存环境的多样化,从本质上规约了各民族的生计方式很难整齐划一。形形色色的生计方式表明人类对不同资源的不同层次、不同程度的利用。因而,不同的自然环境最终演化成不同的人文景观。马克思主义哲学"物质决定意识"的原理很好地解释了人们面对什么样的自然环境就会形成什么样的文化,意识的反作用则体现在既定文化又不断地塑造和强化着民族之间的差异,导致自我与他者界限分明,从而对民族关系产生深刻影响。

---

① 汪春燕:《城市化进程中的西北民族关系》,中国社会科学出版社2012年版,第216页。
② 中共中央统战部:《民族问题文献汇编》,中共中央党校出版社1991年版,第55页。

### 一、海西蒙古族的日常生活

地处青藏高原东北边缘地带的海西，其自然环境对长期生活在这里人们的体型、肤色、外貌等产生了一定影响，也影响着人的生理状况，进而塑造了人的心理、精神及性格。同样生活在海西这片土地上的蒙藏汉民族之间的文化差异，可以说与不同民族的文化传统及迁居青藏高原的时间长短有一

图5-1　乌图美仁乡草原上蒙古族牧民的羊群

定的关联。通过前述海西民族关系的历史记忆，当代蒙藏汉不同民族迁居海西的时间顺序总体上是藏族最早，其次是蒙古族，最后是汉族。因而不同民族对当地自然环境的生理适应也不尽相同。高寒的青藏高原对人的生存是一种挑战，艰难的生活造就了藏民族对所处环境小心翼翼、谨慎从事的性格，对自然更多地体现出顺从、敬畏而少挑战的勇气。[①]"藏族传统的宗教文化流行于青藏，非为偶然，而为藏民自然环境之反映。藏民于穷山恶水之地理上所建树之困苦畏惧为苯教存在之主要原因。……草原游牧民族，时南时北，迁移无定，则食物不足，不宜之故也。……日与此困苦饥寒之自然环境奋斗，攻之不胜，取之不获，遂思自然之中必有鬼与神为主宰者。"[②]自然环境决定了藏族至今仍具有虔诚的宗教信仰，而长期生活在黄河流域的汉族则由于土地肥沃、自然条件较好，形成的人与自然关系及人们的世界观与青藏高原的藏族差异明显。由此，不同的文化便自然而然产生。文化本身就是一种对环境适应的结果，文化首先是人类适应自然生态环境的产物，正是通过对适应

---

① 南文渊：《藏族传统文化与青藏高原环境保护和社会发展》，中国藏学出版社2008年版，第34页。
② 马长寿：《苯教源流》，《藏事论文集》，西藏人民出版社1985年版，第146页。

种类的不断修正，文化才得以进化发展。①

在海西辽阔的土地上，自然条件恶劣，在绿洲或沙漠边缘的草原或资源型城市地带等不同地域生活着不同的民族，不同民族之间迥异的日常生产生活形成了差异巨大的民族文化。笔者以 2011 年 2 月在海西的田野调查为例，说明不同民族之间生计方式的差异。

**个案：**格尔木市乌图美仁乡那棱格勒村蒙古族牧民的日常生产生活

格尔木的蒙古族人口数量很少，全市包括公务员在内常住人口不过 2000 人，乌图美仁乡有 90 余户，其中，那棱格勒村有 45 户，常住人口 98 人。从西宁市向西 782 千米到达格尔木市，再向西北 280 千米即到乌图美仁乡政府驻地，然后继续西行 180 千米即到达坐落在辽阔草原上的蒙古族村落——那棱格勒村。

那棱格勒村与沙漠相连，沙丘绵延不绝，宽阔的公路两边是一簇簇发黄的芦苇草。大风沙是一年四季最常见的景观，沙漠戈壁不断侵蚀着草场。此外，野牛、黄羊、野驴等野生动物悠闲地在荒野吃草。公路的尽头是茫茫的草原，广阔无垠，天地相连，这里人烟稀少，看不到树木、庄稼，看不到高楼大厦，也看不到村庄和院落。远远眺望，一个个羊群远在天边，星星点点，不断晃动。草原上没有公路，也看不到一丝现代气息，一个人整天跟在牛羊后面，见不到其他一个人影，对于长期生活在城市里的汉族而言，有一种被世界抛弃之感。冬天的草长得并不高，约 60 厘米，一簇簇在寒风中摇曳。草原是蒙古族牧民生存的根本，蒙古族的草原生态环境意识是农耕汉族所不及的，对草原的热爱体现在生活的方方面面，如民族风俗习惯、文学艺术、生活禁忌、宗教仪式等等，居住样式也反映了保护环境的特点。

蒙古包是蒙古族最具民族特色的居住样式，建造和搬迁都很方便。在草原上搭建蒙古包不会像汉族建房那样大兴土木，连地上的草皮也不用铲除，蒙古包内的地面上也是草，不会有地板砖之类。等蒙古包

---

① ［美］普洛格（Plog, F.）、贝茨（Bates, G.）：《文化演进与人类行为》，吴爱明、邓勇译，辽宁人民出版社 1988 年版，第 27 页。

搬迁后，这里依然是完整无缺的草场，不会像内地汉族那样需要生产大量的水泥和砖瓦。这种渗透在日常生活中的草原保护意识十分令人震撼。初次生活在漫无边际的草原蒙古包里总给人一种生活在野外的感觉，仿佛蒙古包是暂时的住所，总有一个温馨的、安全的、稳固的家在等着我们。可是当地的蒙古族没有这种感觉，蒙古包就是真实的家。

牧民PX，蒙古族，56岁，会讲汉语普通话，在计划体制时代，他是生产队的会计，改革开放后，成为乌图美仁乡信用社的正式员工，2005年办理提前离休手续，回家放牧。家里共有7口人，母亲76岁，住在格尔木市原单位集资的楼房里。两个儿子都是青海民族大学毕业，但都没找到工作。大儿子在格尔木市开出租车，已经结婚生子，媳妇也是蒙古族，也毕业于青海民族大学，2009年报考格尔木的公务员，但没被录取，今年又要考德令哈市的公务员。小儿子大学毕业在内蒙古呼和浩特市做生意。PX家有4000余亩草场，80年代初包产到户时分的。家里有600多只羊、60多头牛、5峰骆驼、3匹马，分别在自家草场不同区域放牧。他的家就是一个蒙古包，家里没有像汉族那样积攒很多粮食以及摆放整齐的劳动工具，全部家底就是正在草原上吃草的牲畜。和汉族不同，蒙古族的家没有院落围墙之类，也看不到厕所。蒙古包东侧是一个栅栏围起来的长、宽分别约有200米的羊圈，栅栏门足有3米高，2米宽，门顶安装一个木制风轮，迎着草原朔风不停旋转，仿佛古时的蒙兵大营。羊圈里的羊粪足有1米厚。家里看不到汉族家家户户都有的铁锹、镢头、镰刀、架子车之类的农耕劳动工具。蒙古人不种蔬菜，也没有果树，有的只是牛羊牲畜，这和汉族自给自足的小农经济完全不同。

蒙古包的门朝正南开，推开高约1.6米的蒙古包红漆木质双扇门，跨过20厘米高的门槛，进得蒙古包，圆圆的蒙古包里面十分宽敞。蒙古包内饰还算豪华，墙面东西两侧挂着数张"成吉思汗八匹马"的布质图画（如图5-2），北面靠墙正中悬挂着伟人成吉思汗的丝质画像（如图5-3），画像的一个角落挂着三寸见方的佛像，这与藏族家里摆放着各种装帧讲究大气的佛像很不相同。

图 5–2　"成吉思汗八匹马"的布质图画

图 5–3　蒙古包里的成吉思汗
丝质画像

　　圆圆的蒙古包，地面直径约七八米，包内东西两侧各有一张床，现代化的设施就是一台电视机、手机和太阳能蓄电板（草原上人们居住分散，尚未通电）。蒙古包的正中央是一架生铁火炉，用来取暖和做饭，火炉的铁烟囱直直地伸出包顶，形成袅袅炊烟。包外堆放着牛粪，但现在乌图美仁乡一带的牧民普遍烧煤，从格尔木市买来，1 吨连同运费 720 元。男主人 PX 告诉笔者，他属羊，18 岁在生产队当会计，后来在信用社工作，2003 年和领导商量办理了提前退休手续，回家放羊，现在放牧经济效益比较好。他目光炯炯有神，总是骑着一匹白马，来来回回地跑着。一年四季每天的活动内容基本相同。不像汉族那样，寒来暑往，春生夏长秋收冬藏。挡羊回来后，匆匆忙忙跳下马跨进蒙古包，先洗手，然后坐在茶几旁的小凳上吃羊肉，喝酥油茶。羊肉是早就煮熟的，吃的时候端来，从口袋掏出一把小刀，左手持肉，右手用刀由外向里轻轻切下一片吃掉，很方便，就像西方人用刀叉、汉人用筷子一样娴熟。吃完后，又骑着白马去赶羊了，不一会儿，就只能看见 PX 的身影在遥远的天边晃动。

　　冬天，牧民一般早上 6 点半左右就把羊赶出去，然后骑马回来很快做一些早餐。多数时间吃烙饼，喝奶茶，内地的水果、蔬菜很少，自然十分珍贵。早餐后又骑马跑出去照看羊群，然后回来再吃点肉，喝点奶茶，再出去，再回来，如此往复，每天像这样来回奔波十几趟。

图5-4　蒙古族在冬季草场放牧

因为600多只羊，分为三群，要轮流照看，羊在见不到主人时，一般会向蒙古包的方向跑回来，有时候还会钻过铁丝网偷吃别家的草，容易引起纠纷。晚上羊赶回家后还要给小羊羔喂奶、打针。冬天是羊羔出生最多的时候，一群小羊羔需要照顾。因此，牧民忙得不亦乐乎。

一切安顿停当后已经晚上12点，这时才开始做一天中最重要的一顿饭——正餐（真正的晚饭）。这种生活习惯与汉族日出而作，日落而息，一日三餐，春播秋收四季明确分工完全不同。羊必须天天放出去吃草，只要羊出去，人就得跟上看。所以，牧民实际被禁锢在草原上，而且几千年来的畜牧业无法实现机械化、现代化，劳动生产率也无法提高。这种传统的生计方式在海西十分普遍，因此，基于这种生产方式的传统文化很难实现现代化变迁。市场经济和工业化这种新的生产方式依然看不到对人们生活的改变。

冬天的草原之夜没有一点亮光，辽阔无边的草原漆黑一团，风呼呼地刮过，令人不寒而栗。

由于草原辽阔无边，人烟稀少，当一个人骑着马孤零零跟在一群羊后面时，难免感到孤独寂寞。因此，在草原上放开歌喉，唱几支悠扬或缠绵的歌曲以打发时间是再正常不过的事情，草原放歌不会干扰别人，不会引起别人的围观。这就是草原上的马背民族人人都有美丽

图5-5　蒙古包里的内饰图像

歌喉的原因。男主人PX年近花甲，会用蒙古语唱很多的歌曲，还有蒙古族传统的祝酒词等民间传统艺术形式，甚至有一些蒙古族被称为非物质文化遗产的艺术形式，只保留在较年长的蒙古族牧民中。这些歌曲以歌颂草原母亲或大自然为主题，歌声婉转、悠扬动听，意蕴深长，给人以贴近自然、天人合一之感。现在蒙古人年轻一代已经很少会唱，据说在申请非物质文化遗产。

由于生计方式的差异，导致不同人群对日常生活中常见的事情有很多不同的感受。乌图美仁乡的蒙古族牧民对于牛羊的依赖也反映在他们的生活中，这和汉族对牛羊等牲畜的态度有很大差异。如PX家蒙古包的内饰有牲畜的图片（如图5-5），表达人们对这些赖以生存对象的喜爱，汉族家里则十分少见。同时蒙古族牧民宰羊的方式也与汉族差异明显，其庖丁解牛式的效率和精准程度是农耕文明的汉族所不具备的。以下是笔者在PX家看到的宰羊过程：

农历腊月28日，再有两天就要过年了。早上，主人PX说没肉吃了，要杀一只羊，边说边进了羊圈。羊圈很小，200多只羊挤在一起，很密集。只见他轮着一根绳子，要套一只大肥羊，这只羊几天前他就确定要宰了。他将那根一端有一个一尺见方圈子的绳子，边跑边在自己头顶上轮着，突然猛地甩出去，要套在那只羊的犄角上，但羊逃跑了。PX这样反复三次，就把那只大肥羊套住了，随后，逮住它的犄角从羊圈拉出来，放在早先铺好的一张黄色的老帆布上，随即用绳子绑住羊的嘴巴，绑得很快，很结实。前几天KX给我讲过，装骆驼时绑绳子很多种绑法，他们经常搬家，骆驼上绑东西要绑结实，所以用绳子绑东西有很多花样。接着 PX 从口袋里掏出那把他用来吃肉的电工折叠刀，要杀羊了。他让我帮忙压住羊的一条后退，他一只脚踩住羊的一条前腿，将羊平仰放在和羊一样长、60 厘米宽的老帆布上，只见他用小刀将羊胸部顺着拉开一条 10 厘米左右的口子，羊肉随即翻开来，只见白白的羊油。接着，PX 将右手从羊身上的这个口子塞进羊的胸部，使劲向后一拉，估计是将羊的动脉血管撕断了，只见羊拼命地摇头晃脑，一会儿便不动了。这时候，PX 再用小刀在那道口子上横着割了一下，以这里为起点开始向四周扩展剥羊皮，只听见哧哧的声音，不一会儿羊腹部的皮已经剥完，羊肚子全部变白了，随后将胸部的口子再用刀子割得大一点，将一个小铝盆塞进去把滞留在胸腔的羊血舀出来，倒在狗食盆里。一会儿半脸盆的血，一只大狗、一只小狗舔着没喝完就走开了。接着只见 PX 用小刀十分娴熟地顺着骨头关节将羊小腿卸下，再翻个滚，羊皮就全部剥完了。他的宰羊术干净利索，令我大开眼界。我老家甘肃庆阳，人们杀羊是采用杀猪的方法，数人将羊按倒在案子上，然后用刀捅进去放血，羊还活着的时候就把头硬割下来，PX 老人不这样。他说你看我们杀羊怎么样？我心里一惊，很血腥啊！随后，PX 将羊肉迅速分割成四大块，杀羊就结束了。PX 只用一把长约 10 厘米的小电工刀，没有斧子、砍刀之类的器械，一只羊就杀完了。然后将热气腾腾的羊肉挂在后面那间储藏室的房梁上，等着水分干了过年吃。①

　　草原畜牧业与汉族农耕是完全不同的生产方式，由此形成草原畜牧文化和农耕文化，民族差异由此产生。上述生计方式的差异造成的民族之间的差异是一种自然现象，不同的生计方式是当地自然环境和历史传统造成的，其本身并无优劣之分。相比之下，不同的经济政策这种更多的主观因素对民族关系造成的影响则更为直接。

---

① 2010 年 1 月 10 日至 2 月 19 日，笔者在海西格尔木市乌图美仁乡那棱格勒村田野调查资料。

## 二、海西藏族的日常生活

与蒙古族不同，在海西藏族的日常生活中，宗教扮演着举足轻重的角色，甚至可以认为，藏族的生活本身就是一种宗教生活，他们的日常生活中处处充满着宗教气息。如果说汉族人的生活是按照传统的入世观念，看重当下的物质生活的话，那么藏族人的生活更多地倾向于过一种满足精神的文化生活，人的一生是为死亡和来世做准备。这种不同民族之间差异巨大的生活方式和生活态度反映着自然环境对人的塑造作用。可见，地理环境对人类文明生成和发展的影响是多么深刻。赫德尔在《人类历史哲学的观念》一书中指出，不但是人的生存、思想行为，以至人类的整个历史都依赖于地理环境。"历史（即文化）是延绵的地理，而地理是静止的历史。(Eine fortlaufende Geographie, Eine Stillstehende Geschichte)。"因此，人类的文明实质是对自然环境的一种适应性回应。藏族人的生活显然也是对青藏高原特殊的地理环境适应的产物，而汉族和蒙古族历史发展中没有这样的自然地理环境。因此，民族文化传统和生活方式的差异由此产生。笔者以2011年7月在海西热水乡赛什堂村的田野调查为基础，对藏族日常生活进行描述，以反映与蒙、汉民族之间的差异。

**个案**（姓名：CR，藏族，牧民，赛什堂村位于柴达木盆地的东南边缘、青藏高原北麓，海拔3700米）：

我今年48岁，有两个儿子，他们都结婚了，各有一个孩子，老大生个儿子，今年4岁，在县城上幼儿园，小的是孙女，1岁。我和老伴带着小孙女在都兰县城给一家浙江老板的铁矿石粗加工厂看大门，每月工资1200元。我们这里矿可多了，矿石都从大山里拉出来，先在县城这个场子粗略地粉碎，然后再运到大城市冶炼。我的大儿子高中毕业，夫妻俩在县城建筑工地打工，每人每天收入100元，小儿子夫妻俩在家里开了小卖部和摩托车修理部。家里有200多只羊，每只羊每年15元，让别人带着放养，草场也承包给别人了。

CR在县城里买了蔬菜，绑在摩托车上，带我去他家。先去了他看大门的工厂，他妻子正在工厂的门房里做饭，床和灶具都相当简单。

他的妻子，也是藏族，40多岁，略显臃肿，头上梳了几十根辫子，衣着十分干净整洁，但她不会讲汉语。狭小的门房里，小孙女坐在学步车里学走路。小孩子头发黄黄的，很凌乱。CR告诉我，我们这里的藏族小孩自出生至3岁一直不理发，满3岁才理发。他们吃的饭是大米稀饭泡羊肉，里面也有酥油，看起来白囊囊的，他热情地让我吃，但酥油实在难以下咽。饭后，我们去CR夏季牧场所在的村子。摩托车行驶在109国道，路面不宽，但十分平整，路上的车很少，但大卡车很多，他说这车都是进藏的。绕过几座大山，就到了热水乡政府，远远看去有一座3层楼还比较显眼。乡镇仅有一条街道，街道上还有人民公社

时期的建筑——热水商店（图5-6），建筑样式和汉族地区的别无两样，已经年久失修，废弃了。摩托车经过一座大山，CR说是他们这里的神山（图5-7），是天葬的地方，活佛说这里是个好地方。只见这山很高，朝南的这边是个横切面，给人壁立千仞之感。山上也没有草，全是泛白的岩石，白石头一片一片的大小不等。远眺仿佛有一个圆心，向四周平面辐射。石头上绘有佛像，鼎立于旷野中，十分神秘。

图5-6　热水乡残存的计划体制时代的国营商店旧址

图5-7　热水乡蒙藏民族共同的神山

CR家距离县城

38千米，我们沿着109国道走到一个分叉路口，踏上新修的水泥路，再走半个小时就到了赛什堂村的夏季居住点。居住点在一座大山的脚下，白帐房疏散在一条小河的两边。正南面横亘一座高山，山顶依稀可见星星点点的积雪，山上长满了密密麻麻的树。人们就住在这山的北面凹进去的山脚下。山的正南面就是曲日岗寺，牧民实际上就是围着寺院搭帐篷住。寺院正在扩建，工匠都是陕西人，远远看去还有绛红色的墙砖，迎风招展的经幡一直挂上半山腰，蔚为壮观。白色的羊群、黑色的牦牛群就密密麻麻地织在山坡上。这里水草丰美，绿油油的一片。牧民大量的羊群实际上不在这里，而是在60千米外名叫黑山的草山上，这里只是夏季的居住点，现有的牛羊都是供这一时期食用的，现在不进山放牧的人住在这里。

CR家是一个没有院墙的4间平房，房顶没有砖瓦，只有泥巴，但正面墙上却砌了瓷砖，很时髦。院子里一个高高的旗杆，宽约30厘米，长约2米的大经幡迎风呼呼作响。除此之外，还有几十根绳子从经幡的旗杆上拉到房檐上的各色小经幡在风中飞舞。CR家的正房里客厅居中，左侧套房是厨房，厨具很简单，主要是一个带烤箱的火炉摆在地正中，靠窗户这边是满间炕，上面整齐地摆两床被褥。一个红色的炕桌，将炕分为两半。屋子里面是一排组合柜，顶上还放着几张活佛的照片。

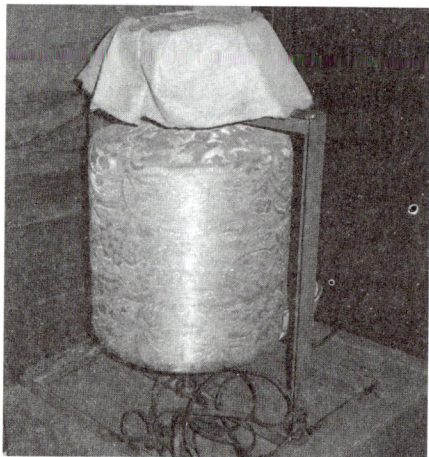

图5-8　藏民家里常见的转经筒

房子靠西面的是貌似凳子的土台子，土台子的一端是一个"床头柜"，上面摆放着一个高40厘米，直径约30厘米的转经筒（图5-8）。客厅右侧套房显得高贵庄严，地板砖擦得一尘不染。正面靠墙的柜子上是佛堂，摆放着大大小小很多佛像，还有酥油灯贡品等。

CR经常在县城和家之间穿梭，因为小儿子开小卖部和摩托车修理部，他经常给进货和照看。儿子修摩托车，儿媳妇做饭、料理家务，还要放5头牛。每天早晨6点半，她洗漱完毕，便

**图 5-9　都兰县热水乡扎麻日村的寺院**

拿着塑料马勺在院子里，念念有词地洒清水，将水高高地抛出，水珠划过一个个弧线，落在草丛里，十分神圣。然后进入专门供奉佛像的房间，向佛像磕头，一般磕 3 个头，再将供桌上的净水换一次。对佛像毕恭毕敬，十分感人，仿佛慈祥无边的佛正在注视着这里的一切。CR的儿子大清早洗漱完毕就开始念经，主要是六字真言"唵嘛呢叭咪吽"等，反复地念，不时变换着腔调念。他说念经是"治心病"，心情会变好，但不会治身体上的病。

CR 说现在的社会好了，电、路、自来水都通了，原来去县城先要骑马到山下的车站，再乘车，现在摩托车很方便。我们这里开矿的多，但那是国家的，与我们无关，他们挖开地皮要给我们补偿款。

CR 家每 2—3 个月就请曲日岗寺的阿卡念经一次，有时候请来家里，有时候他去寺院。7 月 27 日这天是 CR 的小儿子去寺院念经的，共用 5 个小时。他说今天有 3 户人家念经，他排队等所以很慢。念完经他给每个阿卡 20 元钱。晚饭后是最正式的念经时间，CR 的儿子又开始念经，如无事情，一般需要 1 个小时。晚上睡觉前，他要在炕上磕长头，一般要连续磕 10 次。口中念念有词，全身心的虔诚状，令人感叹不已。

CR 和寺院关系十分密切，有事没事就跑到寺院和阿卡说话，说话间不经意就把营养快线和鸡腿递给阿卡。CR 的小儿子今年 24 岁，但也特别喜欢念经，小卖部里从早到晚都播放着经文。

CR 家是当地算中等收入的家庭，有的家庭特别富裕，现代化的设备全有，电脑、小车等，但最豪华的还是寺院。CR 说他们村的这个寺院扩建项目经费 200 万元，是寺院的活佛从州政府、县政府申请来的。寺院内、外部装饰都十分豪华。寺院的僧房是砖混结构的平房。房子砌着地砖和墙砖，电脑、打印机、饮水机、席梦思床、沙发，样样俱全，寺院的桌椅也非常考究（图 5-10）。在如此偏远的山沟里竟然有如此奢华的装饰，令人惊叹不已。海西地区贫富差距悬殊不是体现在不同阶层人们的收入分配方面，也不是体现在广大农牧民与私营企业主或政府部门之间，而是体现在农牧民的贫穷生活与极度奢华的寺院之间。

寺院的经济来源和财富的积累都是广大信教群众的沉重经济负担，政府对寺院的投入也很大。这也是当地贫困农牧民为什么要将子女送往寺院而不想送往学校读书考大学的原因。此外，海西也有祭敖包的习俗。一般在山梁上都有敖包，有的很简单，就垒一些石头，更多的

图 5-10　富足的寺院一角与普通藏民账房

则是要悬挂经幡，并有一根杆子高高地挑起。①

可见，以宗教文化为主要内容的藏文化大规模地渗入到人们的日常生活中，不仅成为一种生活方式，更影响和改变了藏族的性情与思想。这是内地汉族和草原的蒙古族所不具有的。因而，不仅是文化，而且是人的性格也存在很大差异，这是民族文化差异产生的根源，也是和谐民族关系建构必须充分认识的问题。

上述海西蒙古族、藏族的日常生活是当地自然环境适应的产物，也是历史传承的结果，海西汉族日常生活方式显然更多的是与内地并无多少差别的生活方式，这里不再赘述。但人类这种对地球上不同自然环境、不同地理单元的适应所形成的不同的生计方式，却深刻地规制着不同的文化，因而可以说在民族形成的初期，有什么样的自然环境，便有了什么样的民族。随着时代的发展变迁，民族在不断地融合发展，但民族融合发展变迁是一个十分漫长的历史过程，在某一个特定的历史横断面来看，民族之间的差异就十分明显，只要存在差异便永远存在矛盾，除非有完全相同的利益，或成为一个利益共同体，人们之间在经济、政治及文化发展等权利方面的博弈实质是以差异为边界的民族这种人群集团为单位而展开。民族身份和固定的标签式印象，依然在主导着人们的普遍认知。

因此，不同的自然环境以及在其上生成的不同的生计方式是产生民族问题，影响民族关系发展的根本因素。在构建和谐民族关系过程中，充分考虑生计方式差异，不断扩大民族之间的跨地域流动，构筑共同的利益基础，对引导少数民族生计方式的现代化转型变迁具有十分重要的意义。

## 第二节　经济因素对民族关系的影响

经济关系是民族关系中最重要的方面。民族关系的核心问题是民族利益、民族权利和民族发展问题。② 从一定意义上说，民族关系就是民族之间

① 2012 年 7 月 23 日至 8 月 30 日，笔者在海西都兰县热水乡赛什堂村调研资料。
② 王文长等：《西部开发中民族利益关系协调机制研究》，中央民族大学出版社 2007 年版，第 11 页。

的利益关系，和谐的民族关系是建立在民族之间相对平衡的经济利益之上的。就全国总体而言，在我国统一的多民族国家，不同民族由于所处的自然地理环境、历史人文与现实政策等原因，存在着明显的区域发展差距，西部民族地区整体比较落后。事实上，世界上所有国家都存在区域经济发展不平衡的问题，然而并不是所有的经济发展不平衡都能对民族关系产生严重影响。经济发展不平衡往往与一个国家在特定历史时期所采取的经济政策有关。过去在计划体制时代，我国区域经济发展差距也很大，但这种经济发展不平衡被以阶级斗争为主题的政治生活所掩盖，民族关系及民族关系问题并不直接由经济发展差距所引发。不仅如此，人们对经济发展差距普遍抱以理解、平和的态度，将这种差距归因于自然地理环境以及新中国成立前的旧政权等历史原因。然而，改革开放以来，随着市场经济的深入发展，特别是西部大开发以来，内地大量汉族机械移民的增多，在与外界广泛的接触和认知中，海西少数民族切身感受到了这种经济发展的巨大差距。同时，随着海西农牧区原有的乡土社会的瓦解，市场观念的深入发展，商品交换意识的增加，正在深刻地改变着人们的价值观念，关注并追逐经济利益几乎成为所有人、所有民族的基本价值诉求。

## 一、区域经济发展不平衡问题突出

20 世纪 60 年代，美国经济学家威廉姆森在《区域不平等与国家发展过程》（1965）一文中，根据其在 20 世纪 50 年代对 24 个国家进行统计分析指出，"国家发展水平与区域不平等与地理差异之间存在着有机联系。世界发达国家的历史经验表明：国家发展的早期阶段，必然会出现区域收入差距的扩大和南北二元结构的加剧，而在国家经济发展成熟的阶段，则会出现收入趋同和尖锐的南北问题的消失"。然而，对于我国这样一个疆域辽阔、民族众多的统一的多民族国家，这种国家发展初期的区域发展差距和南北二元结构的边界往往以不同的民族之间的发展差距表现出来，造成了民族间事实上的不平等。这种历史形成的不平等使某些落后的民族与先进的民族在经济、文化上发展水平的差距越来越大，造成不满情绪和摩擦。这需要不同民族采取让步的方法和措施抵偿历史上给他们带来的那种不信任、猜忌、侮辱。虽然我国坚持各民族完全平等，实行各民族"共同团结奋斗、共同繁荣发展"政策，从"三个离不开"的历史现实对少数民族实行特殊优惠及内地帮扶政策，但这种客观存在的事实上不平等仍然是民族关系和谐发展的最大障碍，有可能引起现实的民族整体之间的矛盾。邓小平指出："社会主义不是少数人富起来，大多数人穷，不是那个样子。社会主义最大优越性就是共同富裕，这是体现社会主义本质的一个东西。如果搞两极分化，情况就不同了，民族矛盾，区域间矛盾，阶级矛盾都会发展，相应地中央和地方的矛盾也会发展，就可能出乱子。"① 然而，改革开放以来，在"两个大局"思想指导下，我国采取了非均衡发展战略，鼓励有条件的地区先富起来，然后带动"后富"，最终实现共同富裕。国家政策向东南沿海倾斜，并对其实行特殊优惠政策，东南沿海与西北边疆地区的发展差距由此迅速扩大，二元结构加剧。不仅如此，随着经济社会的不断发展，发达地区对落后地区的资源、人才等相关经济要素的虹吸效应日益明显，使西北民族地区在市场竞争中处于更加不利的地位。地区与民族之间的利益区隔使得事实上的竞争关系代替了原有的平均主义，自然环境和经济基础较差的民族地区显然处于竞争的劣势。

新中国成立以来，在党的民族平等、团结、互助政策引导下，民族地区经济发展取得了巨大成就。1952 年，全国少数民族自治地方的工农业总产值分别只有 5.2 亿元和 3.2 亿元；1998 年，分别涨到 5313 亿元和 3210.5 亿元。② 西部大开发战略实施以来，经济发展速度更快。但由于历史、人文及国家发展战略等原因，经历改革开放 30 多年来我国经济快速发展，已经形成了巨大的地区发展差距。例如，1980 年我国东部、中部与西部地区的人均 GDP 之比是 1.8：1.18：1，1990 年扩大到 1.9：1.17：1，2002 年进一步扩大到 2.63：1.26：1。显示 90 年代以后我国民族地区与中部、特别是东部地区的收入差距在加速扩大。③2004 年全国民族自治地方的人均生产总值只有全国平均水平的 67.4%，农民人均收入只有全国平均水平的 71.4%。④

---

① 《邓小平文选》第 3 卷，人民出版社 1993 年版，第 364 页。
② 国务院新闻白皮书《中国少数民族政策及其实践》，http://www.china.org.cn/ch-book/shaoshu/shaoshu3htm.
③ 胡联合：《我国地区间收入差距的两极化趋势》，《社会观察》2005 年第 6 期。
④ 《人民日报》2005 年 5 月 28 日，第 2 版。

不仅如此，我国 2000 多万贫困人口主要集中在民族地区。由于西北民族地区大多处于祖国边疆，少数民族人口众多，这种区域发展差距往往以民族之间的发展差距表现出来，在人们的观念和意识中形成很大落差，严重损害着少数民族的国家认同意识。因此，长期处于落后状态的少数民族在市场经济中处于整体上发展劣势，成为影响当前我国民族关系的主要因素。根据《2011—2012 年中国省域经济综合竞争力发展报告》，2011 年全国 31 个省、市、区经济综合竞争力处于下游的大多数是西部民族地区①，西部民族地区的经济总量长期处于较低水准。例如，1980 年，我国东部地区② 生产总值为 2198.43 亿元，占全国 GDP 的 48.66%，西部民族地区为 405.91 亿元，占全国比重的 8.98%。2003 年东部地区占全国 GDP 的比重大幅上升到 67.6%，比 1980 年提高了 18.95 个百分点，而当年西部民族地区占全国 GDP 的比重却下降到 8.58%。二者的差距之比由 1980 年的 5.41∶1 扩大到 2003 年的 7.88∶1。2012 年西部 12 省市区 GDP 占全国的 19.75%，东部地区占 55.7%，东部 10 省市 GDP 是西部民族地区 12 省区市的 3 倍多③。从工业增加值看，2006 年我国的工业增加值为 91075.7 亿元，西部民族地区占 14.1%，东部地区占 61.1%，东部 10 省市的工业增加值是西部民族地区 12 省区市的 4 倍多。2006 年广东省的工业增加值是西藏的 600 多倍。④ "小康不小康，关键看老乡"。据国家统计局浙江调查总队对浙江城乡居民家庭的抽样调查，2013 年浙江农村居民人均纯收入 16106 元，同比增长 10.7%，扣除价格因素，实际增长 8.1%。至此，浙江农民人均纯收入连续 29 年位居全国各省、自治区第一，而且全省 11 个地级市农民人均年纯收入全部过万。⑤ 而相同年份，青海省农牧民人均纯收入为 6196.39 元，比浙江省少 9909.61 元，仅占浙江省的 38.47%。

---

① 李建平、李闽榕、高燕京、李建建：《2011—2012 中国省域经济综合竞争力发展报告——中国省域竞争力蓝皮书》(2013 版)，社会科学文献出版社 2013 年版，第 3 页。
② 本书在数据统计中，东部地区指北京、上海、广东、天津、河北、江苏、浙江、福建、山东、海南 10 个省市。
③ 数据根据 2003 年统计公报资料计算，统计公报下载于《中国统计信息网》。
④ 曹海英：《中国西部民族地区新型工业化——价值取向、实现机制、发展路径》，中国经济出版社 2010 年版，第 103 页。
⑤ 《浙江日报》2013 年 2 月 6 日，第 1 版。

　　不仅如此，海西地区内部的城乡二元结构、不同民族之间的发展差距，对当地民族关系产生更为直接的影响。全国范围内不同区域之间的利益失衡，有时候仅是一种遥远的想象或固定思维，远不如海西地区内部这种就在眼前的巨大差距所带来的冲击，因为人们会将全国范围内的这种地区发展差距归因于自然地理条件或历史原因等。但同在海西的广大蒙、藏少数民族依然重复千百年来传统的效益低下的游牧生活，现代化大城市则是另一番天地，这带给人们的心理失衡更为严重。因为时光如果倒流 30 年，那时海西不论什么民族，大家基本一样贫穷。然而现在海西的城市，如青海省的第二大城市格尔木、第三大城市德令哈都是汉族人口占绝对多数，造成了汉族与少数民族之间发展差距的主观印象。正如马克思曾经指出的："一座房子不管怎么小，在周围的房子都这么小的时候，它是能满足社会对房子的一切要求的。但是，一旦在这座小房子的近旁耸立起一座宫殿，这座小房子就缩成茅舍模样了……并且，不管小房子的规模怎样随着文明的进步而扩大起来，只要近旁的宫殿以同样的或更大的程度扩大起来，那座较小房子的居住者就会在那四壁之内越发觉得不舒服，越发不满意，越发感到压抑。"[1] 因此，同一地区不同行业、不同民族之间收入差距的拉大，更容易引发民族之间的心理失衡，不平等这种社会现象在民族地区的严重后果就以民族矛盾与冲突的形式体现出来。

　　由此可见，我国西北地区整体的经济发展程度和居民收入水平与全国相比存在巨大的差距。不仅如此，实际上西北地区内部的汉族与少数民族地区之间、城乡之间、农业区与牧业区之间都存在较大的发展差距，而且这种差距持续扩大。我国不同民族之间、区域之间存在的这种巨大的发展差距容易在民族之间形成隔阂，不利于各民族之间的相互认同，甚至引起发展程度较低的民族的失落感和相对剥夺感[2]，这已经成为深刻影响民族整体关系的重要因素。

---

　　① 《马克思恩格斯选集》第 1 卷，人民出版社 1995 年版，第 349 页。
　　② 王宗礼：《对西北地区构建和谐民族关系的战略分析与对策建议》，《甘肃社会科学》2006 年第 4 期。

## 二、自然资源开发中存在的问题

在我国统一的多民族国家里，少数民族人口约为 1.14 亿，民族自治地方国土面积 611.73 万平方千米，占全国的 63.72%，而我国的西部地区 90% 属于民族自治地区。我国民族地区虽然经济落后，但资源十分丰富。西部民族地区的草原面积占全国的 94%，煤、铜、锌、锑储量占全国的 35%，锡、汞、锰、石棉、砷矿藏量占全国的 60%，云母、盐矿储量占全国的 80% 以上，钾盐、镁、铬、稀土储量占全国的 90% 以上。[①] 青海省海西州是我国自然资源最为丰富的地区之一，其丰富的盐化工、煤炭、石油天然气和有色金属资源是青海省的经济支柱。

一般认为，我国目前正处于从 20 世纪 70 年代末开始的，时间跨度约为 50 年左右的黄金增长期，工业化仍是国家发展最重要的战略，工业的发展对资源的需求仍将持续扩大。这对资源丰富的西北民族地区带来了难得的发展机会。"一个民族人均拥有的资源量越大，这个民族发展的潜在优势亦越大，发展的机遇亦越多。"[②] 丰富的自然资源决定了海西经济发展要以资源开发利用为核心，将资源优势转化为经济优势，以资源开发的产业优势带动当地经济社会全面发展。实际上，新中国成立以来，海西蒙古族藏族自治州地区生产总值长期排在全国 30 个民族自治州的最前列，其中就是自然资源开发对地方 GDP 作出的重大贡献。但由于资源开发中存在的诸多问题，我国民族地区在资源开发中并没有达到人们所期望的促进民族关系和谐发展的效果。主要问题在丁：

1.资源产权结构不完整，缺乏对资源地居民的优先受惠权和发展权的保护

资源产权制度是社会经济制度的基础，决定着资源配置效率与公平。资源产权在不同社会群体间的配置，劳动者和资本所有者与资源相结合的权利安排，决定着资源产权带来的收益。我国《宪法》第 9 条规定，矿藏、水流、森林、山岭、草原、荒地、滩涂等自然资源，都属于国家所有，即全民

---

① 段超：《对西部大开发中影响民族发展几个问题的思考》，《贵州民族研究》2002 年第 2 期。

② 金炳镐：《民族关系理论通论》，中央民族大学出版社 2007 年版，第 87 页。

所有，由法律规定属于集体所有的森林、山岭、草原、荒地、滩涂除外。由此可见，我国自然资源的所有权属于国家，亦即不分地区、民族的全体中国人平等地享有这种自然资源的占有、使用、收益和处分的权利。虽然《民族区域自治法》、《矿产资源法》、《煤炭法》、《环境保护法》、《企业所得税法》等法律，确立了给予民族自治地方政策支持和倾斜的制度，但资源开发实践证明，资源开发涉及多方面的利益主体，具有资源经营者、开发者和资源所有者等不同的利益关系。新中国成立初期，我国在以建设伟大的共产主义理想社会为各民族共同奋斗的目标，在理性建构主义指导下建立起来的公有制为主体的资源产权制度，不适应市场经济体制下人们对自身经济利益的理性追逐，导致了现实资源开发中的收入分配不公。这些现实利益的制度安排缺乏对海西资源地居民的优先受惠权和发展权的保护，造成了海西地区所谓的"端着金碗讨饭"的状况。在当地少数民族群众看来，这种资源产权制度剥夺、限制了他们对祖辈草场的占有和受益权利，更由于封闭保守的自然及人文环境，使部分少数民族群众认为这种资源产权制度是以汉族为主体的企业对少数民族地区自然资源的掠夺。可见少数民族群众对资源开发有很大的误解，将资源开发的这种国家利益与少数民族地区利益对立起来，进而认为这是汉族与少数民族在资源利益上的对立，影响民族关系的和谐发展。

2. 开发模式不完善，特别是当地居民资源在开发过程中的角色缺失，造成少数民族居民的相对被剥夺感

人是生产力中最活跃的因素，经济社会现代化要通过人这一主体去实现，人的现代化是社会现代化最重要的内容和实现手段。因此，作为聚居于西北民族地区的少数民族，理应成为当地资源开发的实践主体之一，更多的投身于民族地区资源开发与经济建设之中，从而在经济现代化过程中，实现生计方式的更新。同时，在工业化要求的社会化大生产过程中实现少数民族地区人的现代化。

但目前海西地区资源开发多以国有企业或内地江浙一带私营企业为主，而当地居民由于汉语能力、技术水平、生活习惯等原因无法进入这些企业，往往在资源开发中被边缘化，处于旁观者的地位。国有企业的全民所有制性质，使其以国家名义获得了资源的所有权、经营权，并以其雄厚的资金、先进的技术设备及专业的人才队伍对资源进行开采。而在长期处于封闭、单

一、偏远的海西少数民族居民看来，国有企业和内地的私营企业是"外来力量"。在他们祖辈生活的家园进行的资源开发中，他们仅获得少量的草原补偿金，生态环境成本与经济效益失衡，因而产生一定的被剥夺感，对国家认同产生严重消极影响。

民族地区单一的资源开发活动并不能有效实现民族地方政府招商引资时"你发财，我发展"的期望。单一资源开发主导的工业化不能实现当地少数民族的经济收入与当地经济发展的同步增长，特别是当地居民的收入增长远远低于当地 GDP 增长。近年来，西北民族地区由于资源开发问题而引发的民族矛盾和群体性事件频频发生，成为影响当地民族关系和谐发展乃至国家政治稳定最突出的问题，因而资源开发导致的群体性事件成为民族地区地方政府维稳工作的重要内容。习近平总书记指出："维权是维稳的基础，维稳的实质是维权。"① 少数民族地区由于资源开发引起的群体性事件多数都是没有很好地维护当地少数民族的经济收益权、发展权，因而成为民族地区不稳定的重要原因。牧民对资源开发导致草场被占用以及引起的草原沙化普遍深感担忧。在他们看来，当地开发企业占了原属于他们的草场，可他们却不能进入这些收入颇丰的现代化资源开发企业上班，只能在轰轰烈烈的资源开发中继续重复千百年来传统的游牧或农耕生活。资源开发带给当地老百姓的挫折感在于，在自己家乡进行的开发活动往往与他们自身并无多少关系。因此，如果将当地居民隔离或排除于资源开发过程之外，漠视资源开发活动中少数民族的参与，这将无法实现当地真正的现代化，也严重地制约着当地的可持续发展。如果资源开发殆尽，当地少数民族群众将面临既失去原有生计条件又无新的生计能力的严峻困境，增加了少数民族群众对资源开发的不安全感，这种情势的积累必然引起少数民族群众的不平衡心理乃至反感情绪。

由此可见，当地蒙藏牧民对于将其置于资源开发过程之外感到失落。资源开发过程中不同民族、不同地域人群参与度的差异，引起了民族间利益分享的分野，加剧了少数民族在资源开发过程中的不平等感，进而对和谐民族关系构建造成严重影响。

---

① 习近平：《维权是维稳基础　维稳实质是维权》，《人民日报》2014 年 1 月 29 日，第 7 版。

3. 民族地区工业化事实上形成的"嵌入式"经济，造成经济社会生活中的族群分离

在过去的计划体制时代，"企业办社会"现象十分普遍，亦即企业承担了大量地方性公共事务，如修路、架桥、建学校、医院、公园、剧院等公共基础设施，这是计划体制时代企业承担社会责任的体现，也是共产主义共同理想在民族地方经济发展中的体现，企业员工与当地群众共享这些公共资源，企业子弟和当地群众子女同校就读，同医就诊等等，这些公共基础设施成为企业与当地群众日常接触与交往的重要平台，企业及其职工逐渐融入并成为当地社会的一分子，有效地增加了不同民族之间的交往，也使当地少数民族与汉族一样共同感受到伟大祖国大家庭的关怀与照顾，少数民族的国家认同意识逐渐得以培育和发展。改革开放以来，市场经济的商业理性使得企业更多考虑的是经济效益，深入民族地方的企业对于促进民族团结的意识相对淡化。由于资源与企业产权制度、企业员工正式编制身份等原因，现有的开发模式使深入少数民族地区开发资源的国有企业成了深居民族地区的封闭"孤岛"，导致少数民族地区出现明显的二元分化。加之，资源开发产业与当地产业关联度较低，特别是与海西大量存在的畜牧业几乎没有产业关系。这种坐落在广袤的少数民族地区的国有资源开发企业实际在当地形成了自己的独立圈，成为在广大的畜牧业、农业等自然经济包围的"飞地"。国有开采企业及其员工虽身处少数民族地区，但却明显不属于民族地区，其归属感不在民族地区，而在企业总部所在的内地，员工的亲属及社会关系均在内地。他们心里明白，一旦资源开发或工程项目结束，他们将会离开这片土地。同时，由于现代通信、交通工具等提供的便利条件，城乡、内地与民族地区在医疗条件、学校教育质量、社会公共服务等方面存在的巨大差异，企业员工只把少数民族地区企业当成万不得已来上班挣工资的手段，心理上并没有对当地人的认同。因此，与当地少数民族交流的主观愿望和内在需求大大减少。改革开放以来，民族地区企业员工与当地少数民族通婚数量大大少于计划经济时代就充分说明了这一点。在市场机制作用下，效率优先、兼顾公平，国有企业更多追求自身利润，当地居民搭便车享受公共产品的机会越来越少，从而失去了国有企业及其员工与当地少数民族居民接触、沟通的机会。此外，海西地区的资源开发企业过多地注重单一的资源发掘，在当地的

深加工企业少，海西特别是人口较少的偏远山区，实际成为初级产品供应地，不能形成合理的资源开发产业链。这不仅减少了当地资本积累能力和当地少数民族群众就业机会，而且也客观上减少了少数民族群众与国有企业员工的接触机会，造成了当地少数民族群众一定的社会隔离感。

接触深浅是民族关系得以展开的客观变量，[①] 美国社会学家罗伯特·帕克认为民族间的接触是民族融合的基础。马戎教授认为居住格局、民族同校、工作单位的民族构成是民族交往的三个条件。因此，深入少数民族地区孤立的资源开发企业与当地居民接触平台和机会的缺失，客观上造成了国有开发企业与当地群众乃至少数民族与汉族之间的分立，严重的社会隔离感对和谐民族关系的建构造成不利影响。

**4. 海西资源开发补偿机制不完善，无法合理弥补资源开发造成的自然生态利益损害**

西北民族地区是我国重要的生态屏障，这里既是我国自然资源富集地区，也是生态环境脆弱地区。当前，西北生态环境面临着全国大规模地索取资源与西北贫困人口急于脱贫而对生态环境的破坏加剧的双重压力。[②] 资源开发带来现实经济效益的同时，必然有其自然生态和环境成本，这种成本不是能够很快就弥补和修复的。现实的自然资源开发给当地居民造成了巨大负担（主要负担见表5-1），但这些负担并没有得到有效补偿。我们在市场经济条件下长期沿用计划体制时代的资源产权制度，实行环境无价、资源低价，资源的开发和利益分配主要向企业倾斜的政策。特别是粗放型经济发展模式，地方政府实际秉持的是"先发展，后治理"的理念，GDP至上的政绩观，使地方政府很难同时兼顾经济效益与生态环境等成本，开发造成的巨大成本实际上由当地居民承担。但资源所在地居民既不能有效参与到开发之中，也不能从中获益。在资源开发的利益分享机制中，地方利益的分享主体更多地体现在地方政府，而不是当地的居民。实际上资源地居民是被排除在资源开发收益分配体系之外的，企业只对资源开发中的失地农牧民进行一定的土地补偿或对当地进行捐赠，而这种补偿缺少制度上的规范和法律上的约

---

① 徐黎丽、孙金菊、夏妍：《影响西北边疆少数民族地区民族关系的变量分析》，《云南师范大学学报》2009年第5期。

② 毛振军：《论西部民族地区生态补偿机制的建构》，《黑龙江民族丛刊》2007年第6期。

束，这与当地群众对资源开发的心理期待形成较大反差，导致少数民族产生赫克特所谓的"内部殖民主义"，① 引起少数民族的失落乃至反感情绪，进而对民族关系造成影响。

表 5-1 社区在资源开发中的负担②

| 内容 | 具体方式 |
|------|---------|
| 土地负担 | 低价或无偿出让土地，土地的经济功能被破坏 |
| 水资源负担 | 水资源被开发企业占用，地表水、地下水水质下降，水位下降 |
| 生态环境负担 | 出现地质塌陷、空气污染、草场退化、沙化等一系列环境灾害 |
| 经济结构转型负担 | 以资源为核心的新型产业结构，使当地社区居民失去原来工作机会，形成结构性失业 |
| 社会负担 | 大量外来人口进入，增加社会教育、医疗等方面的公共产品支出 |
| 行政负担 | 自然资源开发中需要协调各方面的关系，特别是企业与开发地农牧民之间的关系，解决开发中可能出现的治安等问题，增加当地政府的行政负担 |
| 公共产品负担 | 当地社区需要为自然资源开发增加道路、水、电等公共产品 |
| 物价负担 | 自然资源开发引发的物价上涨，使当地居民的生活质量下降 |
| 可持续发展负担 | 资源开发使社区失去了很多可持续发展机会 |
| 文化负担 | 资源开发使少数民族原来的文化受到冲击，影响了文化多样性 |

都兰县热水乡的藏族牧民 ×× 告诉笔者，"近年来，村子里开矿的越来越多，草场被破坏的也越来越多，水、空气都被污染了，风景也不好了，沙

---

① 美国社会学家赫克特（Michael Hector）认为在多族群国家，经济发达的多数民族聚居区与欠发达的少数民族聚居区之间存在两种不同的发展模式：扩散模式和内部殖民主义。扩散模式（the Diffusion Model）认为工业化在本质上是一国内地经济、政治、文化向边远地区的扩散，这种扩散是"一个全国性的社会产生过程，是国家领土范围内的各部分具有竞争的经济、政治、文化的国家转变为一个由单一的、全面的'全国性的'经济、政治、文化组成的社会"，从而实现经济、政治、文化维度的整合。"内部殖民主义"（the Internal Colonialism）则是完全不同的导向，其实质是国家的核心地区对边远地区的政治统治和经济剥削。边远地区有时会逐步发展一些采矿业和加工业，但主要目的是为了向核心地区提供资源或某类商品。

② 世界银行、国家民族事务委员会项目课题组：《中国少数民族地区自然资源开发社区受益机制研究》，中央民族大学出版社 2000 年版，第 19 页。

尘暴也多了，今年的草就没有去年的高。"① 事实上，海西地区自然生态环境十分脆弱，沙漠包围着绿洲，沙尘天气经常出现。据报道，2011 年 3 月 17 日，格尔木出现沙尘暴，能见度不足 100 米，最大风速 26.3 米 / 秒，风力达到 7 级，创 1971 年以来历史极值。大风天气加快土壤失墒，也增加森林草原防火等级，强沙尘暴天气致使格尔木市区大树连根拔起，周边村庄被沙尘暴包围（图见 5–11、5–12）。

图 5–11　海西州都兰县热水乡赛什堂村草山上正在开发的克错铅锌矿厂区外景②

图 5–12　沙尘暴袭击格尔木

一方面，随着资源约束的不断强化，资源开发中如何保持人与自然的

---

① 2011 年 7 月 28 日，在海西州都兰县热水乡调研资料。

② 照片由笔者于 2012 年 8 月 13 日在海西都兰县热水乡赛什堂村拍摄。

和谐变得尤为重要，当脆弱的生态环境遭到破坏，短期内难以恢复，少数民族居民将面临更为严重的生存挑战；另一方面，民族地区资源开发主导的现代化大生产，内在要求形成统一开放、多元及市场化的工业文明，这是对人们长期以来已经习惯了的相对封闭、保守、单一的乡土文化的否定，同时也必然给少数民族带来文化适应上的挑战。这种民族之间经济利益的差异往往强化着民族边界，使民族之间的不平等日益凸显。虽然海西地区资源丰富，但资源的深加工企业并不在海西地区，而在内地，减少了资源地政府的税收机会，而工业制成品多由发达地区企业生产，其产品的价格往往由市场调节，而资源不仅由国家统一按计划开发，其价格也由国家统一定价，其中的资源低价和高附加值的工业制成品之间的价格剪刀差长期存在，使得这种跨地域交易的背后实际上存在不平等，这种不平等深刻影响着少数民族的经济利益，也使少数民族的被剥夺感更为强烈。民族地区历史形成的落后局面往往需要国家主导的宏观调控，现实帮扶照顾，而不能仅靠市场手段，因为发展程度差距巨大的情况下，表面平等的竞争使得国家长期以来对民族地区的特殊优惠政策无法落实，加剧了民族之间、区域之间事实上的不平衡。这些因素若不给予充分考虑，最终会由于内地发达地区与西部民族地区巨大的发展差距而导致双方互不认同，产生新的民族矛盾。

## 第三节　政治因素对民族关系的影响

改革开放 30 多年来，我国经济发展取得了举世瞩目的成就，社会整体进入现代社会转型阶段。经济社会发展中积累的矛盾和问题在很短时间内凸显，特别是一些民生问题和社会矛盾对我国政治稳定、民族团结造成很大影响。区域发展不平衡、贫富两极分化，社会阶层矛盾，特别是人们对权利保护需求与制度供给不足之间的矛盾更加突出。上述问题在民族地区则以民族矛盾、民族对立表现出来。过去在革命与战争为主题的时代，我们以阶级斗争为纲，强调政治挂帅，现实生活中存在的民族矛盾被阶级斗争、政治斗争所掩盖。当和平与发展成为时代的主题，经济建设是一切工作的中心的时候，政治氛围逐渐淡去，围绕经济利益的博弈上升为社会的焦点，民族之间的经济利益矛盾便成为民族地区最突出的问题。特别是东欧剧变之后，第三次世界民族主义浪潮推波助澜，我国边疆地区一些民族分裂势力不断兴风作浪，对和谐民族关系的发展以及国内政治的稳定都产生严重影响。概括来说，影响海西地区民族关系的政治因素主要有以下几个方面：

## 一、民族地方治理中存在的问题

治理（govemance）一词源于拉丁文和古希腊语，即"管理、引导"之意。1995 年联合国全球治理委员会在《我们的全球伙伴关系》报告中对治理进行了相关界定：治理是各种公共的或私人的个人和机构管理其共同事务的诸多方式的总和，它是使相互冲突的或不同的利益得以调和并且采取联合行动的持续的过程。① 民族地区地方基层是中国社会矛盾和冲突的高发区，地方治理正值一个特殊的重要时期。为维护地方社会稳定，促进地方社会发展，中央正在全方位加强民族地区的社会建设，其中有些重要举措可以说史无前例。这一方面表明了中央加强民族地区地方治理的决心，另一方面也说明了民族地区地方治理在中国整体治理中的重要性。

西北民族地区地处偏远、生产力水平较低，传统社会的影响较深，而现代性较少，改革的深度和开放的广度都和内地有很大差距，普通民众习惯于过传统的臣民社会生活，在乡村原有的家族、宗教势力衰落过程中，基层党组织在很大程度上成为治理结构中的新的地方权威。人们对基层政府的依赖心理普遍比较强，而个人的独立性和权利意识相对较差。因此，不同于内地的治理结构与治理方式，民族地方普通民众对治理创新具有更大的需求。但事实上我们习惯于用内地的治理模式来管理民族地方的事务。比如，有很多人认为，民族关系及其问题的解决很简单，就是给钱，国家只要把钱给少数民族，问题就全解决了。② 虽然可以无可争辩地说，民族关系问题，归根结底是由于经济利益在不同人群之间的分配及不同人群对分配制度的认知问题所造成的，但是，消除民族关系问题却不能仅仅依靠经济手段，指望着民族地区经济发展水平提升了，本地区经济弱势人群得到了或超过其他人群的经济利益，一切问题就会迎刃而解，这是不现实的。恰恰相反，单纯的经济

---

① 周运清、王培刚：《全球乡村治理视野下的中国乡村治理的个案分析》，《社会》2005 年第 6 期。

② 笔者 2011 年 7 月在都兰县热水乡赛什堂村调研时，在当地进行资源勘探的某省资源勘查院一位负责人也持这种观点。

支持手段非但不能化解区域和族群矛盾，甚至有可能导致问题的更加激化。经济利益再分配只在同一身份的群体内部能够起到凝聚作用，一旦社会以文化甚至血缘划分为不同的身份集团，跨身份的经济利益再分配是很难弥合不同身份集团之间的差异乃至分歧和矛盾的。原因在于，文化认同远远比经济利益共享更容易构建身份。忽视这一点，单纯依靠经济现代化建设来解决民族关系问题，不把维护同一地区所有公民的经济发展、维护社会稳定与维护国家主权整合在一起，就无法解决民族关系问题。

因此，随着经济社会的发展，面对新出现的问题，必须不断创新民族地方治理方式，完善治理结构，制定适合民族地方实际的政策，促进民族关系和谐发展。通过笔者调查的案例，我们看到，随着少数民族地区经济社会的快速发展，出现了一系列新的问题，现有的治理模式并没有对其进行很好的

图 5-13　都兰县城汉语和英语标识牌

回应。但可以从总体上看出，民族地区的群众对国家充满了期待和信任。对于依赖性较强，而对个人权利意识淡薄的少数民族群众而言，随着经济社会的现代化转型，地方传统的权威体系渐趋衰落，政府日益成为人们依赖的目标和对象。因此，民族地方的政府承担着更多的职能，即不仅要履行领导当地经济建设，维护政治稳定等国家的基本职能，还要承担解决很多日常生活中的琐碎事项的任务，比如邻里纠纷、家庭矛盾（财产分配、娶妻生子、子女上学）等。因此，清正廉洁并能够不断创造性开展工作的民族地方政府，以及不断完善的民族地方治理体系对民族关系的发展具有十分重要的意义。

## 二、民族干部问题

少数民族干部是党和国家与少数民族群众联系的桥梁和纽带，他们不

仅是民族地区群众利益的代表者、维护者，而且是少数民族群众从事社会实践的组织者和带头人，更是消除民族群体中消极因素的重要实施者，是解决民族问题的关键性因素。新中国成立60多年来，我国少数民族干部政策经历了从确立、调整、恢复、完善到制度化、规范化和法律化的曲折发展过程。这一过程也反映了我国民族地区经济社会的发展历程。少数民族干部政策作为我国民族政策体系的重要组成部分，虽然为民族地区的经济社会发展发挥了或正在发挥着积极的促进作用，但是在新世纪新的历史条件下，由于多方面因素致使少数民族干部政策的创新不足，并对民族地区民族关系和谐稳定发展也产生了一定的影响。因此，通过创新民族干部政策，不仅有利于促进民族地区政治、经济、文化和社会等方面的建设，而且对实现民族地区民族关系和谐发展，具有十分重要的现实意义。

### （一）民族干部对和谐民族关系建构具有十分重要的意义

少数民族干部是党和国家联系少数民族群众的重要桥梁和纽带，是做好民族工作、加快民族地区经济社会发展、促进民族关系和谐发展的骨干力量。自20世纪20年代起，中国共产党就开始培养和使用少数民族干部。到中华人民共和国成立前夕，中国共产党已经培养了少数民族干部约1万人。[①]1928年，中共"六大"上选举关向应（满族）为中共中央委员；30年代，关向应还是苏维埃中央执行委员会委员。红军长征时吸纳的回族、彝族、藏族是加入中国共产党的第二批少数民族干部。新中国成立初期，毛泽东就强调，"政治路线确定之后，干部就是决定的因素"[②]。"在一切工作中坚持民族平等和民族政策外，各级政权机关均应按各民族人口多少，分配名额，大量吸收回族及其他少数民族能够和我们合作的人参加政府工作。在目前时期应一律组织联合政府，即统一战线政府。在这种合作中大批培养少数民族干部。此外，青海、甘肃、新疆、宁夏、陕西各省省委及一切有少数民族存在的地方的地委，都应开办少数民族干部训练班，或干部训练学校。请你们注意这一点，要解决民族问题，完全孤立民族反对派，没有大批少数民族出身的共产主义干部，是不可能的。"[③]这就明确了培养选拔任用民族干部

---

①　孙懿：《新中国少数民族干部政策60年》，《广西民族大学学报》2009年第5期。

②　中共中央统战部：《民族问题文献汇编》，中共中央党校出版社1991年版，第601页。

③　金炳镐：《民族纲领政策文献选编》，中央民族大学出版社2006年版，第419页。

在国家发展战略中的重要性。1981 年党中央提出，"要把其中德才兼备、为群众拥护的优秀中青年干部，有计划地提拔到各级领导岗位上来，较快地做到各民族自治机关都以实行自治的民族干部为主组成"①。对民族干部比例问题的重视，表明党真正兼顾到人口较少民族的干部工作，确保少数民族真正实现当家做主。20 世纪 90 年代初，江泽民指出，"不仅要继续重视培养一般少数民族干部，而且要注意培养少数民族高中级干部"②。"各级党委要以更大的力量，进一步加强对少数民族干部，特别是中高级干部和各种科技管理人才的培养。"③ 这表明党在重视做好基层民族干部工作的同时，也十分重视民族干部中高级干部的培养选拔任用。2003 年 3 月，胡锦涛指出，要紧紧围绕各民族共同团结奋斗、共同繁荣发展的民族工作的主题，突出抓好少数民族干部队伍建设。2005 年中央民族工作会议上，胡锦涛又指出，"抓住了共同团结奋斗、共同繁荣发展这个主题，就抓住了新形势下正确处理民族问题、切实做好民族工作的根本"④。经过历代中央领导的探索，民族干部政策不断创新，有力地促进了民族地区经济社会的快速发展。

第一，少数民族干部政策创新是促进民族地区经济社会跨越式发展的需要。实施跨越式发展战略是民族地区的必然选择，对于和谐民族关系的构建具有十分重要的意义。今后一个时期，是民族地区实施跨越式发展战略的重要机遇期，面对复杂多变的国内外形势，民族地区以加快转变经济发展方式为主线，以改革开放为动力，以改善民生为根本出发点和落脚点，不断增强综合经济实力、区域竞争力和抵御风险能力，不断提高各族人民物质文化生活水平。因此，能不能把握住时机，实现民族地区跨越式发展，关键要靠党的政策引导，要靠人才，培养造就一支德才兼备的少数民族干部队伍显得极为紧迫而重要。

---

① 国家民族事务委员会、中共中央文献研究室：《新时期民族工作文献选编》，中央文献出版社 1990 年版，第 132 页。

② 江泽民：《在听取全国民委主任会议汇报时的讲话》，转引自金炳镐《民族纲领政策文献选编》，中央民族大学出版社 2006 年版，第 736 页。

③ 江泽民：《加强各民族大团结，为建设有中国特色的社会主义携手前进》，转引自金炳镐《民族纲领政策文献选编》，中央民族大学出版社 2006 年版，第 764 页。

④ 胡锦涛：《在中央民族工作会议暨国务院第四次全国民族团结进步表彰大会上的讲话》，转引自金炳镐《民族纲领政策文献选编》，中央民族大学出版社 2006 年版，第 931 页。

　　第二，少数民族干部对于坚持和完善民族区域自治制度，实现民族平等、民族团结具有重要意义。为了达到事实上的平等（即不同民族社会、经济、文化发展水平上的平等），新中国成立后，中国共产党把马克思主义的基本原理同中国的实际相结合，制定并实行了民族区域自治制度。民族区域自治制度，是在国家统一领导下，在各少数民族聚居的地方实行区域自治，设立自治机关，行使自治权的一种制度。这一制度实际上是民族自治和区域自治的结合，是经济因素与政治因素的结合。实施和完善这一基本制度的关键在于培养选拔少数民族干部。坚持各民族相互尊重的原则，尊重各少数民族，并倡导各民族之间要互相学习，取长补短，这无疑保障了民族平等，促进了民族团结。由于少数民族干部在语言、民族情感以及对民族地区具体情况的熟悉程度上都有汉族干部所不具有的先天优势，因此，少数民族干部具有民族地区国家利益的代表者和民族地区民族利益的代表者双重身份，能够很好地协调和处理民族地区局部利益与国家整体利益之间的关系，在民族工作中发挥着不可替代的作用。当然，选拔民族干部在全国各级政府中任职，能使广大少数民族群众切身感受到当家做主的权利，从而自觉维护国家的统一。

　　第三，少数民族干部政策是保障民族地区社会政治稳定局面的需要。我国是统一的多民族国家，民族问题处理得好不好，直接关系到社会稳定。要集中精力抓经济建设，没有稳定的政治环境是不行的。从我国民族地区所处的战略地位来看，处理好民族问题，对我国巩固边防，保障民族地区社会政治稳定局面意义重大。我国陆地边防线约有 2.2 万千米，大多是少数民族居住的地区。边境民族地区与 10 多个国家接壤，有 20 多个民族跨境而居。"正确处理好民族问题，把民族地区建设好，把各族群众的爱国热情进一步激发出来，共同承担保卫家园的光荣责任，才能筑起一道坚不可摧的边防长城，我们的祖国边防才会巩固和安宁。"① 这是关系到我们的国家统一、社会稳定、边防巩固、建设成功的大问题。而要处理好民族问题，巩固边防，保障民族地区社会政治稳定，确保社会主义现代化建设有一个稳定的政治环

---

① 宁夏回族自治区民族事务委员会、宁夏回族自治区宗教事务局：《民族宗教法律法规文件选编》，宗教文化出版社 2000 年版，第 300 页。

境，必须要有得力的民族干部去做工作。就民族地区来说，必须要有一支始终能和党中央保持高度一致的，坚决贯彻落实党的基本路线方针政策的少数民族干部队伍。通过民族干部工作，把广大少数民族群众凝聚在一起，使少数民族和民族地区在党中央的统一领导下，团结一心，步调一致，保持稳定，维护统一。

**（二）少数民族干部政策存在的问题**

中华人民共和国成立后，我们通过民族识别工作和户籍登记工作，对少数民族聚居程度高的地区实行"民族区域自治"制度，设立自治机关、行使自治权，民族内部事务由少数民族自己管理，而民族区域自治制度作为我国社会主义五大基本政治制度之一沿用至今。这种制度内在要求我们必须下大力气培养一代又一代坚决执行党的路线方针政策，能和整个中华民族同呼吸、共命运、心连心的少数民族干部。国家也通过立法来保证少数民族干部进入各级领导岗位，如《组织法》、《民族区域自治法》中都对少数民族干部的选拔、配备做了具体规定。同时，采取多种渠道、多样形式和多次培养的办法，全面提高少数民族干部综合素质，使少数民族干部成为民族地区繁荣发展的中坚力量。至 2008 年年底，国家已经培训西藏民族干部培训班学员1466 人，新疆民族干部培训班学员 2686 人，中央民族干部学院作为专门培养少数民族干部和民族工作干部的重要基地，平均每年培训各级各类少数民族干部3000 多人次。[①] 尽管如此，在新的历史条件下，由于多方面因素的影响，在少数民族干部政策方面仍存在一些问题，主要体现在如下几个方面：

第一，少数民族干部政策体系自身的创新不足。目前，我国针对民族地区跨越式发展的民族干部培养政策还没有形成统一完整的政策体系，一些规定仅仅散见于各种法律、法规、规章以及相关文件，甚至是各级党委和政府的政策之中。即使在《中华人民共和国民族区域自治法》等法规文件中，对于民族干部政策有些方面的内容也没有相关的政策规定或参考其他政策的规定，存在政策缺失，即便在民族干部培养中有些具体的政策，内容也不够全面；在众多的政策中，其所包含的民族干部政策多是宏观性和原则性的规定，具体的内容相对较为模糊，如对少数民族干部的管理、监督只在基本原

---

① 罗旭：《我国全面提高少数民族干部综合素质》，《光明日报》2008 年 6 月 2 日。

则上做了规定，太过抽象化，没有明确概念、具体的条文和相关的解释等；对民族干部的权力规定比较详细具体，但对义务没有明确阐述，虽然在《民族区域自治法》中，国家赋予了少数民族地区或者赋予少数民族干部很多的权利，但却没有规定相应的责任和义务；对于少数民族干部政策除存在于《民族区域自治法》等个别的法律外，多以文件的形式作出规定，缺乏专门的法律保障，政策的保障效力受到影响。这些对充分发挥民族干部政策的效能有一定的影响，也必然对民族地区的跨越式发展有着一定的阻碍作用。

　　第二，少数民族干部政策的适应性和针对性不足。在民族干部诸多政策中，有些政策是历史产物，应该废止，有些则应根据形势需要及时修改和完善，如在干部来源、干部选拔等工作中应增添新内容；部分少数民族干部思想滞后，缺乏创新和进取意识，工作处于被动状态；少数民族干部的教育培训、选拔培养、任用管理的体制与机制方面，几乎是和我国普遍适用的干部政策一样，创新极少；民族干部年轻化程度低，在少数民族干部队伍中，妇女干部的比例仍比较低，尤其是担任领导职务的少数民族妇女干部就更少，性别结构有待优化；无论在级别上还是在地域上，少数民族干部大多分布在非重要、非关键的岗位，分布结构不够合理；民族干部中熟悉党政工作的多，懂经济会管理的少，农业型的多，熟悉工商、金融的少，知识能力单一型的多，复合型的少，传统产业的多，高新技术产业的少，显然干部类型结构有待优化。① 随着社会主义现代化建设事业的发展，特别是改革开放的深入和社会主义市场经济体制的建立，少数民族干部队伍结构不够合理的问题日益突出，少数民族干部主要集中在行政岗位，专业技术干部数量不足，门类不全，尤其缺乏高层次专业技术人才，熟悉财贸、金融、经济管理等方面的干部也远不适应各项事业发展的需要。民族干部队伍中存在的这些问题也影响到少数民族地区政治、经济、社会、文化、教育等的科学发展。

　　第三，民族干部政策在乡镇基层干部队伍建设上的不足。乡镇党委是实现党的领导的基础，乡镇政府是我国政权的基础。党的路线方针政策和各项任务，国家的法律、政令，最终要靠基层去落实。没有民族地区广大基层

① 刘荣、刘光顺：《族际和谐治理模式下的当代中国少数民族干部政策发展》，《云南行政学院学报》2008 年第 1 期。

干部的辛勤工作和艰苦努力，就没有民族地区的稳定和发展。只有基层干部大批成长，较高层次的干部才有雄厚的基础。无论从哪个方面看，少数民族地区乡镇干部队伍建设都是一个不容忽视的问题。目前在少数民族地区，特别是边远贫困地区，乡镇基层建设面临的一个突出问题，是乡镇干部来源少，缺编多。外地干部和一些大中专毕业生难以派进去，已经去的也难以留得住，以致出现某些乡镇长期缺编，工作受到不同程度的影响。这使得民族地区基层组织提供政治调控和维持发展秩序的能力相对较弱，制定发展政策和实现政策创新的能力贫乏，汲取社会资源和优化社会资源的能力相对下降。随着改革的深入，民族地区经济结构的调整，基层党组织又面临着更深层次的考验，原有的组织设置模式、党员活动方式和管理方式等已不适应新的生产关系和新的生产经营方式，党组织的服务能力与群众要求社会化服务的期望值不相适应，干部的整体素质与经济现代化的要求不相适应，这些严重影响了民族地区基层党组织的凝聚力和吸引力，直接影响着带领群众脱贫致富奔小康的步伐。① 因此，加强民族地区乡镇基层干部队伍建设、优化班子结构，势在必行。

第四，少数民族干部在提拔任用方面存在一些问题，不利于调动少数民族干部的积极性，不利于增强民族团结的凝聚力、号召力。

解放战争中，党训练和培养了一批少数民族干部；新中国成立后，转业并返回少数民族地方任职，很多曾和我党合作、拥护党的领导的少数民族首领也继续留任，使得新中国成立初期，少数民族干部比例较大。例如，20世纪 60 年代初期，在宁夏回族自治区 6 名省委书记和副书记中，有 3 人是回族；5 名内蒙古自治区区委书记和副书记中，有 4 人是蒙古族，自治区党委第一书记是乌兰夫。② 这说明党十分重视信任并重用少数民族干部，使他们发挥在党的集体领导中的象征性、代表性作用，有利于消除民族之间的隔阂和不信任。但改革开放以来，汉族赴任少数民族地区的情况十分普遍，因为少数民族干部受教育程度偏低，需要汉族干部援疆，但少数民族很少能在出生地以外的内地省份担任领导职务，这一方面能够发挥少数民族干部在当

① 敏生兰：《改革开放 30 年民族地区党建工作发展态势分析及对现实困境的解读》，《甘肃理论学刊》2008 年第 6 期。

② 余振、达哇才仁：《中国的民族关系和民族发展》，民族出版社 2003 年版，第 119 页。

地的号召力，但不利于民族干部跨地区交流，也不利于将少数民族地区群众的社会关系带到内地，不利于民族之间的融合，反而减弱了少数民族地区干部群众全国一盘棋、同一个祖国大家庭的心理感受，造成很大的心理隔阂甚至曲解。实际上，改革开放以来，少数民族干部受教育程度大大提高，基本能满足干部录用的学历水平，在领导能力方面和汉族干部也基本没什么差别。由于他们从小就在外求学，对民族地方的了解并不比其他干部多多少。因此，少数民族干部提拔任用考虑其熟悉民族地区的情况的必要性大大降低。此外，少数民族女性干部在国家最高层领导干部中的比例则更小，干部任用中性别机会均等未能很好贯彻。

### （三）少数民族干部政策创新路径选择

如前所述，少数民族干部是民族地区各项事业的领导者、组织者，是民族地区政治、经济、文化建设不可或缺的骨干，既肩负着民族地区的发展，引导和率领少数民族群众进行现代化建设，又肩负着当家做主、管理本民族内部事务的职责；既肩负着反映少数民族意愿、维护少数民族合法权益的职责，又肩负着维护民族团结、社会稳定和祖国统一的神圣职责。建设一支能够担当重任、德才兼备的少数民族干部，是推动民族地区经济发展，缩小与内地发达地区发展差距，推动和谐民族关系发展的关键性因素。具体来说，就是通过创新少数民族干部政策，为促进民族地区跨越式发展提供重要保证。

第一，加强少数民族干部队伍的教育、培训和培养政策的创新。国家要把少数民族干部队伍建设纳入社会发展总体规划，纳入干部队伍建设和人才工作的总体规划，形成党委统一领导，组织部门和统战、民族宗教部门各司其职，有关部门大力支持，齐抓共管、协调高效的民族干部培养工作机制，加强少数民族干部队伍教育、培训和培养。一是要加强少数民族干部队伍的思想教育。少数民族干部是本民族群众意志的忠实代表，有着较高的文化水平，在本民族群体中有着较高的威信，在多民族交往中能起促进团结的作用，也有阻碍民族交往的负面作用。加强少数民族干部队伍的思想教育，特别是社会主义核心价值观教育，使广大民族干部与全国各族人民一样树立为"两个一百年"奋斗的理想目标。应进行党的民族、宗教政策和形势政策教育，使之进一步提高理论水平和政治素养，树立马克思主义民族观、宗教观，自觉维护祖国统一和民族团结，坚决抵制和反对国内外敌对势力的分裂、渗透活动。二是加大少数民族干部队伍的培训力度。一方面注重在实践中特别是地方和基层一线实践中培养、锻炼和提高少数民族干部，切实加强少数民族优秀年轻干部的培养选拔工作；另一方面要继续有计划、分层次组织安排少数民族干部到党校、行政学院、干部学院、民族干部院校进行培训，不断提高政治素质和业务能力，努力提高领导民族地区经济和各项社会工作的能力，增强抓好发展这个第一要务、履行好维护稳定这个第一责任的本领。三是强化少数民族干部的实践锻炼。有意识地把优秀年轻干部推向经济建设的主战场，有意识地安排少数民族干部到关键岗位、重要部门或急难险重工作中培养锻炼；对少数民族优秀年轻干部，通过下派、上挂、帮扶、任科技副职和参加促农工作；加大少数民族干部轮岗交流，既要把缺乏基层经验的优秀党外少数民族干部有计划地选派到基层一线挂职锻炼，又要把长期在基层工作、经历比较单一的优秀少数民族年轻干部选派到上级机关和先进发达地区挂职学习，熟悉党和国家的有关政策，拓展视野，提高宏观决策和驾驭市场经济能力。都兰县民族宗教局的干部介绍说，我们这里是藏族、蒙古族自治州，但懂少数民族语言的干部太少，和当地老百姓沟通上存在很大困难。①

第二，加强少数民族干部选拔任用政策和机制的创新。少数民族干部队伍的状况是衡量一个民族发展水平的重要标志。对少数民族干部使用要统筹考虑合理安排，及时提拔任用部分少数民族干部到相关岗位，改善班子结构，增强团结，实现优势互补。一是在选人方面，打破常规，积极拓宽少数民族干部使用来源渠道，对经过基层实践锻炼和考验，比较成熟的后备人选，要充分信任，放手使用，大胆提拔到领导岗位上来。二是在使用少数民族干部工作中，要认真按照《党政领导干部选拔任用工作暂行条例》规定的条件和程序，坚持以考核与民主测评结果为依据，重素质，不随意降低用人标准，切实保证少数民族干部任用质量。三是在任用少数民族干部时，充分考虑少数民族干部在少数民族群众中的凝聚力、号召力，在落实民族政策、处理民族事务、维护民族团结稳定和发展民族经济等方面的特殊作用，做到

---

① 2012 年 8 月 3 日，在海西都兰县民族宗教局调研资料。

同等条件优先用，看准的干部敢重用，使优秀的少数民族干部得到提拔重用，走上各级领导岗位。四是重视做好散杂居地区少数民族干部培养选拔工作。在地方各级人民代表大会中，有关少数民族都应当有适当名额的代表，对人口较少的民族，也应给以适当照顾。在招工、征兵以及招收其他各种工作人员时，不得以任何借口歧视和排斥少数民族，并且要予以适当照顾。

第三，加强少数民族干部政策发展机制的创新。一是从少数民族干部政策的本质和特点出发，充分考虑各方面因素对政策目标的要求，加强少数民族干部政策发展机制的创新，力求机制功能的最大化、最优化。坚持党管干部的原则，建立科学、完备、系统、适用的少数民族干部政策体系，使少数民族干部选拔任用工作走向民主化、科学化、制度化、法制化。二是创新少数民族干部的考察评价机制。切实发挥考核在考察评价干部中的作用、导向作用、激励作用和教育作用，建立和完善一套关于少数民族干部考察评价的可操作的综合指标体系，根据干部实绩要受客观因素制约的情况，处理好实绩与工作基础的关系、实绩与工作环境的关系。三是建立合理化的少数民族后备干部制度。要把少数民族后备干部的选拔培养，纳入后备干部队伍建设的总体规划，健全完善后备干部培养教育和管理的制度规定，按照在职少数民族干部的比例，做好少数民族后备干部队伍的建设工作。

第四，加大民族地区基层干部队伍建设的力度。民族地区基层党组织要在团结各族群众推动科学发展、促进和谐、反对分裂、维护稳定中发挥战斗堡垒作用。基层干部队伍不仅是加强基层组织建设的重要途径，而且是确保民族地区长治久安的重要保证。要切实把充实基层干部队伍作为干部队伍建设的重点，统一规划实施。一要增加乡镇行政和事业编制。随着民族地区农牧区经济社会的不断发展，乡镇基层组织的职能发生了很大变化，原有的职能需要加强，同时又增加了一些新的职能。这就迫切需要对乡镇行政和事业机构设置进行调整，适当增加人员编制，以满足农牧区基层工作的需要。二要充实乡镇干部队伍的力量。要继续抓好大学毕业生定向分配到县以下基层就业这项工作。加大干部交流力度，积极引导各类人才向艰苦边远地区缺员较多的乡镇流动，积极从地、县机关和条件较好的地方选派年轻干部到艰苦边远乡镇任职。少数民族人口较多的省和有条件的自治州，可建立民族干部学校，在计划内面向农村、牧区招生，毕业后分配到原地区担任乡镇基层干部；在做好编制定员的基础上，可从优秀农牧民中聘用乡镇干部；对少数民族聚居的贫困县和边远地区，可适当放宽少数民族干部录用条件；重视培养选拔一批政治业务素质好、有一定基层党的工作经验的乡镇党务干部，以加强和改进农牧区基层党务建设。

### （四）民族干部作风问题

党的基层组织和基层干部是加强和创新社会管理、做好群众工作最基本、最直接、最有效的力量，是我们党执政为民最为重要的组织基础。[①] 干部工作作风的好坏关乎党在人民群众心目中的形象，事关社会主义事业的兴衰成败，事关民心向背以及党的执政地位等重大问题。中国是一个传统的官本位社会，偏远落后的民族地方这种氛围更为浓厚，地方干部不仅是地方经济社会发展的组织者、引导者、国家建设社会主义的可靠力量，更是人民群众心目中的"父母官"，因而其在老百姓的眼里应是高尚道德的楷模、人格完美的典范。俗话说"为官一任，造福一方"，干部作风对地方风物人情具有强大的带动示范作用。如果每一个干部能随时随地讲党性、重品行、做表率，时时刻刻权为民所用、情为民所系、利为民所谋，不忘党纪国法，就一定能以优良的党风促政风带民风。

干部作风是指国家干部在工作、生活、学习等方面表现出来的行为方式和形成的基本特征，是其世界观、人生观、价值观的外在反映，体现着干部的党性修养、政治品质、道德境界。中国共产党自成立以来就高度重视干部作风建设，长期以来形成了五大作风，即理论联系实际的作风、密切联系群众的作风、批评与自我批评的作风、谦虚谨慎、艰苦奋斗的作风以及民主集中制的作风，这是长期以来我党立于不败之地的根本原因。改革开放以来，在党的十一届五中全会、十二届二中全会、十三届六中全会、十四届四中全会、十五届六中全会、十六届四中全会上，都对党的作风建设作出了重要部署，集中体现在对干部作风问题提出的"六个反对"，即反对腐败、反对平庸、反对懒惰、反对奢侈浪费、反对散漫、反对分裂。改革开放以来，随着西方价值观的"西气东来"以及封建思想的侵蚀，干部作风建设出现新

---

① 何萍：《加强边疆少数民族地区基层干部作风建设的思考》，《中共伊利州委党校学报》2012 年第 1 期。

的问题。总体上看，和其他地区一样，我国民族干部作风是健康的、积极向上的，但有的干部也出现了一些不容忽视的倾向性问题，主要体现在：高高在上，严重脱离群众，对上级毕恭毕敬，对一般老百姓则冷漠无情。一些干部与民争利，贪污腐化严重；办事推诿扯皮，效率低下；言而无信，只说不做；有的干部观念错位，滋生享乐主义观念，拜金主义盛行；地方干部价值观念扭曲，在人民群众中造成了恶劣影响。中国共产党是中国最广大人民利益的代表，为人民服务是党的根本宗旨。党的性质和党的根本宗旨决定了党员干部的公仆性质。既然身为人民公仆，就该全心全意为人民服务，除此之外，别无其他。中国共产党从成立之初，由弱变强，由小变大，团结和带领全国各族人民历经革命和建设的种种洗礼，最终取得今日国家繁荣富强的辉煌成绩，关键就是党始终代表着人民的利益，没有自己的私利，从而始终得到人民群众的支持和拥护。习近平总书记曾经指出，"如果觉得当干部不合算，可以辞职去经商搞实业，但千万不要既想当官又想发财"①。

因此，要加强民族干部作风建设力度，着力解决民族干部中存在的突出问题，特别是民族地区的干部腐败问题。民族地区的干部腐败不仅仅是社会问题，更重要的是败坏了党在民族群众心目中的形象，造成严重的信任危机；不仅损害了党在民族地区执政的合法性，还侵蚀着少数民族的国家认同意识，这是民族地区干部作风的危害性之所在。NLJ 告诉我们："毛主席是大英雄，毛主席那个时代好，虽然日子穷一些，但官员贪污腐败很少，现在官员大不如前了。"②海西地区由于当地藏族、蒙古族及回族历史上遗留下来的草场纠纷引起的矛盾长期得不到解决，使其已成为民族关系和谐发展的严重障碍。由于干部任期制等原因，一任领导重视的主要政绩工程，而将一些可能导致矛盾的事件暂时压制、拖延，问题留给下一任，这使得矛盾不断积累。据统计，从 1994 年到 2004 年间，中国各类群体性事件数量已由 1 万起增加到 7.4 万起，参与人数也由约 73 万人次增加到约 376 万人次，从增长速度看，1994—2004 年，全国群体性事件年均增长 22.2%，参与人数年均增长 17.8%。从涉及面来看，群体性事件在全国各省、自治区和直辖市都有

---

① 中国共产党新闻网：http://cpc.people.com.cn/pinglun/n/2012/1205/c241220-19797540.html。
② 笔者 2011 年 7 月在都兰县热水乡赛什堂村调研资料。

发生。① 这是由于我国改革开放的不断深入、市场经济的转型，社会利益格局的调整，新问题、新矛盾不断增加，但这些问题已经成为各级党政机关亟须研究和解决的一个重要课题。

政治因素主导着民族关系发展的方向。当然政治因素包括很多的内容，除上述民族地方治理、民族干部等因素之外，民族政策的顶层设计也是十分重要的方面。目前，人们更多地反思新中国成立以来的民族政策，包括对当年的民族识别工作、民族优惠政策以及民族区域自治制度等，提出了进一步完善民族政策的新思路。其中，争论较大的是马戎教授提出的民族问题"去政治化"，实现"文化化"的思路。他指出，在全体国民的身份确认中突出强调民族身份，而且使之固定化……这种制度安排无疑会唤醒以及不断强化人们的"民族意识"，这种把各民族成员相互清晰地区别开来的做法，显然不利于民族之间的交往与融合。一些针对少数民族的政治、经济及文化教育等方面的优惠政策，在保障少数民族族群政治权利的同时，也可能增强各民族之间的隔阂与竞争。② 因此，当前我国某些民族宗教政策中的问题在顶层设计中需要继续探讨和反思。

## 第四节　人口因素对民族关系的影响

民族总是由一定的人口组成的，多民族地区不同民族人口数量比例、分布格局、人口发展状况及人口流动等因素对民族关系产生重要影响。海西蒙古族藏族自治州作为西北地区典型的多民族聚居区，在不同历史时期，民族人口问题深刻影响着民族关系的发展。

由于不同民族人口数量以及与中央及周边政权关系的变化，海西民族关系的主要内容也随之不断变化，人口数量占多数的民族之间的关系是海西不同历史时期的主要民族关系。总体而言，自蒙古族进入青海并统治青藏以来，蒙藏关系是主要的民族关系。如前所述，明正德四年（1509），蒙古族大量移居海西，至万历年间柴达木盆地的蒙古族有 10 万之众。罗卜藏丹津

---

① 胡联合、胡鞍钢、何胜红、过勇：《中国当代社会稳定问题报告》，红旗出版社 2009 年版，第 139 页。

② 马戎：《民族社会学——社会学的族群关系研究》，北京大学出版社 2004 年版，第 523 页。

事件之后，蒙古族势力迅速衰落，人口锐减。民国 31 年（1942），总人口为 5.77 万人。民族关系主要内容逐渐发生变化，马步芳家族军阀统治海西时期，分而治之的策略，不断挑起民族矛盾、相互仇杀，战乱纷争，加之残酷剥削压迫，海西人口大量逃亡，到 1949 年只有 3955 户，16026 人。海西民族关系主要由蒙藏民族关系转变为蒙藏汉回等民族之间的关系。中华人民共和国成立后实行民族平等团结政策，海西人口数量快速增长，大量汉族人口迁入海西。国家通过移民实边，支援边疆建设，特别是柴达木大规模开发建设，工农牧业均获得快速发展，新兴城市的崛起和国营农场建立，国家有计划地迁移内地人口进入海西，移民实边、巩固政权，投入开发建设。50 年代，国家有计划地迁移党政军机关干部及家属人口 42571 人，同时大批企业进入海西进行开发建设。据统计，50 年代整体迁移或部分迁移到海西的资源开发者为 227578 人，约占同期人口总数的 85.6%；[①]1959 年海西人口增长到 248360 人，与新中国成立前相比，净增人口 232334 人。改革开放后，我国以经济建设为中心，迁移海西人口主要以从事经济生产为主，迁移规模远不如 20 世纪 50 年代。特别是进入新世纪西部大开发战略实施以来，海西人口双向流动加快，未落户的常住人口也迅速增加，2008 年海西迁入人口 13941 人，迁出人口 9649 人，未落户的常住人口 3085 人。[②] 流动人口增加进一步促进了海西民族构成的变化，汉族、回族人口增多，海西原有的蒙藏民族关系转变为汉族与少数民族之间的关系。总体而言，国家意志、实现国家发展战略目标对海西人口的迁移具有重要作用。移民也体现出整体性（整个单位、机关或工厂的迁移）、集中性（集中部分人员如劳教、技术人员或某个行业）的特点。如 50 年代国家从上海、浙江、江苏等地迁入大量汉族，而改革开放以来迁入人口则以甘肃、陕西以及青海东部地区人口为主。西部大开发以来，江浙商人带动人口进入海西投资兴业，人口迁移的动力中国家计划的成分少而来自个人的经济利益考量的成分多。

可见人口迁移对民族关系的发展具有十分重要的作用。随着社会的发展进步，大量的人口流动成为影响民族关系新的因素。人口流动是指人口在

---

① 张占元、苏志强：《人口迁移与柴达木开发》，《柴达木开发研究》2002 年第 4 期。
② 《2009 年青海统计年鉴》，中国统计出版社 2009 年版，第 79 页。

短期离开原来居住地后又返回原居住地的现象，一般指离家外出工作、读书等。人口流动最基本的动因在于国家经济、社会发展的不平衡，即不同地区的人口与其对生活资料在数量上的需求不平衡。而人口迁移正是调节这两者关系的重要杠杆。总之，不论是新中国成立以来海西地区大量汉族人口迁入海西，还是改革开放后人口的双向流动，都对海西的经济建设、社会进步作出了巨大贡献，对民族关系的发展产生正反两方面的重要影响。

### 一、海西人口流动促进了当地经济发展

新中国成立初期，大量汉族干部、机关单位、家属等迁入海西，首先巩固和发展了地方政权，为维护国家政治稳定发挥了重要作用。同时一批技术先进、专业知识丰富的专业技术人才进入海西成为海西难得的重要人力资源，开拓和促进了海西新兴产业不断发展，在海西欣欣向荣的建设发展过程中，蒙藏汉和谐民族关系不断发展。

### 二、汉族人口的迁入促进了海西地区原有社会结构的现代化转型

任何民族都处在一定的社会结构中，而社会结构的变迁与当地生产力发展水平密切相关。汉族移民的迁入带来了中原先进的农业生产技术，国家调配的技术人才、党政干部为海西经济、政治、文化、教育、医疗等各方面的快速发展作出了贡献。新中国成立前的海西蒙古族、藏族实行的是封建制、农奴制，工商业基本没有发展，而严酷的自然环境和脆弱的生态环境使得当地的生产力水平十分低下，人民生活十分艰难。中华人民共和国成立以来，汉族移民在海西大发展中作出了巨大贡献。

### 三、少数民族人口的流动促进了少数民族生计方式的现代化变迁，从而有力地促进了海西少数民族"人的现代化"

新中国成立以后，海西政治稳定，民族关系和谐发展，在国家支持下，海西经济快速发展，劳动生产率得到很大提高，农牧区由于土地资源的有限性以及社会发展整体落后等原因，形成对农牧区少数民族剩余劳动力向城市流动的"推力"，而城市工业化需要大批劳动力，加之公共基础设施完备，收入高、发展前景好等原因，对广大农牧区剩余劳动力形成"拉力"。在这

种推力和拉力的共同作用下，农村剩余劳动力向城镇和非农业产业转移。特别是改革开放以来，海西地区农牧业剩余劳动力溢出效应更加明显，改变了海西原来人口单向流动格局，内地汉族与海西少数民族人口同时双向流动迅速增加，特别是大量少数民族剩余劳动力进城务工、求学、经商，少数民族打破原有的传统地域限制。这种流动开阔了少数民族劳动力的视野，加速社会化进程，有力地促进了人的现代化转型。这种人口的双向流动进一步密切了内地与海西在地区之间、民族之间的交往关系，信息交流、物资交流促进了内地与海西的共同繁荣发展。交流与合作成为民族关系的主题，深化了民族交往的程度。

### 四、移民促进了不同民族文化之间的互动、融合

移民使得具有不同文化传统的民族共同生活在同一地域，文化多样性打破了原有的单一的民族文化。但是人口流动也引起一系列问题。美国社会学家罗伯特·帕克（Robert., E.Park）认为民族关系的发展一般都经历竞争、冲突、调适、融合四个阶段。大量人口流动过程中，不同民族的接触和交往日益频繁，人们发现了相去甚远的民族文化差异。正是在他者中发现"自我"，从而使民族意识不断增加。因此，在大量的人口流动中，必然出现民族之间的摩擦、矛盾甚至冲突。这是民族关系发展中的必经阶段。但这些事件如果掌控不好，将会引发民族矛盾和冲突。可以看出，交往才是不断消除民族差距建构和谐民族关系的关键。

此外，由于市场经济条件下人们对经济利益的追逐，海西民族地区的大规模开发过程很难像新中国成立初期那样将经济发展与民族团结有效结合起来，因而，加剧了汉族和边疆少数民族的竞争关系。不合理的资源开发模式，不正当的市场竞争，不合理的利益分配以及部分官员的腐败加剧了民族矛盾的产生。

## 第五节　教育与就业对民族关系的影响

海西地区地处偏远，传统观念强，宗教氛围浓厚，教育对促进社会发展进步作用十分突出，文化教育在促进社会现代化转型过程中发挥举足轻重

的作用。通过文化教育达到知识观念传播和人的素质的提高远比行政命令的手段改变人的观念更具合理性。

通过前文对海西地区民族关系的历史回顾，我们知道以宗教文化为中心的海西藏族文化是海西地区主流文化。而这种文化并不是通过学校传承的，寺院在藏族中发挥着教育的功能。寺院教育有别于正规的国民教育，但也有自己完整的教育体系，比如有固定的专业、教材及授予的学位。这种宗教文化就是通过寺院不断传播的。但寺院毕竟和现代学校不同，过去除海西寺院外无学校的状况实际上限制了藏族教育事业的发展，特别是寺院对教育的垄断，使很多人并不能接受现代知识和教育，不利于当地人民掌握适应社会生活的先进科学技术，因而不能与先进的生产方式联系起来，不能在社会的转型变迁中获得发展优势。

图 5-14　都兰县民族中学①

现代国民教育不仅有利于消除愚昧、开启民智，而且也使得民族群众融入现代社会，改变生计方式，实现人的现代化、社会化。历史经验证明，文化教育事业是促进传统社会现代化转型的关键。因此，在工业化时代接受现代教育促进民族发展具有举足轻重的作用。现代教育的水平反映着一个民族的社会发育程度。苏发祥在《西藏民族关系研究》一书中就认为："上学

---

① 笔者摄于 2012 年 8 月 26 日。

年数也对不同民族交友情况有着重要的影响。上学年数越多,接受的教育也就越多,就不会有太多的民族偏见和歧视,对待其他民族的态度也更加开放。上学年数多的藏族由于有更多的机会接触汉文化,因此,也更愿意与汉族交朋友。"①

新中国成立以来海西的教育事业获得了很大发展,培养了大量各级各类人才,为海西经济建设和社会进步作出了重要贡献。不仅如此,几十年的学校教育,也使当地少数民族教育观念发生重大变化。实践证明,在现代社会不接受现代教育,在社会上就很难获得很大发展。应改变少数民族的教育观念,促进少数民族人口教育事业的发展。正规的国民教育显然融入了思想政治教育的内容,使党的执政有了更加广泛的坚实基础。根据 2012 年海西州国民经济和社会发展统计公报数据,2012 年海西全州共有中小学校(不包括中石油青海油田分公司)104 所,在校学生 66717 人。其中:中等职业教育学校 2 所,毕业生 732 人,年内招生 2056 人,在校生 5298 人;普通中学 47 所,毕业生 7149 人,年内招生 8922 人,在校生 23986 人;小学 55 所,毕业生 6039 人,年内招生 6276 人,在校生 37433 人。全州幼儿园在园幼儿10963 人。各类学校教职工人数 4600 人,其中专职教师 4098 人。学龄儿童入学率达 99.88%,比上年提高 0.15 个百分点。其中,纯牧区学龄儿童入学率 99.36%,比上年下降 0.16 个百分点。中石油青海油田分公司有普通中学3 所,在校生 2511 人,毕业生 841 人,年内招生 850 人,教职工人数 374 人。其中专职教师 267 人。小学 4 所,在校生 2210 人,毕业生 443 人,年内招生 405 人,教职工人数 221 人,其中专职教师 171 人。

教育观念的改变已经深入人心。海西都兰县热水乡赛什堂村的党支部书记 AK 见面就介绍村里的情况,其中很重要的一项内容就是说明村里的"普九"工作和适龄儿童入学率、初中入学率等数据,从他了如指掌的介绍中就可以看出,当地一项重要工作就是发展教育,教育指标一定是考核地方政绩的重要内容,否则他们不会主动介绍这些内容,也不会如此引以为豪。笔者在热水乡赛什堂、扎玛日两个村里的寺院分别进行了调研,寺院里基本没有儿童。即使在寺院里做阿卡,年龄大了也需要去正规学校进修。赛什堂

---

① 苏发祥:《西藏民族关系研究》,中央民族大学出版社 2006 年版,第 316 页。

村曲日岗寺的阿卡 JMJC 告诉我们，我小时候家里穷，9 岁来到这个寺院，生活还过得去，现在 23 岁了，准备去玉树卫校进修，寺院里没人教这么复杂的医学知识。我们这里医生特别缺，都是乡村赤脚医生在乡卫生所轮流值班看病，我虽然年龄大了，但去正规学校学习非常重要。①

随着社会的发展，海西地区的民族教育中还存在很多问题，主要表现在以下方面：

## 一、教育经费投入不足、师资不足，城乡教育发展不平衡问题严重

西部民族地区贫困面广、贫困人口相对密度大、社会发展程度低，地方教育经费投入严重不足。海西地广人稀，学校数量少，且分布不均衡，不仅一些偏远的草原和定居点没有学校，而且很多乡镇也只有小学而没有中学，学校（包括幼儿园）主要集中在几十千米以外的县城。当地牧民上学很不方便，一般都需要在县城租住房屋，家里人陪读，教育成本很高。因此，一般山区和偏远的草原地区，孩子上学都要等年龄稍大一些，生活基本能自理才能去上学，导致这里农村学生上学年龄普遍偏大。格尔木市乌图美仁乡那棱格勒村的 KX 告诉我们："我 8 岁才上一年级，那时奶奶陪着我，我离开父母来到 300 千米外的市区读书，一个月也见不到父母一次，奶奶接送我，帮我做饭。"这些不利因素是汉族所没有的。因此，内地与汉族教育差距多大就可想而知了。

此外，新中国成立以来由于我们实行的户籍制度等原因形成了城乡二元社会结构，城乡发展差距很大，海西地区也不例外。海西地区地广人稀，自然条件本身差距很大，更加彰显出坐落在绿洲的城市与偏远的山区之间的巨大差距，人口普遍倾向于集中在大城市，偏远地区学校留不住人才，因此，教育质量受到很大影响。由于海西蒙古族、藏族人口比重大，而蒙藏民族的母语并不是汉语，因此，对懂"双语（汉语和民族语言）"的教师需求很大，但是高水平的双语老师十分紧缺。同时，双语教学设备欠缺，教材和学习资料不足，都给民族学生学习带来很大困难。此外，对于人才相对匮乏的海西而言，教师这个人才集中的群体往往被其他机关单位"挖"走，很多

---

① 2012 年 7 月，笔者在海西州都兰县热水乡曲日岗寺的调研资料。

机关企事业单位干部都是教师出身。因此，要进一步提高国家对边疆少数民族地区教师的待遇，提高师资水平，促进民族地区教育发展。

## 二、传统观念对教育的影响很大，未能形成良好的学习氛围

海西作为蒙古族藏族自治州，蒙藏民族是主体民族。而以藏传佛教为主要内容的藏文化是海西的主流文化。孩子进寺院当阿卡才是受社会尊重的，考上大学的并不像汉族那样被称为"跳龙门"，很多人看不到学校教育对孩子未来的重要作用。现在海西地方经济发展很快，大量资源开发使海西群众都过上了很好的生活，而大学毕业不一定就能找到好工作，因此，人们通过成本与收益计算比较，很多人选择继续放羊而不是上学。

## 三、就业压力大，教育费用高，使很多家庭对教育支持弱化

就业难是我国当前十分严重的社会问题，民族地区也不例外。通过教育已经不能很好地改变一个人的命运，对教育的期望降低。同时，教育投入大，增加了家庭负担，导致教育投资积极性降低。内地大学生就业难，还可以考虑自主创业或去发达城市打工，积累经验，以图更好的发展。少数民族学生由于社会关系单一，语言、思想观念等与主流社会并不接轨。他们的主要社会关系网络并不在就业机会多的内地，而仍然在家乡民族地区。大多数能走出草原进入大城市接受高等教育的学生已经是其家族或当地十分优秀的人才，他们自主创业缺乏像汉族大学生更易获得帮助、提携，对于内地发展机会较多、空间较大的大城市他们也没有汉族人学生那样相对熟悉的环境条件，因而往往使他们选择最熟悉的环境，返回故乡。但民族地区生产力水平较低，社会发育不成熟，第二、第三产业不发达，不能吸纳大量大学生实现就业。因此，就业渠道单一，严重影响人们接受教育的积极性。大学毕业后大多数人只能返回民族地区老家考公务员，但这样的几率越来越小，造成毕业就是失业或只能继续从事上学之前从事的农牧业生产劳动的现象。

可见教育终端即就业问题是影响民族地区教育发展的重要因素。乌图美仁乡的牧民PX的两个儿子和一个儿媳妇都是青海民族大学毕业的，现在毕业五六年了都找不到工作，只能继续在草原上放羊，教育并没有给他们带来更多的机会，没有达到人们通过教育改变生活状况的期望。实际上，海西

地区资源丰富，国家可以考虑扩大海西的产业链，不必过分追求单一的经济效益，将海西丰富的资源开采出来之后在民族地区深加工，从而在繁荣民族地方经济、增加地方税收的同时，为海西大学生就业提供更多的机会。国家要大力发展民族地区的特色产业，鼓励大学生依托民族特色产业进行创新，从而扩大就业。此外，我国制定了大量的援助边疆建设政策，特别是选派援疆干部在边疆工作，但是否也可以考虑创造条件鼓励引导民族地区少数民族学生毕业后去内地对口援疆省市就业，这样既可以适当缓解少数民族大学生就业压力，提供民族之间接触与交流、沟通的平台，对少数民族学生更快的成长也大有裨益。

## 第六节　宗教因素对民族关系的影响

如果说语言是民族之间最明显的外在差异的话，那么宗教信仰则是民族之间最深层的差异，宗教信仰对民族特征的维系发挥了根本性的作用，宗教本身就是一种生活方式。因此，宗教是民族交往中涉及范围最广、最难以相互理解和体认的部分，是影响民族关系发展最重要的因素之一。

宗教是人类社会发展到一定历史阶段出现的一种经久而普遍的社会现象，属于社会意识形态的范畴，其主要特点是相信现实世界之外存在着神通广大的神秘力量或实体，神秘统摄万物而拥有绝对权威、主宰自然进化、决定人世间的一切，从而使人对这种神秘产生敬畏及崇拜，从而引申出信仰认知及仪式活动。在古汉语中，宗教本不是一联缀词。宗意指"祖先"，教即"教化"，合起来即指祖宗教化的含义。《说文解字》："宗者，尊祖庙也，以宀从示。示者，天垂象见吉凶所以示人也，从二。三垂，日月星也，观乎天文以察时变示神事也。"这表示对神及人类祖先神灵的尊敬和崇拜。在英语中，宗教（Religion）一词源自拉丁语的 Religio，意指"连接"。这一意思的起源与"宇宙万物相互连接"的宇宙实体的表现有关。马克思主义认为，宗教是支配人们日常生活的外部力量在人们头脑中的虚幻反映，宗教本质上是一种"颠倒的世界观"，是由对神灵的信仰和崇拜来支配人们命运的一种意识形态。从其产生根源看，宗教是自然压迫和社会压迫的产物。宗教最初是被压迫者对现实苦难的叹息和抗议，而后被统治阶级所利用，成为统治被压迫者的思想工具，因此他断言"宗教是精神鸦片"。随着历史的发展，宗教逐渐成为广大信众心目中具有不容侵犯的神圣性的存在，因而不再是单纯的文化现象，而是一种强大的势力，成为影响人类历史发展进程的重要力量。宗教的社会整合功能、控制功能、心理调适功能是任何意识形态所无法比拟的。正因为如此，"宗教以其特殊的意识形态功能与强大的现实力量成为影响社会稳定，在诸多'变量'中扮演着特殊的角色"①。一方面，宗教在维系统一和社会稳定中发挥重要作用。其以信众的自觉遵守和宗教性社会结构的自律为基本运行方式，其对象直指人心，是法律、道德等其他社会规范功能所不能替代的。但是当不同民族、不同宗教在接触与竞争中，宗教的凝聚力则反映在其所具有的强大的排斥与对抗作用，成为危及多民族、多宗教国家社会稳定，甚至领土完整统一的破坏力量。当今世界战乱纷争的背后除争夺资源外，宗教教派的冲突成为地区冲突的根本原因。正如亨廷顿所言，冷战后世界上的冲突是不同文明之间的冲突，战争在不同民族、不同宗教之间展开。海西作为我国典型的多民族聚居区，宗教与民族关系及社会稳定之间也存在上述两种截然相反的互动关系。

海西是我国典型的多民族聚居区，其面积占仅次于西藏的全国"第二大藏区"——青海省的45.17%。据2004年青海省宗教活动场所年检统计，青海共有宗教活动场所2100多座（所），宗教教职人员29000多人，占信教群众的1.33%，共有信教群众200多万人，占全省总人口的41.65%。海西少数民族除回族、撒拉族等之外，主要信仰藏传佛教，宁玛派和格鲁派都有传播。新中国成立前，在海西地区有18座藏传佛教寺院，其中有10座是由蒙古族王公贵族所建，是海西蒙古八旗的属寺。这些寺院在历史上都有过辉煌的历史，如香日德寺、都兰寺在极盛时期，僧众达到1000多人。

总体而言，近年来随着经济社会的发展和现代教育观念传播等原因，人们更加关注经济利益，宗教信仰总体上出现淡化趋势，蒙古族最为明显，特别是年龄在20岁以下的青年人。例如藏族家庭一般都有供桌，供奉佛像，供桌上摆放有酥油灯、净水、香、花、音乐、水果、糕点、珍宝等，而蒙古族一般没有佛龛，甚至没有悬挂佛像，而悬挂成吉思汗像。据乌兰县宗教局

---

① 戴继诚：《宗教与社会稳定》，《青海民族研究》2008年第3期。

2004 年 4 月 21 日《乌兰县藏传佛教寺院流散僧人调查情况汇报》，自 2000 年至 2004 年还俗的僧人共有 37 人，其中都兰寺 29 人，柯柯寺 2 人，茶卡寺 6 人，还俗的绝大部分为年轻僧人。[①] 据都兰县民族宗教局介绍，都兰民族与宗教结合起来的活动越来越少，宗教活动由寺院组织。都兰县有清真寺 13 座，但不同宗教信仰的人都能互相尊重，平等相待。由宗教因素引起的矛盾主要是资源开发过程中对神山、神水的破坏，资源开发企业不尊重、不理解这些神圣方物引起群体性事件。

　　但是上述现象并不表明宗教对民族关系的影响不存在了。实际上，随着经济发展水平的提高，人们普遍有一种文化回归的倾向，并从宗教中探寻人生的价值和意义，寻找精神慰藉。海西的宗教对蒙藏少数民族的思维及行为方式都有内在的影响，藏传佛教在海西传播千余年，今天人们的生产、生活都受到宗教观念及传统的宗教社会结构的影响。海西的国家机关诸如法院、公安以及学校老师的威信和影响力远不及寺院的活佛。因此，宗教依然在深刻地影响着海西的民族关系。此外，国外势力分化瓦解中国的手段之一就是利用中国的民族宗教问题，他们利用宗教加大对我国民族地区的渗透。海西地区特殊的地缘安全环境和浓厚的宗教氛围，自然是国外敌对势力渗透的重点地区之一。近年来，随着藏独势力的发展，提出了更加激进的暴力手段。2008 年 "3·14" 事件说明藏独势力已经成为影响包括海西在内的藏区民族关系、政治稳定的重要因素。在藏独势力策动下，影响海西稳定的因素增多，进一步加深了不同民族之间的裂痕，对民族地方的稳定及和谐民族关系的建构产生了严重影响。

## 第七节　本章小结

　　民族关系作为一种社会关系，受多种因素的影响，包括自然环境和历史条件的积淀，现实环境和条件的反映，历史积弊与现实问题的耦合等。[②] 海西蒙藏汉民族关系的影响因素也是一个复杂的系统，既有内部因素，也

---

① 权平：《青海海西州蒙古族村落宗教信仰现状调查》，西北民族大学 2005 年硕士论文，第 41 页。
② 汪春燕：《城市化进程中的西北民族关系》，中国社会科学出版社 2012 年版，第 365 页。

有外部因素；既有看得见的现实原因，也有触摸不及的历史及精神层面的原因。总体而言，国内因素居于主导，国际势力是次要因素。而内部因素中，我们的民族政策是关键。其中，海西丰富的自然资源开发中的民族利益及生态环境因素是影响当前民族关系最重要的因素。"哪里有资源，哪里就有纷争"，应充分考虑当地居民的资源利益，避免资源开发而影响民族关系。从表面分析，这些问题将会引起群体性事件和少数民族的不满情绪，深层次上将会引起少数民族民族认同意识的强化，而弱化了少数民族的国家认同。

通过上述民族关系影响因素分析，我们看到大力推动少数民族地区改革开放，特别是实现工业化、市场化，促进少数民族地区社会结构的现代化转型变迁，实现少数民族人的现代化，不断构筑各民族共同的经济基础，从而在共同的经济生活中不断构建和谐民族关系才是实现民族关系和谐发展的根本之道。

通过本章论述，我们知道海西和谐民族关系发展的内在原因是海西地区世居民族特征不明显，在海西现有的民族历史记忆中，海西历来是多民族杂居地区，没有哪一个民族在这里长期独立生活，相对于新疆、西藏而言，与内地联系更为紧密，受内地影响更为明显。这是海西民族关系相对和谐、政治稳定发展的关键。

因此，构建和谐民族关系必须大力促进社会结构的转型变迁，但在经济、政治和社会运行方式中都应充分与民族地区的实际相结合，相互吸收借鉴，创造超越内地与边疆之上的一体化模式，从而为和谐民族关系建构奠定基础。

通过本章论述，我们可以看出民族之间日常生活中的差异是影响民族关系的直接原因，对民族交往的选择产生影响。由于不同民族风俗习惯、宗教信仰及迥异的生计方式，使人们日常生活和内心世界的交集相对较少，在价值观、人生观等方面都能体现出巨大差异，文化异质性程度高，成为人们之间交往的障碍。这种异质性在不断地强化着民族认同，势必对民族之间的友好交往产生负面影响。实际上，内地与边疆地区人们之间交往中关于身份标志的确认存在明显差异，内地重地域认同，而民族地区重在民族身份认同。赛什堂村的PCDJ向我们介绍平日里来他的商店买东西的人时，总是说某某人是藏族，或蒙古族，或汉族，很少说他是哪个乡的、哪个村的这种地域标识。因此，应扩大交流，创造交流平台加深民族之间的接触，从而在相互了解中促进融合。而大力发展民族地方生产力，资源开发中充分照顾当地居民的参与度，并发挥当地少数民族劳动力的主体性作用，使少数民族在现有较为落后的条件下，通过丰富的资源开发这种工业化方式实现现代转型，从而缩小民族之间的发展差距。

此外，随着海西改革开放事业的不断加深，海西地区社会结构转型导致原有的权威体系、价值观念和道德秩序的分化、失序，人们已经习惯了的传统生活受到越来越多的现代性的挑战，而少数民族的文化适应产生很大困难。这是引起民族矛盾冲突的深层次原因。

正如马戎教授在其著作《民族社会学》所指出的，"民族关系的影响因素十分复杂多样，民族关系一般有三种状态，即完全隔绝、完全融合或介于隔离与完全融合之间"[①]。而海西的民族关系正处于第三种状态，这种游移不定的状态是民族关系由完全隔离向完全融合的过渡阶段。在过渡阶段，民族关系交往中可采取的最佳态度是各民族之间"各美其美、美人之美、美美与共"。显然，在全球化的时代，随着世界各国联系的日益紧密，这种态度也是对待其他国家和地区不同民族的理想态度。虽然全球化时代信息、互联网等技术手段的不断发展进步，日益改变着人们的观念；信息流动空前加快，加速了民族和宗教的全球扩张，但全球化、民主化以及人权意识等的不断发展，对民族关系的建构带来了越来越多的冲击。

当然影响民族关系的因素还有很多，诸如民族宗教政策、宣传教育工作、民族意识、民族精英的作用以及国外势力等，这些问题处理不当将大大增加国际干预和国内管理的压力。

---

① 马戎：《民族社会学——社会学的族群关系研究》，北京大学出版社 2004 年版，第 437 页。

# 第 六 章

# 海西蒙藏汉民族关系的发展态势

> 劳动愈不发展，劳动产品的数量，从而社会的财富愈受限制，社会制度就愈加在较大程度上受血族关系的支配。
>
> ——马克思

通过上述几章对海西蒙藏汉民族关系发展现状及其影响因素的分析，我们可以看出，海西各民族之间总体上建立了平等、团结、互助、和谐的社会主义民族关系。但由于历史与现实的原因及民族发展的内在规律，使得海西蒙藏汉民族之间依然存在很大差异。这种差异不仅表现在经济社会发展方面，而且在日常生产生活中语言的使用、生计方式、宗教信仰、民族心理、现代化程度等诸多方面均体现出明显差异。因此，民族身份依然是影响人们行为及相互交往的重要因素。认真总结海西蒙藏汉民族关系的基本特点，并分析其成因，显然对丰富我国民族关系研究，探索民族关系发展规律，特别是对于促进边疆民族地区民族关系和谐发展，具有重要的借鉴意义。

## 第一节 平等、团结、互助、和谐的
## 民族关系总体发展态势

众所周知，"大杂居、小聚居"是我国基本的民族分布格局，但单就西北民族地区而言，则更多地体现出少数民族聚居与杂居并存的民族分布特点。实际上，就地域辽阔的西北某一个民族自治县或乡而言，少数民族聚居的特点更为明显。民族构成单一，自给自足的自然经济占主导地位，生产力水平较低，社会分工相对简单，对外开放程度较低，人口流动较少，少数民族很少有机会与其他民族接触和交往。如海西地区的汉族明显地集中于几座零星的城市以及县城，从事工商业生产活动，蒙藏民族则多居于偏远的草原和高山，以畜牧业为主。这种相对封闭、交往较少的海西地区，其民族关系总体上体现出平等、团结、互助、和谐的发展态势，其形成的原因是多方面的，总结起来主要有以下几个方面：

## 一、民族世居性特征不突出

海西地区由于自然环境较为恶劣，虽然历史上曾经是人类活动和开发最早的地区之一，但在有证可考的清晰历史记忆中，历史上这里曾经居住的民族与现在居住的民族在血统和历史渊源上并无多少承继关系。现在居住在海西的蒙、藏、汉各民族大多体现出明显的移民特征。当代海西各民族均可视为海西移民，由于地缘上相对接近中原地区，因而缺少建立独立政权的历史记忆，海西原来的少数民族政权与当代民族关系并不十分紧密。民族压迫、民族剥削以致民族仇杀的历史记忆随时间的流逝相对容易抚平，当代海西地区民族没有特别明显的世居特性。因而，也没有其他新迁入民族，特别是汉族挤占生存空间、发展机会的感受。反而由于各民族共同面临严酷自然环境的挑战，相互依赖性较强，需要共同发展，各民族对当地的经济社会发展都作出了贡献，这是当代海西民族关系和谐发展的重要原因之一。中华人民共和国建立初期，海西的人口数量很少，汉族数量更少，正是在国家开发建设海西的政策号召、计划体制对包括人力等生产要素统一调配过程中，大量的汉族干部、职工迁入海西，落地生根，在艰苦的柴达木盆地资源开发与建设过程中，一方面促进了海西经济社会的快速发展，另一方面也建立起各民族之间的团结互助、和平共处的民族关系。

## 二、海西经济社会发展水平相对较高，促进了民族关系的和谐发展

民族问题是一个重大的经济问题，事关社会稳定的物质基础。① 由于不同民族在经济利益上的竞争、冲突，导致了民族关系的紧张。因此，我们常说民族地区发展中遇到的问题，必须通过发展的手段来解决。显然经济得到较快发展，各族人民生活均得到大大改善，各民族之间的关系建立在共同的经济基础之上，形成了利益共同体。就世界范围来看，民族关系紧张的地区一般都是经济发展十分落后的地区。在生产力发展水平较低，生产方式较为单一，经济文化普遍比较落后时，不同民族面对的发展机会较小，形成对有限资源争夺的时候，必然出现更为激烈的竞争和冲突。同时，当人们的生活长期得不到改善，必然会产生不满情绪，这种不满情绪总会找到一种方式体现出来，民族地区最容易被利用和调动的社会情绪自然是民族主义。因此，由于民族地区经济发展滞后、与发达地区之间发展差距拉大，最终将导致民族认同不断侵蚀国家认同的现象，影响民族地区政治稳定和民族关系和谐发展。由此可见，经济发展状况是影响一个地区民族关系最重要的变量。因此，邓小平曾指出"经济工作是当前最大的政治，经济问题是压倒一切的政治问题"、"社会主义现代化建设是我们当前最大的政治"等论断，并提出"政治问题要从经济角度来解决"。②

不仅如此，我们知道民族之间的矛盾和冲突来自于民族之间的差异，民族差异主要体现在不同民族之间的文化习俗和生计方式及其决定的经济地位等方面。而不同的文化是人们对当地自然环境适应的结果，不同的自然环境必然形成不同的生计方式。从根本上说，"物质生活的生产方式制约着整个社会生活、政治生活和精神生活的过程"③。"一切历史冲突都根源于生产力和交往形式之间的矛盾。"④ 生产力的不断发展、特别是现代工业化生产方式的普及有利于各民族生计方式的趋同，特别是现代机器大工业生产有利于促进各民族之间的一体化、同质化，从而有利于消除民族之间的差异。因

---

① 胡联合、胡鞍钢：《民族问题影响社会稳定的机理分析》，《人文杂志》2008年第2期。
② 《邓小平文选》第3卷，人民出版社1993年版，第179页。
③ 《马克思恩格斯全集》第13卷，人民出版社1995年版，第8页。
④ 《马克思恩格斯全集》第3卷，人民出版社1995年版，第83页。

此，通过大力发展民族地区社会生产力，在工业化、市场化过程中不断提升民族地区开放水平，这是推动民族地区社会转型、促进民族传统文化现代化最有效的手段。

与西北边疆其他地区相比，海西地区蒙、藏、汉民族关系更为和谐的原因就在于海西地区的经济社会发展水平相对较高，这种资源开发引领的现代化发展过程有力地促进了原有血族关系的瓦解。一方面促进了少数民族自身的发展进步；另一方面使各民族之间在社会化大生产所要求的社会分工中实现了分工、合作与交流。这种互助合作成为生产、生活的基本需要和重要特征，打破了海西原有封闭、保守的自然经济，促进了各民族之间的接触和交往，从而为和谐民族关系发展奠定了基础。同时，海西地区地广人稀，资源丰富，汉、回等民族的迁入在生计方式上形成民族之间互补的经济关系，各民族在日常交往中各取所需，共同进步，形成谁也离不开谁的局面。

因此，柴达木盆地资源开发以及新世纪以来国家实施的西部大开发战略，都有力地促进了海西民族地区经济的快速发展，从而有利于和谐民族关系的建构。这可以从以下一些数据得到证明。据统计，2010 年，青海海西州人均 GDP、人均地方财政一般预算收入、年末人均储蓄存款均居全国 30 个少数民族自治州之首。农民人均纯收入居全国 30 个少数民族自治州第 4 位。2012 年，海西完成地区生产总值 570.3 亿元，人均生产总值突破 10 万元，达到 114871 元，居于全国 30 个少数民族自治州第 8 位（见表 6-1）；完成工业增加值 425.05 亿元，居全国 30 个少数民族自治州第 3 位；全地区财政一般预算收入 139.45 亿元，较上年增长 19%。其中，地方财政一般预算收入 44.91 亿元，增长 19.1%，居全国 30 个少数民族自治州第 12 位。就整个"十一五"期间与同处西北民族地区的甘肃临夏州、甘南州及青海的玉树、果洛等自治州相比差距更为明显。海西"十一五"期间的 5 年累计 GDP 增量为 231.19 万元，而同期的甘肃甘南州仅为 41.59 万元，临夏州 49.68 万元，青海玉树州 17.96 万元，果洛州 12.53 万元。其中，5 年累计工业增加值 169.93 万元，而同期的甘肃甘南州仅为 10.15 万元，临夏州 4.80 万元，青海的果洛州 6.21 万元。"十一五"时期海西主要经济指标 5 年年平均发展速度居全国第 2 位，地方财政一般预算收入居全国第一。① 可见青海海西由于资源丰富，经济发展较快，人们生活普遍比较富裕，而牧区部分特困户多是个人原因致贫，并不是社会原因或政策原因，人们对这些特困户比较同情，但不埋怨社会，也不会将这种贫穷归责于国家或政府。因而，海西民族关系是全国藏族为主的自治州中民族关系最为和谐的一个民族自治州。当经济发展到一定程度，民族成员个体普遍关注的焦点集中于经济，人们生活的兴趣便不会过分集中于宗教或政治活动，人们之间突出的关系是经济利益关系，对经济利益的追求往往超越民族身份，民族身份属性自然会淡化。可见不同的经济发展程度决定了相同民族不同的政治态度。

表 6-1　2012 年全国各自治州地区生产总值前 15 强排名表②

| 排名 | 自治州 | 绝对值（亿元） |
|---|---|---|
| 1 | 新疆伊犁哈萨克族自治州 * | 1278.7 |
| 2 | 四川凉山彝族自治州 * | 112.7 |
| 3 | 新疆巴音郭楞蒙古族自治州 * | 906.0 |
| 4 | 云南红河哈尼族彝族自治州 * | 905.4 |
| 5 | 新疆昌吉回族自治州 * | 826.5 |
| 6 | 吉林延边朝鲜族自治州 * | 765.1 |
| 7 | 云南大理白族自治州 * | 672.1 |
| 8 | 青海海西蒙古族藏族自治州 * | 570.3 |
| 9 | 云南楚雄彝族自治州 * | 570.0 |
| 10 | 贵州黔南布依族苗族自治州 * | 541.3 |
| 11 | 湖北恩施土家族苗族自治州 * | 482.19 |
| 12 | 云南文山壮族苗族自治州 | 478.0 |
| 13 | 贵州黔东南苗族侗族自治州 | 477.75 |
| 14 | 贵州黔西南布依族苗族自治州 | 462.3 |
| 15 | 湖南湘西土家族自治州 * | 397.7 |

---

① 根据海西州统计局资料整理。
② 数据来自各州政府和媒体网站公开数据（以下同），带"*"的为"12 个自治州"。

**个案：**海西都兰县热水乡赛什堂村开商店的藏族青年 PCDJ。

你看我们村里的这个人，都 50 多岁了还没结婚，家里就他一个人，很穷，整天口袋里装个酒瓶，喝得醉醺醺的，但他穷的原因全怪他自己。80 年代初包产到户时，他也和别人一样平均分到了草场和牲畜，可是好点的家庭现在已有 1000 多只羊，但他是个懒汉，羊早都卖完了，草场也租给别人，经常借钱喝酒，喝醉了就在山沟里晒太阳。穷是因为自己懒惰，村里其他人都千方百计挣钱过日子，勤劳致富了，就这些懒汉穷。现在社会好得很，羊肉价格涨得这么高，好点的羊都卖 1000 多元，草山那么大，好好放羊肯定不会穷，再说了不愿意放牧还可以出去打工，建筑工地上的小工每天都挣 100 元呢。①

由此可见，当一个地区经济发展到一定水平时，普遍的商业意识和发展生产的意识就成为不可阻挡的社会潮流，对偏远保守、宗教氛围浓厚的民族地区带来很大冲击，追求现世的经济利益、物质生活享受的生活观念将打破原有的社会意识，促进人们建立现代观念，这将促进少数民族自身发展能力的普遍提升。经济的大发展也为少数民族"走出去"提供了物质基础。少数民族从固有的乡土生活中"走出去"开阔了视野，解放了思想。因此，国家在对民族地区的开发建设中重要的不是单纯的扶贫，而是促进当地居民自身的经济意识的提升。村落里那些抓住机会率先富起来的人具有极强的示范效应，由此带动的经济和商业意识将打破少数民族偏远山区原有封闭、保守、落后的传统观念，特别是突破宗教思想对人们发展生产、追求现世幸福生活的束缚，从而改变当地整个社会风尚。因为人们一般都会和自己实力相当的人进行比较和竞争，村子里原来贫富程度差不多的人，通过发展生产而不是依赖于国家扶贫，很快富裕起来，这种不平衡使村里其他人自然就相信自己也一定能富起来，因而发展经济、勤劳致富便成为全村的时尚和潮流。可见村落里这种带头致富的示范效应远比单纯的国家扶贫救济效果好得多。

此外，海西地区现代教育促进了民族素质和发展能力的提升，有利于和谐民族关系的建构。经济发展程度越高，人们越注重教育。现代教育不仅

---

① 2012 年 7—9 月，笔者在都兰县热水乡田野调查资料。

图 6-1　都兰县第一小学校园内的
孔子雕像

开启民智、提高民族素质，而且提供适应现代化大生产必需的知识水平与劳动技能。没有现代科学知识意味着只能从事原有的放牧农耕等传统的简单劳动。因此，海西地区各民族普遍重视教育。虽然当地经济落后，但学校的硬件绝不亚于内地，学校崭新的教学楼、塑胶操场是海西各地最奢华的地方。学校教育显然以汉语教育为主，笔者在都兰县第一小学调研时看到，校园内主干道两侧整齐地摆置着汉文化名人和革命英雄的塑像，如古代的孔子、孟子、屈原、李白等，近代的华罗庚、李四光，还有孙中山、毛泽东、雷锋等，藏族、蒙古族等少数民族的文化名人则很少见。

当地政府也高度重视教育。都兰县每年 9 月都要由政府县长亲自主持召开高考总结大会，表彰奖励优秀教育工作者。每年 11 月，全县"四大班子"专门组织走访慰问全县汉文、藏文、蒙文高考状元，并送上慰问金。都兰县还制定了《都兰县提高教育教学质量方案》，每年投入 90 万元，用于奖励高、中考及小学水平测试突出的学校、教师、学生，全县形成了重视教育的良好风气，全县适龄儿童入学率保持在 99% 以上，年轻一代接受全日制

图 6-2　都兰县第一小学的操场

学校现代教育，思想观念更新很快。改革开放以来，偏远山区通过上学改变生活状况，提高社会地位的比比皆是。与进入寺院当阿卡比较，进入现代学校读书成为人们的普遍共识，进入当地寺院的孩子越来越少，长大后继续在草原上从事畜牧业的人越来越少，以至于当地蒙藏民族的老人感叹再往后十几年就没人放羊了。可见教育已经深刻地改变了海西各族群众的思想观念，势必带来当地生计方式的变迁，从而在现代化、工业化进程中促进各民族同质性的增加，促进民族之间的融合发展。

　　**个案**（姓名，KX，22岁，蒙古族，格尔木乌图美仁乡人，青海民族大学2010届本科毕业生，连续两年参加海西和格尔木的公务员考试都没有被录取）：

　　我毕业了肯定不会再回草原放牧了，重复父辈那样单一的生活有什么意思呢？我们当地的公务员考不上，我就出去做生意。你看我们村里的羊都由回族贩卖，我们自己也可以贩啊！我在青海西宁上大学，发现城乡差别太大了，我们这草原上天天都是风沙，买东西也不方便，上网就是个问题。我上大四的时候，就去内蒙贩我们蒙古族的传统服饰，从呼和浩特运到海西，很赚钱的。我在西宁的塔尔寺那里还有个店铺，卖唐卡，生意也不错。这几年我去过全国很多发达城市，有个山西煤老板很喜欢我，让我去太原帮他经营古董字画的生意，还要在内地给我介绍对象。但我不可能一直给别人打工，父母也不同意我走那么远。①

　　可见，上大学是"跳农门"的重要方式，在城市里读四年大学，其社会化、城市化程度大大提高，观念的转变使年轻一代无法在偏远艰苦的草原上继续父辈的生活。实际上，在大城市读过大学的少数民族其能力也相当高，如果不从外貌判断的话，根本分不清是少数民族还是汉族。当然教育事业的发展，一方面促进了民族人口素质的提高，另一方面也扩大了不同民族文化之间的交流与对话，相互理解更加深入，而渗透在国民教育中的国家认同意识则进一步促进了民族关系的和谐发展。

---

　　①　2010年1月23日，在海西州格尔木市乌图美仁乡那棱格勒村调研资料。

## 第二节　社会转型期民族矛盾与冲突呈现新的特点

经过改革开放 30 多年的发展，我国正在经历着深刻的社会转型，发展中遇到的各种社会问题以及阶层之间的矛盾、冲突成为社会普遍现象。与内地群体性事件一样，边疆民族地区也有群体性事件，但民族地区的这些事件往往与民族问题交织在一起，使得由一般的社会问题、民生问题引发的事件打上民族烙印，而使问题更为复杂、敏感。其中，最为严重的是当前地区发展差距和贫富两极分化问题，在和计划体制时代相比较中，利益分配的不均衡造成的心理失衡成为社会结构转型中存在的最主要的问题。不仅如此，悬殊的贫富差距和基本固化的社会阶层，使社会流动的渠道愈加狭小，其结果导致人们对社会主义所秉持的各民族完全平等、共同富裕等价值理念的认识发生了不同程度的改变。这种社会基本价值观念的变化严重影响着民族地区政治整合的效果，意识形态在形塑民族关系中的作用日益衰微，这导致民族地区不同民族、不同社会阶层的社会意识逐渐分化，造成了少数民族国家认同的危机。

### 一、社会转型期事实上的民族利益分化引发的民族矛盾日益增多

中华人民共和国成立以来，我们坚持民族平等、团结、互助的民族政策。面对由于历史、地理等原因造成民族之间事实上的不平等状况，国家大力支持、帮助少数民族地区的经济、社会发展。在过去计划体制时代，国家通过行政命令在全国范围内调拨生产要素，全国一盘棋，有计划地帮扶、支持边疆落后的少数民族地区发展，这样不仅使资金、技术、人才等得以在边疆落后地区落地生根而发挥作用，更由于国家的计划安排，一批先进的现代化企业在边疆民族地区兴建，带动和辐射整个民族地区的发展。但改革开放以来在市场经济条件下，国家不能继续沿用计划时代那样通过行政命令的方式控制微观经济，只能通过经济的手段进行宏观调控。因此，西北边疆地区大量人才流失，除资源开发企业之外，代表先进生产力的现代化生产企业在经济利益驱使下，也不会在社会发展水平整体落后的民族地区发展，导致少数民族更加落后，区域发展差距日益拉大。由于少数民族聚居于民族

地区，这种地区差距则以民族差距体现出来。当然，市场经济是实现共同富裕的手段，各民族、各地区共同富裕才是社会主义的根本目的，但在市场化过程中，显然已经造成了这种不公平，深深影响着当下民族关系的发展。

西北边疆地区长期处于封闭的自然经济时代，宗教观念和传统习俗仍然主导着人们的思想意识。因此，改革开放时代的创新精神不足，很多旧观念成为阻碍当地经济社会发展的重要原因。这样传统的社会权威模式继续发挥作用，与市场经济所要求的法治社会相去甚远，因而官员的腐败、人治色彩更为严重，这势必加剧社会矛盾，使民族地区的社会问题转化为民族问题，对和谐民族关系造成不利影响。

## 二、社会转型期民族文化交融增加

民族文化是一个民族在长期的历史发展过程中形成和积淀的产物，是影响人们思想和行为的重要因素，是民族的内在规定性之所在，也是人与人之间、民族与民族之间存在差异的根本之所在。人们总是习惯于生活在自己既有的文化氛围中，并对既有的这种文化产生依赖。但随着经济社会的发展，民族文化随时代变迁必然面临新的调适，这种文化适应是一个缓慢而自然的过程。但在社会转型期，这种文化挑战越来越多，给人们的适应带来很大困难。计划体制时代，人们实际上被固定在村落或单位，民族个体之间的接触交往总体上比较少，同时由于生产力水平及开放程度的限制，并没有形成全国性甚至世界性的自由流动的局面。然而在市场经济时代，人口自由流动日益频繁，各民族接触交往几率大大增加，民族交往中的文化差异日益彰显，由文化差异引发的诸多民族矛盾也显著增多。对他民族的文化风俗习惯、宗教信仰等知识的欠缺往往导致民族之间的误解。这种误解就是地区之间人口流动使得不同民族接触机会增多，但民族之间的相互了解明显不足，引起了民族纠纷。

这种民族文化之间的差异表现在生产生活的方方面面，最突出地体现在不同民族价值观上的差异与冲突。海西地区是多民族、多宗教地区，蒙藏回民族全民信教，且宗教信仰十分虔诚，这和汉族特别是那些具有改革开放时代精神的内地汉族流动人口，在人生观、价值观方面存在巨大差异。这种差异体现在现实生产生活的方方面面。比如在资源开发中，汉族一般感受不到民族地区所谓神山、神水的神圣性、灵异性，往往忽视少数民族的感受。而少数民族将汉族无视自然环境，追求物质利益的"短期行为"，甚至物质崇拜视为不真实的人生态度。基于此，产生了如下方面的认识差异。其一，少数民族和汉族在人与自然的关系问题上存在巨大的认识差异。藏族、蒙古族受藏传佛教影响，深信人与自然应是浑然一体，人是渺小的，必须依附于自然。然而生活在自然条件较好的汉族，显然缺乏青藏高原严酷自然环境的生存体验，随着生产力的不断发展，汉族相信能够战胜和改造自然。所以，环保意识、生态意识远不及少数民族。其二，在人与人的关系方面，容易忽视对方的感受，在日常交往中自然产生不平等感，导致民族内敛意识不断强化，对民族文化传统愈加坚守，从而在区域经济发展差距日益拉大过程中，产生民族认同与国家认同之间的矛盾。上述诸种民族价值观的差异是造成民族关系矛盾与冲突的重要原因。当然，这是人类社会发展的一个必经阶段，不同民族文化对世界有不同的解读，不同民族之间的交流、碰撞将不断深化人们对世界的认识。

## 第三节　城市化进程中民族关系问题日益凸显

一般而言，一个地区城市密度越大，城市化程度越高，那么该地区的民族关系相对较为和谐；而以自然经济占主导地位的民族地区，民族成分单一程度越高、民族之间的交往越少，隔阂越大，民族关系问题则相对较为严重。但这种判断是当一个地区基本完成城市化以后民族关系体现出的特征。然而，在城市化过程中，由于不同民族之间接触交往的机会大大增加，民族之间相互认识和了解对方民族文化尚需时日，因此，往往在频繁的交往中产生更多的民族关系问题。

### 一、城镇化的内涵及其对民族关系的影响

城市化或称城镇化是经济社会发展的必然产物，现代化是与城市化相伴而生的过程。要改变我国目前城乡二元社会结构，消除城乡发展差距的重要措施就是大力实施城镇化战略。所谓城市化，是指由于生产力的发展而引起的城市数量的增加和规模的扩张，乡村人口向城镇人口集中，人们的生产

生活方式由乡村型向城镇型转化的社会历史过程，它是人类社会历史发展的必然趋势，是任何国家和地区不可逾越的自然历史过程。[①] 我国处在社会主义初级阶段，其基本特征就是逐步摆脱贫穷、落后，由农业人口占多数的手工劳动为基础的农业国，逐步变为非农产业人口占多数的现代化的工业国的阶段，是由自然经济、半自然经济占很大比重，逐步转变为经济市场化程度高的阶段；是由地区经济文化很不平衡，逐步缩小差距的历史阶段。因此，我国社会主义初级阶段要求必须大力实施城市化发展战略。城镇化也使得人们的生活方式由乡村生活方式向都市生活方式转变，必将带来价值观、态度和行为等方面的转变。[②] 城市化打破原有的乡村权威体系和社会运行机制，也带来就业结构、居住格局、语言使用、民族交往等一系列深刻变革。海西由于资源丰富，经过新中国成立以来几十年的开发建设，城市化水平居于全国30个民族自治州前列。青海省除省会西宁外，省内排名第二和第三大城市均在海西蒙古族藏族自治州。因此，城市化对海西民族关系的影响尤为明显。

## 二、城镇化过程引起的民族人口流动，对民族关系产生重要影响

城镇化必然伴随民族人口由分散的乡村集中居住于城镇，原来乡土社会的宗族、血缘、地缘、人情社会被分工合作、商业利益、法治规则所代替，形成新的社会关系网络和人际交往关系。由于进入城市的民族人口，其在来源地、年龄层次、文化背景、民族风俗习惯、价值观念、宗教信仰等诸多方面的差异不断诱发各种民族矛盾。"流动永久性地激发城市各阶层的社会和文化的异质化。流动使得来源、实践和期待不同而相区别的个体和团体，在不同的空间和时间尺度，出现、接触或发生冲突。每一个个体由于行事赞同他人或与他人相左，所以导致在来源环境所传递的以及个体所处的社会互动的各种局面所提出或强加的因素之间，做或多或少的冲突性的调整。"[③] 因此，城镇化引起的民族人口的流动不是改革开放以来常说的"进城务工人员"引起的问题所能涵盖。因为，城镇化使得城市民族构成发生很大

---

① 杨根来：《我国城市协调发展的战略构思》，《中国城市化电子杂志》2004年3月号。

② 庄孔韶：《人类学通论》，山西教育出版社2004年版，第585页。

③ ［法］伊夫·格拉夫梅耶尔：《城市社会学》，徐伟民译，天津人民出版社2005年版，第81—82页。

变化，必然要求城市的公共设施、社会公共管理机构、管理方式等诸多城市资源配置适应民族成分复杂化、多样化引起的变革而改变。比如，民族学校、餐馆、宗教活动场所、民族事务管理机构等都需要不断完善，提供必要的符合民族文化传统习惯的生活空间。

实际上，民族地区城镇化战略为不同民族之间的了解、融合搭建了良好平台。从长远看，城镇化引起的不同民族进入城镇将打破原有的民族壁垒，促进城市多元化发展，不断丰富各个民族的物质文化生活，使各个民族在更深层面展开民族关系的互动发展。民族地区城镇化显然带来了少数民族居住格局的变化，而居住格局对于民族关系的发展具有基础性的作用，民族之间的交往关系往往以居住格局为前提。马戎教授认为，民族居住格局作为社会交往的客观条件之一，决定着具有完全不同的语言、宗教、文化传统的民族成员之间是否有相互接触、交往的机会，并且不同民族集团成员之间广泛的社会交往有助于增强相互之间的理解、消除误会，在交流和互助的过程中建立融洽的关系。① 但正如前文所述，这种局面是从城市化引起民族人口流动的结果进行分析得出的结论。实际上，在城市化过程中，由于少数民族改变了原来的生计方式，大多数并不熟悉城市的生活，更为严重的是并没有适应城市生活的生计能力，难以找到适合的工作。在从事民族餐饮、买卖等经营性活动中，由于民族文化、风俗习惯的差异往往引起民族纠纷，从而对城市管理带来很大压力。城市化过程中，少数民族找到合适的新的生计方式是最大的困难。由于新进入城市的民族群众城市化、社会化程度偏低，在就业、待遇、管理等方面存在事实上的歧视，往往会成为引发民族之间矛盾冲突的重要原因。越是弱势的群体越容易抱团，因为他们的危机感越强，在城市化过程中针对某个或几个民族成员的纠纷往往引起民族之间冲突，酿成群体性事件。

**三、城市化进程中不同民族文化接触碰撞，成为影响民族关系发展的深层次因素**

文化是一个民族的根。每一个民族都有自己引以为荣的文化传统，人

---

① 马戎：《西藏的人口与社会》，同心出版社1996年版，第398页。

们总是试图维系和发展本民族的文化。城市化过程中，不同民族进入同一地域，促进社会主义文化的大发展、大繁荣，形成不同民族文化交相辉映、相互借鉴和共同发展的局面。但文化之间的差异非常明显，形成同台竞技态势。文化的相互融合需要很长时间，在这个过程中，不同民族之间的文化冲突显得更为明显。人们正是在这种很大的文化区隔中发现了文化差异，进而感受到民族之间的差异。笔者在海西州都兰县调研时深切地感受到了这种民族文化之间的差异。都兰县城地处察汗乌苏镇，属于海西自然条件相对较好的地区，近年来由于各种矿产资源开发，经济发展很快，县城内地江浙一带的汉族流动人口很多，而国家新建的游牧民族定居点也很多，大量的蒙藏民族逐渐定居在县城，形成不同民族杂居的特点。每天晚上，在城东的青海回族，群众演唱"花儿"，而城西则是藏族的锅庄舞和草原歌曲，此起彼伏，相互激荡。由于不同民族总习惯于本民族的文化传统，因而在这种场景中深深地感知着民族身份差异，这种文化差异不断强化着民族身份。可见，不同民族文化的融合和相互认同需要时间和相应的政策支持。

综上所述，城市化进程中的民族关系实际处于不同民族文化接触、碰撞、交融的过程，因而也是民族关系发展不稳定的阶段，同时也是民族关系最为敏感的时期。因此，这一历史阶段与美国社会学家米歇尔·赫克特（Michael Hechter）国家发展的"扩散模式"第二阶段比较吻合。即"在工业化过程中，不同民族相互之间的联系逐渐增加，核心地区的行政机构、经济商业机构、社会组织、文化形式、消费方式逐渐向边缘地区扩散，原有的地区经济差距在缩小，边缘地区开始步入工业化的进程"，其结果必然是边缘地区的工业化也得到充分发展，国家各个地区的财富均匀分配，民族之间、地区之间、经济结构方面的差异随之消失，残存的文化差异也将失去社会意义，各民族平等地参政、议政，民族地区与国家核心地区实现政治、经济、文化等方面的整合，最终完成民族融合。① 因此，工业化、城市化是民族关系和谐发展的必经阶段，最终将实现民族之间的融合。

此外，在海西现代化发展过程中，宗教因素仍是影响民族关系的重要

---

① 马戎：《民族社会学——社会学的族群关系研究》，北京大学出版社 2008 年版，第 79 页。

变量。宗教作为西北民族地区重要的思想意识形态，其形成与发展历史悠久、影响广泛而深远。当今世界，宗教往往加剧甚至激化了民族矛盾。海西地区由于工业化程度相对较高，市场经济及其价值观念深刻地影响着当地各民族人民的思想观念，宗教出现世俗化与内敛趋势并行不悖的倾向。一方面，在工业化、城市化发展过程中，不同民族的接触和交往迅速增加，民族内部对自身的宗教信仰有了比照和反思，物质利益原则成为人们实际上的行动准则，宗教对人们的思想影响逐渐淡化，逐渐出现宗教世俗化倾向；而另一方面，由于在不同民族、不同文化群体的广泛接触中，人们发现并深切地感知着不同民族之间的宗教及其道德价值标准之间的差异，因而愈加珍惜、维护本民族神圣的、崇高的、不可亵渎的宗教信仰。可见，宗教信仰成为民族交往边界的重要标准。海西地区蒙、藏、汉、回等人口较多的民族之间的民族心理距离存在着明显的"差序格局"，而这个格局的核心就是其中的宗教因素。

## 第四节　本章小结

通过本章论述，我们知道青海海西地区具有民族关系多元、宗教文化发达、生计方式多样等西北民族地区的普遍特征，但由于海西与内地地域相接，历来交往密切，文化上了解和吸纳程度相对边疆较高，因而在民族关系方面体现出一定的独特性。这种独特性对于探讨民族关系发展的内在规律具有重要意义。民族关系发展必然经历由接触了解，在相互比较中发现差异，以致冲突，再经由一定介质而实现融合发展。

由客观历史条件决定的民族关系发展所依赖的某种介质在不同的时代是不同的，可能是共同的政治理想、共同的安全利益，也可能契合发展经济的共同需求。但无论何种介质都是寻求双方利益共同点，这是和谐民族关系得以建构的前提。

当前，决定人们地位的已不再是政治身份，经济实力的决定性因素日益突出，民族关系发展也体现出这种历史变迁的基本特征。民族之间由原来政治上完全平等的地位，凸显为经济社会发展方面事实上存在的不平衡。然而，由于地理位置、自然环境、历史原因等诸多因素，在我国辽阔的疆域内短时期内消除区域发展差距显然是不可能的，也不符合经济发展的内在规律。但是，我们不能无视当前民族关系突出地体现在各民族之间的经济利益关系。

因此，当前构建和谐民族关系应着重从经济利益调整入手，而不是主要从宗教、政治、文化等方面寻找原因。经济基础决定上层建筑，经济生活、生计方式深深影响着人们的精神世界和政治行为。因此，"发展是第一要务"在民族地区显得尤为重要，其意义远不止于经济效益。然而，由于经济基础、自然条件、宏观政策等原因，民族地区在整体发展滞后的情况下，实现快速发展必须借重国家力量，发挥宏观调控的优势，而不能完全依赖非均衡发展的市场手段。

近年来，国家大力实施"一带一路"战略，为包括海西地区在内的西北民族地区带来重大发展机遇。一方面，国家不断加大基础设施建设投入力度；另一方面，地方政府应当引导当地居民积极投身于经济发展之中。在中央政府层面突出宏观调控力度，但在民族地区基层则应大力发展市场经济，使民族地区个体融入经济发展大潮中，从而在经济社会发展中改变原有单一的生计方式，提高经济效益，提升经济地位，从而促进思想观念的现代转型，适应现代化的生产生活方式。

实际上，长期以来海西地区自然而然地形成了不同民族的经济分工，汉族主要从事商贸活动，蒙藏民族主要从事畜牧业生产，而回族则游走于各民族之间从事农产品、畜牧产品交易。在新一轮经济快速发展，特别是工业化、市场化进程中，以民族身份相区别的行业界别渐趋模糊，各民族均获得较好的发展机会，从而为和谐民族关系发展奠定坚实基础。

# 第 七 章

## 海西和谐民族关系建构的路径探析

我们已经缔造了意大利，现在是构建意大利人的时候了。

——[意] 马斯穆德·阿泽利奥

民族关系理论研究不仅要厘定民族关系发展的现状、成因、特点，也要对民族关系发展的一般规律进行理论总结、对民族关系发展的趋势作出科学预测。同时，民族关系研究的根本落脚点还在于对构建和谐民族关系的路径及对策进行理论探讨，并对国家民族地方治理工作提出切合实际的、富有创造性、可行性的民族政策建议，为解决现实中存在的民族问题提供思路和对策。如前所述，在总结和分析海西蒙藏汉民族关系发展的历史经验和现实问题的基础上，本章对构建和谐民族关系的路径进行探讨。当然海西民族关系发展中存在诸多问题，既有民族地区的共性问题，也有海西蒙藏汉民族关系中的特殊性问题。因而，针对不同的问题，构建海西和谐民族关系的路径与对策也是多种多样的。本书认为主要有以下几个方面：第一，经济方面。以工业化为手段，促进民族地区经济社会跨越式发展，缩小区域之间、民族之间、城乡之间的发展差距；对于海西这样资源富集的民族地区，在以资源开发主导的工业化、城市化、现代化进程中发挥当地少数民族的主体性，促进少数民族人的现代化，这是海西蒙藏汉民族关系和谐发展的根本之道。第二，政治方面。在市场经济条件下进行的民族地区工业化进程中，要注重少数民族的国家认同建构，这是民族地区工业化所肩负的政治责任，而不仅是

GDP 的增长。总体而言，海西地区民族关系中最突出的问题不是民族之间日常交往中的民族关系问题，而是少数民族的国家认同危机问题。因此，充分利用现有政治资源，在"民族多元、政治一体"基本格局下，实现民族国家的政治整合，这是海西和谐民族关系建构的前提和基本路径。第三，文化方面。当今世界处于民族国家时代，民族是国家合法性建构的重要基础。因此，西北民族地区民族关系问题研究应从建构"民族国家"这一重要视角出发，充分认识各民族共创中华的重要意义。此外，在民族地区社会现代化转型中，重视民族文化之间的互动、调适与重构，在现代民族国家视域中积极培育和践行社会主义核心价值观，在各民族优秀文化基础上构建符合时代要求的各民族共同文化。

## 第一节　实施工业化发展战略，缩小民族之间的发展差距

如前所述，影响民族关系的因素十分复杂，但经济因素是当前影响民族关系和谐发展最突出的问题。民族之间事实上的不平等主要体现在不同民族在经济发展中的巨大差距，经济利益往往在民族关系中发挥基础性作用。马克思说："人们为之奋斗的一切，都同他们的利益有关。"[1] 邓小平说："实行民族区域自治，不把经济搞好，自治都是空的。少数民族是想在区域自治里面得到好处，一系列的经济问题不解决，就会出乱子。"[2] 胡锦涛也指出："支持少数民族和民族地区发展，是中央的一项基本方针，也是推进西部大开发的首要任务。"[3] 这些都说明经济利益在民族关系发展中的重要性。因此，从民族地区实际出发，大力发展民族地方经济，缩小地区之间、民族之间的发展差距，才能真正实现各民族之间的和谐发展。

### 一、加快民族地区工业化主导的经济社会发展

总体来看，区域发展不平衡是我国的基本国情。由于历史发展的初始

---

[1]　《马克思恩格斯全集》第 1 卷，人民出版社 1956 年版，第 82 页。
[2]　《邓小平文选》第 1 卷，人民出版社 1994 年版，第 167 页。
[3]　2005 年 5 月胡锦涛在中央民族工作会议上的讲话。

条件不同、自然地理环境的巨大差异、市场经济固有的要素集聚和财富积累以及非均衡发展战略产生的负面效应等，西北民族地区经济社会发展明显落后于内地，特别是落后于东南沿海等发达地区，而且这种差距还在继续扩大。虽然区域发展不平衡的成因十分复杂，诸如历史、地理、民族和时代等因素，但不论是政府还是学界已经普遍认识到这种巨大的发展差距已经成为影响当代民族关系和谐发展乃至民族地区政治稳定的突出问题。加快民族地区经济社会跨越式发展，消除民族之间事实上的不平等，对于我国经济社会健康稳定发展具有举足轻重的作用。进入新世纪以来，我国实施西部大开发战略正是对这种东西部区域经济发展差距持续拉大态势的一种回应。西部大开发战略实施十几年来，单从民族地区纵向比较来看，民族地区发挥后发优势，经济社会实现了跨越式发展，取得了显著成效。据发改委 2014 年 2 月 10 日网站刊文介绍，2013 年，西部地区经济社会快速发展，主要经济指标连续 7 年高于东部地区，基础设施建设、特色产业发展、生态环境保护和生态文明制度建设均取得了重要进展。① 国家采取的主要发展措施一是坚定不移地把西部大开发摆在区域发展优先位置，切实完善和落实差别化的经济政策。二是大力推进西部基础设施建设，加快完善铁路、公路骨架网络，推动重大水利工程建设，着力解决西部地区交通和水利两块"短板"问题。三是推进生态环境保护修复工作，大力实施退耕还林工程，推动全方位、多层次的生态文明建设格局。四是大力发展民族地区特色优势产业，推进产业结构调整，提升能源、矿产资源和特色农畜产品深加工能力，大力发展文化旅游等现代服务业。五是全面深化改革，扩大开放。六是做好社会事业和人才开发工作，实施西部地区人才开发重点工程，支持老少边穷地区人才队伍建设。

上述国家通过投入大量资金改善基础设施条件、实行特殊优惠政策以及其他兄弟省份的大力帮扶等措施，有力地促进了西北民族地区经济社会快速发展，但民族地区经济社会发展滞后，欠账太多。总体来看，西北民族地区第二产业不发达，第三产业滞后，而第一产业占国民经济比重很大。例如以资源丰富而闻名的柴达木盆地核心地区——海西州都兰县，2011 年第一

---

① 中华人民共和国发展和改革委员会网站：http://www.sdpc.gov.cn/xwfb/t20140210_578442.htm。

产业产值达 5.1 亿元，第二产业产值 6.7 亿元，第三产业产值 4.3 亿元，三次产业比分别是 31.6：41.6：21.6。① 可见农牧业仍占很大比重，工业经济不发达，工业对财政收入的贡献小。2011 年全县财政收入 2.4 亿，其中，地方财政仅为 1 亿元，然而支出却达到 11 亿，国家转移支付达 10 亿多。全县工业企业 29 家，90% 以上的企业都是私营开采企业，这种简单资源开采企业用工相对较少，对当地就业拉动较小。因此，海西实现跨越式发展的根本途径还在于从海西实际出发，大力实施工业化发展战略，发展制造业，不断提升自我发展能力。因此，工业化作为现代化的核心是西北民族地区实现跨越发展的战略选择。工业化是现代经济增长的发动机和实现现代化的必由之路。不仅如此，工业化的内在一体化功能还将打破民族地区原有单一、封闭的经济文化圈，并逐渐融入全国的市场体系和发展规划之中，引起民族地区原有社会结构的深刻变迁，在缩小地区发展差距基础上，构建起各民族共同的经济基础和文化生活，从而为民族关系和谐发展奠定坚实的基础。

### （一）工业化的内涵及其重要意义

作为提高人民物质生活水平，促进经济现代化发展的最重要的途径之一，工业化是指一个国家或地区制造业和第二产业在国民经济中的比重及其就业比重不断上升的过程②，它是一个国家由落后的农业国变为先进的工业国的过程，也是经济增长量的扩张和结构变动带来生产力进步和经济发展质的变化的过程。广义的工业化是指社会化大生产的思想和理念逐渐融入社会生活各个方面，是生产经营以及政府的管理活动对工业化组织方式（专业化分工协作、规模化生产、科学化管理）的逐渐运用过程。在工业化的初期阶段，工业生产活动往往局限在一定的地域，呈点状分布，但随着交通条件的改善、技术手段的提升及生产的不断扩张，工业生产将呈线性或带状向外辐射扩散，最终在一个国家或地区达到相对的均衡分布状态。由此可见，工业化具有促进一个国家或地区一体化、同质化的强大功能。马克思指出："资产阶级，由于一切生产工具的迅速改进，由于交通的极其便利，把一切民族甚至最野蛮的民族都卷到文明中来了……它迫使一切民族——如果它们不想

---

① 2012 年 7 月 28 日，海西都兰县统计局调研资料。
② 《新帕尔格雷夫经济学大辞典》第 2 卷，经济科学出版社 1996 年版，第 861 页。

灭亡的话——采用资产阶级的生产方式。"① 这种所谓的资产阶级生产方式就是代表当时先进社会生产力的机械化工业生产方式。我们应该看到，随着近代资本主义制度的产生，工业文明取代农业文明成为近代人类历史的一个突出标志和基本特征。②20 世纪 50 年代以来，作为现代化的重要标志，工业化更成为世界各国特别是发展中国家经济政策的基本目标。因此，作为经济文化相对落后，农牧业在产业结构中尚占主导地位的海西民族地区，工业化也是解决其落后的社会生产与人民日益增长的物质文化需求这一民族地区社会主义初级阶段社会基本矛盾的必然选择。作为对封闭落后的自然经济的重要消解力量，工业化将引起少数民族生计方式、居住格局、语言使用、族际通婚、就业结构、教育结构及社区自我管理模式和思想文化意识、价值观念等等一系列的社会结构深刻变迁，从而打破少数民族地区原有传统的、单一封闭的经济文化生活。在各民族共同的经济社会生活中不断扩大与其他民族的接触与交往，并不断融入全国统一开放的市场体系，从而引起承载于原有社会结构之上的传统文化的现代化变迁，并最终实现民族文化的融合。同时，这种结构变迁以及新的利益架构建立过程对人们的思想意识、价值观念、政治立场等带来碰撞和改变，从而深刻影响民众的国家认同。

**（二）工业化——我国民族地区跨越式发展的必然选择**

我国是一个统一的多民族国家，少数民族人口约 1.14 亿，民族自治地方国土面积达 611.73 万平方千米，占全国的 63.72%，而我国的西部地区 90% 属于民族自治地区。民族地区的发展在我国经济社会整体发展中占有十分重要的地位。没有民族地区的现代化就没有全国的现代化③，也就不能实现中华民族的伟大复兴。因此，民族地区工业化不仅是一个重大的经济问题、社会问题，也是一个重大的政治问题。我国民族地区资源丰富，西部民族地区的草原面积占全国的 94%，煤、铜、锌、锑储量占全国的 35%，锡、汞、锰、石棉、砷矿藏量占全国的 60%，云母、盐矿储量占全国的 80% 以

---

① 《马克思恩格斯选集》第 1 卷，人民出版社 1995 年版，第 276 页。
② 王桂琴、刘秉龙：《民族地区工业化进程研究》，中央民族大学出版社 2007 年版，第 1 页。
③ 曹海英：《中国西部民族地区新型工业化——价值取向、实现机制、发展路径》，中国经济出版社 2010 年版，第 103 页。

上，钾盐、镁、铬、稀土等的储量占全国的 90% 以上，[①] 这为工业化提供了良好的条件。新中国成立 60 多年来，西北民族地区相继建成了一大批综合性和专业性的工业基地。但由于地理环境、历史人文与现实政策等方面的原因，我国西部民族地区工业化水平总体落后，东西部区域发展差距很大。进入 20 世纪 90 年代以来，随着市场经济的深入发展，西部少数民族地区与东部地区的差距迅速扩大。发达地区对落后地区的资源、人才等相关经济要素的虹吸效应，使民族地区在市场竞争中处于更加不利的位置，长期处于落后状态的少数民族在市场经济中处于绝对劣势的事实，成为影响少数民族国家认同的主要因素。根据《2006—2007 年中国省域经济综合竞争力发展报告》，2006 年全国各省区市经济综合竞争力处于下游的均是西部民族地区，[②] 西部民族地区工业化的经济总量水平长期处于较低水准。例如，1980 年，我国东部地区生产总值为 2198.43 亿元，占全国 GDP 的 48.66%，西部民族地区为 405.91 亿元，占全国比重的 8.98%。2003 年东部地区占全国 GDP 的比重大幅上升到 67.6%，比 1980 年提高了 18.95 个百分点，而当年西部民族地区占全国 GDP 的比重下降到 8.58%。二者的差距之比由 1980 年的 5.41∶1 扩大到 2003 年的 7.88∶1。2006 年西部 12 省市区 GDP 占全国的 17.1%，东部地区占 55.7%，东部 10 省市 GDP 是西部民族地区 12 省区市的 3 倍多。[③]2013 年，我国西部地区的地区生产总值比重只占全国的 19.2%。不仅如此，民族地区内部城乡二元经济结构十分突出，广大民族地区的工业主要集中于零星的几个城市，工业化对社会结构变迁的辐射带动作用很小。根据相关统计，我国现在总体上处于工业化的中期阶段，东部沿海地区处于工业化的后期阶段，而西部民族地区则尚处于工业化的初期阶段。[④] 因此，可以说，中国民族地区是一个工业化追赶的后来者，其与全世界其他国家和地区相比，不仅起步时间十分滞后，而且工业化水平起点极为低下。[⑤] 世界经济发展规律和我国东南沿海经济迅速崛起的经验都表明，工业经济是国民

---

①　段超：《对西部大开发中影响民族发展几个问题的思考》，《贵州民族研究》2002 年第 2 期。

②　中国网 .http://www.china.com.cn.2008-7-29.

③　数据根据 2003 年统计公报资料计算，统计公报下载于《中国统计信息网》。

④　陈佳贵、黄群慧、钟宏武：《中国工业化进程报告（2007）》，社会科学文献出版社 2007 年版，第 564 页。

⑤　余振、达哇才仁：《中国的民族关系和民族发展》，民族出版社 2003 年版，第 138 页。

经济发展的杠杆，是增加财政收入、实现农村剩余劳动力向城镇转移的强大驱动器。因此，对于民族地区而言，大力实施工业化战略是实现跨越式发展的必然选择。

工业化不仅是促进民族地区经济社会发展的重要手段，同时，恰当的工业化模式将对民族关系发展产生深远影响。因为工业化是民族地区社会结构变迁的现实动因。从理论分析，社会化的工业生产将打破少数民族地区原有传统封闭的自然经济，促进少数民族传统生计方式发生适应工业化要求的现代化变迁。随着机械化大生产的不断发展，社会分工将更加细化，商品生产将更加广泛，原来单一自给自足的自然经济逐渐被瓦解，传统社会的权威体系和价值观念将不断被开放的现代社会所取代。在少数民族地区现代性不断增长的过程中，居住格局的改变以及工业化业缘关系的建立，使不同民族群体与个体之间的接触与交往大大增加，民族地区异质性逐渐增强并取代原有传统的同质性特点成为工业化时代民族地区社会结构变迁的主要特征。少数民族不仅不可避免地受到工业化经济形态和社会组织的影响，而且人际间原来的首属群体关系日趋松弛，与之伴随的市场经济造成的社会分化使族群内部人们的生活方式、价值观念和心理都发生明显变化，削弱了原有的民族认同情感。工业化生产内在要求劳动力、技术、资金、信息等生产要素在全国范围内流动，这使得族群之间的接触交流成为必然。族群互动经历相遇（Contact）—竞争（Competiton）—适应（Accommdation）—同化（Assimilation）四个阶段后，达到新的体认与理解。与此同时，工业化也改变了少数民族社区原有的地缘结构，少数民族将从聚居型向散居型地缘结构变迁，从而使原有聚居型社区的文化场效应——文化传承与规范约束的社会功能消失。正如社会学家霍利所言：生态系统越暴露在一般的环境（其他社会或其他社会的文化中），渗透在系统中的新信息和知识就越有可能产生，变迁、增长和进化因此越有可能发生。① 工业化的结果一方面表现在民族地区社会生产力的提高和居民生活水平的改善，另一方面则表现在新的人际关系架构的建立。原来乡土社会的人际关系被商业理性的利益交换原则所

---

① 〔美〕乔纳林·特纳：《社会学理论的结构》（上），邱泽奇等译，华夏出版社2001年版，第109页。

取代，工业化的劳动分工使原有的劳动、生活地点及社会关系发生分离，族群内的社会交往互动频度锐减，原来的社会纽带逐渐"细化"并断裂，从而使原来基于宗教、家族经济生活的文化认同不断弱化，少数民族社会化的文化传承载体将不复存在。建立在原有道德力量基础上的公共秩序"失范"，代之而起的是现代国家认同基础上的社会秩序与制度。少数民族原来封闭、单一、保守的文化向开放、多元的文化转变，民族地区经济交往的亲缘性和社会交往的乡土性逐渐被市场经济、商品化所取代，进取竞争意识、尊重科学文化的现代意识和积极探索的主体意识逐渐取代了安贫乐道的无为心态和循规蹈矩的依附心理，① 从而导致民族地区传统社会结构由"礼俗社区"转向与发达地区社会同质的"法理社会"，由传统的"机械团结"的社会转向"有机团结的社会"，② 公民身份和公民社会逐渐得以构建，原来人们所依赖的传统对象，如宗教领袖、寺院、家族、部落等将被包括各种经济协会、单位、社区及非政府组织所取代，从而在国家政治一体化发展中构建起少数民族的国家认同，促进民族关系和谐发展。

## 二、工业化进程中的"扩散模式"理论分析

对于工业化引起少数民族社会结构与族群关系之间动态演进关系的探讨，美国社会学家赫克特的"扩散模式"理论最具代表性。

### （一）赫克特"国家发展模式"理论

1975 年，美国社会学家赫克特（Michael Hector）出版了《内部殖民主义（*Internal Colonialism：The Celtic Fringe in British National Development*，1536—1966)》一书，其中，在论述多族群国家的发达核心地区与欠发达边远地区之间关系时提出了国家发展（National Development）的两种模式：一个是国家发展的"扩散模式（Diffusion Model）"；另一个是"内部殖民主义模式（Internal Colonialism）"。"扩散模式"是"一个全国性的社会产生过程，是国家领土范围内的各部分具有竞争的经济、政治和文化的国家转变为一个由单一的、全面的'全国性的'经济、政治和文化组成的社会"，从而实现

① 刘敏：《中国少数民族地区社会发展特征与转型》，《社会学研究》1994 年第 1 期。
② 杨文炯：《互动、调试与重构——西北城市回族社区及其文化变迁研究》，民族出版社 2007 年版，第 510 页。

经济、政治、文化三个维度的整合。在扩散模式的最后阶段，"核心地区与边远地区在文化方面渐趋一致，因为作为独立族群意识所赖以生存的经济、文化和政治基础已经消失了"①。原有的民族文化将失去其社会意义，从而实现不同族群在全国范围内的融合，亦即实现"国家发展"。内部殖民主义是指中央政府对国内的一些地区采取了一种与殖民主义相似的统治形式，边远地区有可能得到发展，但可能主要成为核心地区提供原材料的初级加工业，并不具备与核心地区真正的竞争能力。在国家政治体制（立法、行政、司法、经济等机构）中，核心地区与边远地区处于不平等的地位。该理论问世后，在国际学界引起了轰动，引发了众多学者的注意与运用，学者都不同程度地肯定了"内部殖民主义"这一理论框架在实际研究中的重要价值。国内对这一理论的引进与运用，始于马戎教授的著作《西藏的人口与社会》，认为从赫克特归纳的两种发展模式来看，我国自20世纪50年代以来在西藏实施的政策应当属于"扩散模式"。同时对赫克特提出的"扩散模式"作出了修订，认为核心地区社会、经济制度向"边远"地区的扩散，至少可能出现两种不同的结果："扩散—工业化"模式和"扩散—供给"模式。

从以上阐释与中国学者的初步应用不难看出，该理论的前提是假设在一个国家内部的两个族群中，其中一个居住在核心地区，经济上比较发达，政治上掌握更多的资源并控制国家政治、经济等方面的主导权；而另一个族群则居住在边缘地区，它通常是在各方面比较落后。这样一种理论假设，实际上在多族群国家的现实中并不罕见。该理论的两种模式，实际上总结了在多族群国家的现代化进程中可能出现的族群间在社会、经济、政治、文化等方面的趋同、融合或是对立、依附的两种结果。作为一种社会结构变动的趋势，这一理论模式更大的意义还在于为许多在此假设下出现的结果性现象提供了某种因果性的联系，因为社会结构的某种变动对社会系统的影响是多元和全面的。既然该理论假设的前提之一是族群分野上的某种社会结构差异，那么这种社会结构差异所影响的自然会包括族群间观念的和谐抑或是对立，进而为国家认同如何在族群差异的基础上进行建构提供了基于社会结构变迁为路径的某种启示。实际上，在赫克特本人对这一理论模式的分析中，他已

---

① M. Hechter, *Internal Colonialism*, Berkeley：University of California Press，1975.

经敏锐地意识到，这样一种社会结构趋同或者差异的出现，对国家认同观念的建构，造成了正反两方面的影响。

按照"扩散模式"的理想状态，在其最后阶段，"人们逐渐能够意识到工业化生活的新方式可以增加公共福利，他们会越来越满意，而且，最初的地区差别也会随着工业化的进程而减弱。最终，核心和边缘地区将因为构成各民族内部认同前提的经济、文化和政治方面条件的消亡而在文化上一体化"①。而这一过程也说明了现代社会系统的功能性需求会导致既存社会结构的解体，进而融入工业社会，获得某种基于工业化生产方式所产生的共性文化，在这样一个过程中先天的族群身份将变得不再那么重要。毫无疑问，这种一体化文化就是支撑国家认同观念的现代工业文化与公民文化。

相反，如果族群间的社会变动出现了某种"内部殖民主义"倾向，即"核心地区"形成工业化结构特征时，"边缘地区"的发展却是依附性的，作为经济依附的结果，"边缘地区"的富裕程度落后于"核心地区"，边缘地区的族群因此产生强烈的被剥夺感与文化上的孤立感，"在这种情形下，文化同化及国家发展可能会由于边缘群体为摆脱他们自己认定的受剥削状态和争取独立的努力而受挫"②。这一理论模型指出了族群间在经济结构与社会结构上的分化所导致的不仅仅是简单的贫富分化与区域发展不平衡问题，更严重的影响还在于这种经济与社会上的割裂与分化使得少数族群产生了强烈的文化内敛趋势与文化危机感，使得基于普遍意义上的公民身份建构受到阻碍，这将对民族关系和谐发展及少数民族的国家认同建构产生严重消极影响。

上述对赫克特理论模式的分析与衍生旨在说明：族群间在社会结构层面趋同抑或分化，都会对民族关系的发展以及少数民族的国家认同观念建构产生重要而深远的影响。因此，基于族群分野的社会结构变动成为研究民族关系发展不得不重视的一个重要因素。"社会结构——国家认同"之间的动态演进关系，为我们揭示了研究民族关系的重要路径与研究思路，即社会结构变动与国家认同建构之间存在着密切的关联。这在理论上提示我们要在国家认同建构的研究中注重社会结构变迁所产生的影响，同时，在如何建构少数

① 马戎：《西方民族社会学经典读本——种族与族群关系研究》，北京大学出版2010年版，第88页。
② 马戎：《西方民族社会学经典读本——种族与族群关系研究》，北京大学出版2010年版，第88页。

族群国家认同的实践中为我们提供了一种实践的原则与导向。

我国是一个统一的多民族国家，探讨少数民族地区社会结构变迁与国家认同之间这种动态演进关系具有十分重要的意义。由于历史、地理及生计方式等原因，当前我国海西地区的少数民族多生活在边远山区，自然环境不佳、经济社会发展相对滞后，因此，民族地区工业化是一项十分迫切而又重要的任务，在我国具有全局性的影响。工业化作为迅速实现经济快速发展的重要途径，也是西北地区农牧业文明向工业文明转变、传统社会向现代社会转型的过程，这个过程必然引起社会结构的深刻变迁。在新的利益架构建立过程中，对人们的思想意识、价值观念、政治立场等带来碰撞和改变，从而深刻影响着少数民族的国家认同。

### （二）海西工业化进程中的社会结构变迁与民族关系和谐发展实证分析

如前所述，工业化是指在一国或地区的国民经济中，工业生产活动逐步取得主导地位的发展过程，是工业产值在国民生产总值中的比重以及工业就业人数在总就业人数中比重不断上升的过程。赫克特认为工业化是内地经济、政治、文化模式向边远地区的扩散，其实质是不断瓦解以民族为边界的人类群体，形成以国家主权范围为边界的人类共同体的过程。

海西丰富的自然资源开发产业已成为青海省的重要经济支柱。海西在工业化过程中，国家大量投资以及大量汉族迁入，各个民族在国家领土范围内自由流动，打破了少数民族原来封闭、保守、自给自足的经济文化生活圈。不同民族以工业化为平台，以经济发展为目标，在全国范围内跨地域流动，从而使内地经济、政治、文化模式向海西地区扩散，其结果是海西地区蒙古族、藏族等少数民族社会原有的权威体系、地域及民族认同逐渐被现代国家权威体系所取代，从而国家认同被有效构建。海西工业化充分证明了工业化引起的社会结构变迁与民族关系变迁之间的紧密联系。

### 1. 1949 年以前海西的生产力状况及社会结构

历史上柴达木盆地曾被称为"世界上最荒凉的地方之一"。1949 年以前，海西藏族地区的社会基层组织是"封建部落"①，政治上实行千百户制度，王

---

① 《中国少数民族社会历史调查资料丛刊》编辑委员会：《青海省藏族蒙古族社会历史调查》，民族出版 2004 年版，第 3 页。

公千百户各自为政，以封建宗法及祖宗旧制管理各自百姓。① 蒙古族则实行保甲与盟旗并存制度。经济结构单一，社会分工原始而又单纯，人们主要从事畜牧业生产。草场、牲畜等基本生产资料主要掌握在王公札萨克和宗教上层手中，商品经济更为落后，大都以物易物。新中国成立后，在民族平等团结政策引导下，建立了海西蒙古族藏族自治州，原有的千百户及蒙旗等旧制度被废除，少数民族实现了当家做主的权利，过去从未有过的地方工业和现代化的交通、邮电等事业从小到大逐渐发展。

由此可见，1949 年以前的海西地区与内地在政治、经济、文化、宗教及社会结构等方面存在很大差异。传统自给自足的农牧业生活方式、相对封闭的地理单元使得海西少数民族生活在相对独立的经济圈，因而保留了本民族的文化传统、行政制度以及权威体系；② 作为这种差别的结果是内地与海西地区之间产生了不同的社会化实践，海西地区与内地形成的这种事实上的彼此隔绝状态，使发生在国家核心地区的很多重大事件对海西地区的影响十分有限。因此，民族文化在人们生活中具有十分突出的重要地位，以国家为单位的统一的经济基础并不存在，全国范围内各民族接触与融合以及共同文化的构建无从谈起。

2. 海西工业化发展进程中的社会结构变迁与国家认同塑造（1949—1979）

中华人民共和国成立后，海西地区进入全新的发展阶段。1954 年 1 月 25 日，海西蒙古族藏族哈萨克族自治州的成立拉开了海西工业化的序幕，海西与内地关系日益紧密。在国家大力支持下，海西地区首先建立与内地相同或相似的政治组织是海西社会结构变迁的第一步。从此，在国家大力支持和内地各兄弟省份支援下，以资源开发为主导的工业化使海西社会结构发生了重大变迁。主要分为以下几个发展阶段：

第一阶段（1953—1957）：全面勘探资源。新中国成立初期，国家投入巨大的人力、物力和财力，对海西资源进行勘探，陆续发现了油气田以及多种矿产资源。同时，国家对煤炭、化工等行业进行投资，先后建成了大柴旦

---

① 程起骏：《古老神秘的都兰》，青海人民出版社 2009 年版，第 61 页。
② 海西蒙古族藏族自治州概况编写组：《海西蒙古族藏族自治州概况》，民族出版社 2009 年版，第 115 页。

化工厂、茶卡盐场等一批现代化企业。第二阶段（1958—1980）：受大跃进、"文化大革命"等影响，海西工业化起伏不定，重点放在电力、石油、煤炭、建材、采盐等工业领域的开发建设上。第三阶段（1980年以后）：海西大力实施工业化发展战略，大规模资源开发企业的建立使海西工业化进入了快速发展阶段。

前两个阶段由于国家主导、大量投资，海西与内地在强有力的社会主义国家政权支持下有了更为密切和集中的接触，互动迅速增加，海西与内地的政治、经济一体化发展开始起步。1949年以后海西地区的经济社会发展主要是在中央统一领导下，秉持各民族一律平等的原则，在计划经济背景下通过实施大规模的发展计划实现经济社会的发展。中央政府通过规划指导、政策支持、重大工程建设、资金投入、财政转移支付等手段加大了对海西地区的帮扶，这个过程同时也使得内地的社会结构、经济结构以及政治治理模式实现了向海西地区的"扩散"。首先，调整生产资料所有制结构，改变原来海西封建王公、头人、牧主对生产资料的私人占有制以及对贫苦牧民、牧工的剥削制度，随后进行的"三大改造"及计划经济体制的建立是对原有基层部落生产组织和社会秩序的瓦解与重建，使得海西逐渐建立起与内地基本相同的生产资料公有制、人与人平等的生产关系以及按劳分配等制度，海西的工业化由此起步。1950年9月24日，彭德怀在西北文艺工作者代表大会上提出了建设新西北的目标："我们总的任务是要团结和教育各族人民，稳步地彻底扫除阻碍生产力发展的一切旧制度、旧思想，建设一个繁荣、富强和进步的新西北。"[1] 此后，和全国其他地区一样，当年知青上山下乡、"三线建设"和屯垦等政策使得海西地区与内地的政治、经济、文化联系与以前相比有了极大的加强。同时，海西工业化取得了显著成就，经济社会欣欣向荣，少数民族生活水平显著改善。上述政策的贯彻落实，即内地政治、经济及文化等制度向海西地区的"扩散"，使得海西各族群众翻身解放，第一次真正实现了当家做主的权利，从而激发了海西各民族人民的爱国热情，各族人民共同团结奋斗、共同繁荣发展的社会主义新型民族关系得以逐步建立，少数民族的国家认同意识也得以很好地塑造和构建。

---

[1]　海西州政协文史和法制委员会：《海西文史资料（第十六辑）》，2011年版，第2页。

此外，1949 年以后，依照党的民族政策，大力选拔民族干部，并按照全国统一的干部管理规范进行任免使用，内地的权威体系和行政管理制度也得到很好的推广，全国统一的政治体制及基本相同的社会运行模式在少数民族的国家认同塑造中发挥了独特作用。海西蒙古族、藏族、哈萨克族、回族等少数民族社会原有传统的社会结构逐渐瓦解，社会运行被新的机制所代替。海西在"全国一盘棋"的统一规划中逐渐融入全国的经济社会发展之中，少数民族的公民意识不断增强，公民身份逐渐取代原有的农奴身份、民族身份，在公有制的社会主义大家庭里，人们共同的经济基础和共同的理想社会发展目标得以确立，各民族均成为共和国新的平等的一员，和谐民族关系逐渐得以建立。

3. 改革开放以来海西工业化中的社会结构变迁与国家认同双向发展

改革开放以来，海西工业化快速发展，工业经济日益成为经济发展的主导力量，特别是西部大开发战略实施以来，海西经济社会发展取得历史上最好的成绩。2003 年，海西国内生产总值达到 83.08 亿元，城乡居民收入不断增加，城镇居民人均可支配收入和农牧民人均纯收入分别达到 7193 元和 2338 元，高出青海平均水平。"海西国民经济和社会发展第十二个五年规划纲要"确定，"十二五"期间，海西将基本构建具有特色优势的盐湖化工、油气化工、有色金属、煤化工、特色生物等产业体系。在国家大量投资及海西加大开放政策支持下，大大加快了海西的工业化进程，特别是在市场经济推动下，海西已经融入全国统一开放的市场体系，地域界限日益被打破。资本、劳动力、信息等生产要素在全国范围内有效配置，内地汉族和海西少数民族双向流动迅速增加。是否接触及接触深浅是民族关系得以展开的客观变量。① 根据建构主义理论，民族关系具有可建构性，不同民族根据"历史记忆"及本民族发展的需要逐渐建构了不同民族之间的关系，因而，接触和交往是消弭民族隔阂与误解的重要途径。当然，这种和谐民族关系的建构也必然经历一个曲折的发展过程。根据赫克特扩散模式理论，工业化初期阶段，大型企业多是由资本实力雄厚、技术先进、管理经验丰富的所谓"内地人"

---

① 徐黎丽、孙金菊、夏妍:《影响西北边疆少数民族地区民族关系的变量分析》,《云南师范大学学报》2009 年第 5 期。

或中央直属企业主导，接触与交往中不平等的情况也许会增加，但随着时间的流逝和边远地区自身发展能力的不断提高，核心与边缘地区之间的平等将会实现，与此同时完成了区域间的经济融合。① 显然，共同的经济基础和一体化的生产方式为国家认同建构奠定了坚实的基础，这种共同的经济基础是共同文化产生的前提，继而在共同文化基础上国家认同得以充分构建。

然而，改革开放以来在市场经济及国家大量投资主导的工业化进程中，由于过分强调经济效益，忽视了民族地区经济社会协调发展，特别是片面强调 GDP 增长，忽视了少数民族人的现代化。中国少数民族经济发展的最终目的应当是少数民族劳动者素质、技能的提高和社会主体地位的实现。② 但由于资金、技术、管理经验以及宗教意识、文化观念等的限制，少数民族在市场竞争主导的工业化进程中处于劣势地位，往往使其成为工业化的"旁观者"。以中央直属企业和资本实力雄厚的所谓"内地人"主导的这种"嵌入式"经济发展模式，忽视了当地少数民族群众的工业化参与，也不利于当地经济社会的协调发展，这种工业化模式未能带动少数民族地区社会结构的理想变迁。少数民族地区封闭、原始的农牧业经济与城市现代化大机器生产方式二元并存，但互不关联。其结果是民族之间不断扩大的发展差距强化了民族意识，少数民族和汉族之间的对立情绪日益增长，少数民族群体更多地考虑以本民族集体行动或立场保护民族个体的经济利益。在西北民族地区一项关于对当代个人、家庭、民族、国家及所在地区按重要性排序的调查问卷中，许多被调查的少数民族认为民族更重要。③ 说明部分人的民族认同替代了国家认同，成为边疆部分少数民族认同结构中的最高级序的位置，从而对国家的政治稳定、边疆安全造成严重影响。因此，充分认识民族地区工业化进程中"社会结构变迁与国家认同"之间的动态演进关系显得十分重要而紧迫。

由于民族地区地方政府政策目标与发展策略的不同，工业化可能导致民族地区社会结构发生赫克特所谓的国家发展的"内部殖民主义"倾向，显然这种变化对民族关系及民族地区少数民族国家认同产生巨大的负面影响。

---

① 马戎：《民族社会学——社会学的族群关系研究》，北京大学出版社 2006 年版，第 194 页。
② 王桂琴、刘秉龙：《民族地区工业化进程研究》，中央民族大学出版社 2007 年版，第 239 页。
③ 2012 年 7 月，笔者在海西都兰县城、德令哈市及格尔木市等机关事业单位的调查问卷资料。

从西部大开发以来海西工业化实践来看，海西地区在取得巨大经济成就的同时并未理所当然地实现民族地区经济社会的现代化变迁，也没有在经济发展中增进各民族共同的经济文化生活的产生，反而由于资源产权结构、开发方式、受益偏重等原因引起了少数民族的工业化失落情绪。工业化实际在当地形成了复合型二元社会结构，即国家主导的现代工业生产方式与当地居民落后的农业、畜牧业生产方式并存，少数现代化程度较高的工业城市与自给自足的自然经济主导的农村并存，相对先进的汉族与较为落后的少数民族并存的相互对立、互不相关的二元结构，这对民族关系的和谐发展造成消极影响，也使得少数民族的民族意识不断增长，侵蚀着业已建立的国家认同。

### （三）赫克特国家发展模式理论的启示

赫克特国家发展模式理论对于研究社会结构变动与族群关系具有开拓性意义，这一国家发展的两种模式导致的两种不同后果，对当前建构和谐民族关系具有重要的借鉴作用。在少数民族地区工业化进程中，特别是资源开发主导的工业化应关注资源地少数民族地区社会结构变迁对国家认同建构的促进作用，避免所谓的"内部殖民主义"现象出现，从而在国家发展的扩散模式理论主导下逐渐实现国家认同建构。同时，在以国家为主导的民族地方工业化进程中必须创造条件，使扩散到民族地方的工业化模式融入当地的发展，避免"掘取型"与"依赖型"经济模式的出现。同时，在生活方式与价值观念层面注重现代性与传统性的传承与结合，抵消其对传统文化消解与生活方式改变所产生的危机感，从而为国家认同建构提供良好的经济与文化基础。鉴于海西的工业化实践分析，民族地区资源开发型的工业化模式应进行相应的改进，工业化并不单指工业指标的提升和社会生产总值的增加，更重要的在于当地少数民族人的现代化，在民族地区工业化中促进内地经济、文化及政治模式的扩散与流行，从而在增进全国经济一体化、政治制度和思想文化一致性的基础上，为少数民族的国家认同建构奠定坚实基础。因此，要进一步加大西部民族地区对外开放力度和市场化发展步伐，以工业化为契机，构建民族交往的平台，促进民族之间的接触与互动，通过社会化和继续社会化把扩散的结果内化到个体的意识中去。这样经过长期的共同发展，就会形成一个全国性的经济、政治、文化等各方面相互支持、共同发展的局面，各民族平等团结的新型社会主义民族关系建构才有真正的基础，国家认同也将得以自然建构。

## 三、海西工业化进程中民族关系和谐发展的对策分析

结合赫克特国家发展的扩散模式理论及海西资源开发主导的经济建设中存在的问题，我们认为民族地区工业化进程中存在的诸多问题究其根源在于忽视了民族地区当地居民工业化的主体地位。这种边缘化、被动的工业化模式加剧了少数民族的不平等感，整体发展落后的现实，使民族认同成为少数民族认同层级中的最高级序，深刻影响着民族关系的和谐发展。民族地区的工业化从来都不是单纯的经济问题，不能仅仅依赖市场或经济手段解决，需要从国家发展大局出发，从战略高度进行制度设计。

### （一）重视工业化引起的民族地区社会结构变迁对民族关系发展的作用

作为现代化的核心，工业化是少数民族社会结构变迁最重要的推动力量。应充分认识和高度重视工业化内在的强大一体化功能在促进民族地区社会结构变迁中的作用。注重和利用工业化引起的这种少数族群社会结构与和谐民族关系建构之间的动态演进关系（特别是广大汉族和边疆少数民族之间），在工业化主导的全国性社会产生过程中构建少数民族的国家认同，从而为各民族平等、团结、互助、和谐的社会主义新型民族关系奠定坚实基础。民族地区的工业发展以及工业文明的扩散，有利于实现少数民族传统文化的现代化，从而在现代性不断增长的过程中促进基于共同文化的国家认同建构。因此，应从民族地区政治稳定、边疆安全、民族关系和谐发展的全局性、战略性高度审视少数民族地区工业化。民族地区工业化应树立正确的发展方向，不仅要着眼于经济效益，也要重视少数民族的发展权利，充分认识民族地区工业化在促进少数民族国家认同建构的重大作用。

相对于东部发达地区，西北地区少数民族的发展特点仍然是居住边远、相对封闭、生产力水平低下，整体发展滞后。发展差距在民族之间体现为少数民族整体落后于汉族，民族地区整体落后于汉族地区。不同民族之间的利益分野和发展水平的巨大差距不能构筑起基于各民族的共同文化，反而导致基于民族立场的认识分裂，增加了民族政治整合的难度，甚至造成民族政治关系的冲突，这是造成西北地区民族关系紧张的根本原因。因此，少数民族国家认同建构的根本途径在于进一步加大民族地区工业化发展步伐，提升民

族地区对外开放及市场化发展水平，以工业化带动民族地区经济社会的跨域式发展，缩小区域发展差距，在构筑共同的经济生活中培育包括各民族在内的利益共同体，从而在现代化进程中构建少数民族的国家认同。

**（二）加强民族地区居民的工业化主体地位，构建多主体参与的工业化模式**

工业化生产方式是与先进社会生产力紧密相连的，其社会化大生产方式将从根本上改变少数民族原有的传统农业、畜牧业生产方式，从而引起民族地区社会结构的现代化变迁。这种社会化的大生产要求劳动者的组织形式将不再是家庭、民族、地域或宗教组织，而是企业、单位或社会，人们的利益将与工业生产密切相关，这将打破少数民族地区原有的生产结构及获益方式，有利于内地的经济、政治、文化及社区自我管理模式的扩散。同时，工业生产内在要求劳动者具有相应的专业知识、劳动技能和行为标准，这将提升少数民族的劳动技能和自身素质，促进观念更新，有利于在统一的工业化背景下建构和谐稳定的民族关系。因此，积极推动包括少数民族成员在内的多主体参与的工业化发展模式，扩大民族地区工业生产的产业链，使具有不同教育水平和劳动技能的当地少数民族更大程度地参与民族地区不同层级的工业化生产，同时国家要着眼于少数民族劳动力培训和和谐民族关系建构，改变现有的国有企业主导的开发方式，逐步实现包括少数民族人的现代化在内的民族地区的全面现代化。

民族地区工业化发展的主要目标不仅在于经济效益，更要从国家安全、民族关系和谐发展的战略高度出发，注重当地少数民族的参与，从而促进少数民族生计方式、居住格局、教育及就业结构等在内的民族地区社会结构的现代化变迁。在增加少数民族的收入、消除地区之间、民族之间发展差距的同时，使少数民族吸纳更多的现代文明成果，从而完成少数民族现代意义上的社会化、城镇化，抵消传统的宗教、民族、地域及文化认同对国家认同的消极影响，为国家认同奠定坚实的经济文化基础。青海省海西州都兰县热水乡副乡长 ＸＸ 告诉我们："我们这里开的矿很多，我们虽没有开矿所需的技术、资金、设备等，但矿石的运输应交给我们当地百姓。"[①] 他认为当地居民

---

① 笔者 2012 年 8 月 5 日在都兰县热水乡调研资料。

无法参与工业化生产，希望将简单劳动交由当地居民经营，表达了参与当地工业生产的强烈愿望。民族地区干部群众对于将"当地人"置于工业化之外普遍感到失落。可见，当前西北边疆民族地区资源开发主导的工业化所引发的国家认同危机，实质是资源开发地少数民族局部利益与国家整体利益之间的竞争问题。基于少数民族现代化发展需要的考量，应当采取更为灵活的方式改变目前单一主体的利益垄断，把国家、地方及个人整合为一个新的利益整体，使权益竞争相容于新的利益整体，建立起资源地与国家共同的权益基础，从而为国家认同奠定坚实的基础。因此，应大力提高当地居民工业化参与度，在培训（如委托高校、研究机构及大型企业的培训机构）教育的基础上，确定开采企业招收资源地少数民族员工的比例，解决当地大学生就业压力，使当地少数民族居民在参与工业化生产中改变传统的生计方式和价值观念，带动当地的经济社会现代化发展。建立资源开采企业按照经济效益直接向当地村落和居民进行捐赠制度，用于改善民族地区基础条件，提高居民生活水平，丰富日常文化活动。同时，建立中央直属企业总部所在地政府与资源地政府之间的横向转移支付制度，把由于资源开发形成的政府税收返还一部分给资源输出地政府。加大区域经济发展的平衡力度，带动发展滞后的西北民族地区实现共同富裕的社会主义基本价值目标。在民族地区内部的资源开发收益机制中，将当地居民和当地政府同时作为受益主体，并按比例进行分配，不必先分配给政府然后再由政府划拨给居民的传统方式。

同时，在将西北少数民族资源优势转化为经济优势过程中，应进一步完善资源开发体制，以地方政府参与开发经营模式替代国家垄断经营模式。民族地区资源开发，应当考虑其特殊性，多民族地区的特殊性内在地包含着多主体参与的要求。但按照矿产资源开发的现行法律法规，大型国有企业的矿产资源开采权不是完全以市场方式获得的，以行政手段进行资源配置还占很大份额，这使得国家和地方的大量权益转至企业，而企业是以追求利润最大化为目标的，不会过多地考虑作为资源所有者（国家）的责任和义务，其结果必然造成开采行为的扭曲，产生畸形的高收入群体，使得贫富两极分化这一经济问题以民族差距的形式表现出来，从而对和谐民族关系的构建造成不良影响。因此，应对在少数民族地区进行资源开发的国有企业适当实行少数民族按比例就业制度，以法律形式确认当地少数民族资源开发受益机制。

### （三）重视非正式约束，协调工业化过程中的文化互动

工业化作为一种新兴力量，其本身是对自然经济及其承载的传统社会的解构，势必引起少数民族文化危机和心理适应困难。工业企业特别是资源开发企业，其经济目标往往与少数民族传统文化中浓厚的生态环境保护意识相冲突，从而引发工业企业与当地居民甚至不同民族之间的冲突。对自然资源的保护与合理开发利用不仅关系到民族关系的和谐发展，而且关系到民族地区的政治稳定，当前已成为不容忽视的问题。都兰县热水乡赛什堂村的牧民 NLJ 说："你看这矿厂把我们整个山都挖了，草场全被破坏了，空气、水都污染了，今年我们这里雨少了，草也没有去年长的高，开发资源有什么用。"[①] 资源开发要付出巨大的生态环境代价，但现有工业化模式决定了经济效益主要归企业，而生态环境成本实际由当地少数民族承担，企业目标与少数民族利益及工业文明与当地少数民族传统文化之间巨大的文化差异不利于协调各自立场，从而造成工业企业与当地少数民族之间的冲突，给和谐民族关系构建带来消极影响。以发展经济为首要目标的国有外来开发企业，一般难以体会到蒙藏游牧民族对草原的热爱、护佑与歌颂之情愫。因此，资源开发企业作为少数民族地区的发展主体之一，应更多地关注当地少数民族文化及少数民族群众的心理感受，自觉融入当地农牧民丰富多彩的民族文化生活之中，加强彼此的了解与沟通，从而在资源开发过程中为民族关系和谐发展作出应有的贡献。

因此，民族地区工业化必须重视非正式约束机制，更多地关注少数民族文化发展以及少数民族群众的心理调适，协调工业化进程中的现代与传统以及不同民族之间的文化互动，从而在不同文化的接触与交流中实现融合，为国家认同建构奠定共同的文化基础。

### （四）完善自然资源产权结构，兼顾海西当地居民的资源开发利益

如前所述，由于资源开发所引发的民族问题，实质是资源开发地少数民族局部利益与国家整体利益之间的竞争问题。利益共享是利益竞争的理性选择。根据有关法律法规，矿产资源属于国家所有，但可以考虑采用更为灵活的方式实现这种所有权的收益。一般认为采用合作制的权益结构模式，改

---

① 笔者 2012 年 8 月 5 日在青海省海西州都兰县热水乡赛什堂村调研资料。

变目前单一利益主体的利益垄断，把国家、地方及当地居民的资源利益整合构造为一个新的利益整体，使权益竞争相容于新的利益整体之中，从而建立资源地与国家共同的权益基础。这样不仅有利于资源的顺利开发利用，同时兼顾国家和地方利益。热水乡一位干部告诉我们，"资源开发过程，不能将当地牧民置于旁观者的地位，他们祖辈就生活在这里，他们与这里的自然资源具有天然的关系，他们也应从资源开发中享有直接的经济收益。因此，可否考虑资源开发中的一些简单任务由当地农牧民完成，比如筹建当地牧民运输公司，承担本乡镇矿石等资源的运输工作，运输收益由当地居民直接获取。"① 这位干部的建议其实质是希望分割资源要素所有权的收益，将企业从国家获得的矿产资源所有权的一部分分配给当地农牧民。针对当前资源开发收益机制问题，我们认为应当增加当地居民在资源开发收益分配中的参与权。应进一步细化《中华人民共和国民族区域自治法》及其实施细则中关于资源开发补偿机制中的有关条款，可以考虑将资源开采地居民以村为单位吸收为股东，降低当地居民对资源开采反对程度的同时，一些诸如运输、仓储、征地等事项由当地居民承担，这在降低企业成本的同时，也使当地居民直接受益。此外，通过资源开发企业安置当地少数民族劳动力就业、扩大资源开采企业的产业链，在资源地建厂进行深加工等方式带动资源开发企业的辅助产业及当地第三产业的发展。

### （五）建立生态补偿制度，保护少数民族地区可持续发展利益

我国正处于经济社会快速发展的战略机遇期，自然资源作为人们生产生活和社会发展进步的基础，其开发利用对经济社会的发展发挥着巨大的推动作用。但民族地区的自然资源开发多由国有企业和内地资金雄厚的私营企业进行开采，当地居民所付出的巨大生态环境成本与其所获得的收益相去甚远。洛桑灵智多杰认为，西部民族地区经济发展相对落后，但生态资源保存完好，是国家重要的生态屏障。要树立西部的生态环境也是资源的理念，"金山银山不如绿水青山，绿水青山就是金山银山"。从长远考虑，西部少数民族地区建立一个可持续发展的模式要比能带来暂时的经济效益重要得多。发展载体是环境和生态系统，所以做好环境保护和生态建设是西

---

① 笔者 2011 年 8 月 18 日在都兰县热水乡的调研资料。

部少数民族地区发展的基础和前提。① 因此，探讨资源开发过程中的生态补偿，对于协调民族地区的民族关系具有十分重要的意义。我国西北民族地区人口稀少，但地大物博，资源开发产生的生态环境成本多由少数民族承担。因此，生态补偿就全国范围来看不仅仅是一个经济问题，而且是一个政治问题。

　　生态补偿机制就是调整资源开发过程中损害生态环境的主体与保护生态环境的主体之间利益关系的制度安排，其核心是对由于资源开发导致的生态环境破坏而造成的受损方的经济补偿。国外早在 20 世纪初就开始关注矿产资源开采造成的生态损害，形成了许多行之有效的生态损害补偿法律、机制和管理办法，② 但我国尚未形成科学的生态补偿制度体系。少数民族与汉族由于生产力水平的差异以及宗教信仰的影响，对生态环境的保护意识差异很大，可以说自然资源开发方面的理念冲突已成为影响民族地区民族关系和谐发展的重要因素。矿产资源开发占用了耕地、草山，破坏了原有的景观，污染了水环境和空气，牲畜乃至人疾病增多，造成地质灾害和生态环境等问题，影响少数民族的经济收入和可持续发展，有时候还损害少数民族心目中十分神圣的神山、神水，引起少数民族不满。因此，必须建立以保护和可持续利用生态系统服务为目的，以经济手段为主调节相关者利益关系的资源生态补偿机制，切实保护西北少数民族生态环境利益和可持续发展利益，从而消除少数民族地区群众对资源开发的曲解和抵制情绪。因此，国家应关注和加大对被占用地居民土地的经济利益和环境保护的补偿力度，制定法律法规予以规范，保护资源地群众利益。将资源开发企业的生态环境补偿与修复费纳入企业成本，在生态补偿机制中应考虑建立"生态保护基金"，为当地经济社会的可持续发展着想。明确生态补偿的主体就是政府和企业，提高全民环境意识，纠正"环境无价"的错误观念。特别是要把民族地区的草原像森林、农田一样看待。草原不仅有生产畜产品等重要的经济功能，还承担着涵养水源、保持水土、防风固沙、净化空气、调节气候、维持生物多样性等作用，其生态功能远远大于经济功能。

---

　　① 中国人大网 www.npc.gov.cn，2010 年 7 月 27 日。

　　② Donna L Erickson. *Policies for Planning and Reclamation of Coal-Mined Landscapes：An International Comparison.* Journal of Environmental Planning and Management，1995，38（4）：453-468.

因此，总结西北民族地区多年的资源开发实践，民族地区的资源开发应在促进我国西北民族地区民族关系和谐发展的前提下进行。适当调整自然资源产权制度，保证相对封闭、落后的少数民族居民在资源开发中的优先受惠权，大力提高少数民族群众在资源开发过程中的参与度，充分尊重其在当地经济建设中的主体地位，推动经济跨越式发展，实现当地少数民族人的现代化，是西北民族地区资源开发过程中不可忽视的重要问题，也是构建西北民族地区和谐民族关系、实现我国边疆长治久安的战略选择。

当然工业化是一个十分复杂的问题，涉及很多方面，本书从海西蒙藏汉民族关系实际出发，仅就与民族关系直接关联的资源开发问题进行讨论。此外，实现民族关系和谐发展、民族地区政治稳定，也要处理好民族地区内部社会分配的公平与正义，内地存在的许多社会问题，民族地区也同样存在。比如，收入分配不均衡、社会流动渠道不畅、生态环境破坏等一系列的社会问题，但民族地区的特殊性使得一些社会问题如果处理不当或不及时，将会演变成为民族问题，严重影响民族地区政治稳定和边疆安全。

## 第二节　加强国家认同建构，促进海西蒙藏汉民族关系和谐发展

20世纪50年代以来，身份认同成为广泛使用的理论语言，随着学界讨论焦点由个体转向群体，民族认同备受关注。在此过程中，民族认同力量凸显，其政治性诉求获得了空前的支配地位。民族认同以其民族性的伦理优势及民族利益的特殊性主张而具备了强大的号召力，以此为动员力量引发了当今世界风起云涌的第三次民族主义浪潮，战争和冲突以民族为边界展开，严重影响着一些国家的政治稳定、经济发展及世界的和平与安宁。[1]

我国是一个统一的多民族国家，宪法明确规定"中华人民共和国是全国各族人民共同缔造的统一的多民族国家"。而我国西北民族地区自古便是东西方文化、多种宗教文化、农耕与草原文化相互交融、激荡并存的文化走廊。在今天以现代化为导向的社会转型过程中，由于人口流动，各民

---

[1]　李景治、林甦主编：《当代世界经济与政治》，中国人民大学出版社2007年版，第2页。

族日益频繁的交往使人们发现并深切地感知着"自我"与"他者",这种族群差异和族群认同情感被日益拉大的区域经济发展差距所强化,严重影响和侵蚀着已有的国家认同,传统封闭的少数民族地区这种震荡和变化更为明显。

## 一、民族认同与国家认同的概念及其关系

在一个全球化快速发展的现代世界里,市场经济及商业文明的深入发展使得社会分工在全球范围内展开,原来与地域、部落、家庭和宗教密切相关的身份认同逐渐失去原有的吸引力,传统的身份资源(教堂、家庭等)处在日益衰落之中,适应时代要求的身份和物质利益要求的认同亟待构建,以便对社会秩序作出适应时代发展要求的制度安排。

### (一)认同与身份认同

认同心理是人类的基本特性之一,包含着鲜明的价值判断与心理期待,它是社会成员对自己某种群体归属的认知和感情依附。我是谁?我们又是谁?这是人们对自我身份认同的追问。在现实生活中,个体或群体具有多重身份,如:我们是炎黄子孙、五千年中华文明的继承者、共产主义接班人……抛去哲学光环,身份认同是人们心灵深处的一种感受,类似于"同饮一江水"的追根溯源的情感共鸣。在广泛的社会交往中,地域、性格、生计方式、行为习惯、宗教信仰等成串的抑或碎片的记忆在不同人群身上留下的不灭痕迹,都是"身份认同"之树盘根错节赖以成活的养料。一般认为"认同"包含"同一性"、"归属"、"赞同"三层含义,[1] 分属个人认同、群体认同和社会认同三个层次。在社会学领域,身份认同主要描述一种特殊的集体现象,即:(1)一个群体的成员具有重要的乃至根本的同一性——群体特性;(2)群体成员团结一致、有共同的性情意识和集体行动。[2] 实践证明,当某种集体认同建立在文化成分如种姓、族群、宗教教派和民族等基础之上时,认同感最强。身份认同理论有效地解释了群体行为和群体意识,以及群体间结盟与冲突等现象,它不仅是从个体成员的立场来看集体认同而具有的某种

---

① 江宜桦:《自由主义、民族主义与国家认同》,(台)扬智文化事业股份有限公司1998年版,第8页。

② 钱雪梅:《从认同的基本特性看族群认同与国家认同的关系》,《民族研究》2006年第6期。

归属感，而更多的是用共享的记忆和神话、共同的价值观和象征来界定的文化集体。① 当今世界民族认同和国家认同成为最具政治影响力的认同形式，两者对个体或群体的意识判断和行为选择影响最大。

### （二）民族认同与国家认同

民族是以相对较为稳定的文化特征为标志的人群，他们具有宗教习俗、血缘祖源、语言、生计方式等的共同特征，这些特征是在漫长的历史发展过程中自然形成的，具有自然原生性特征。作为一种文化共同体，民族以其自身特有的文化内涵与其他人群相区别，这种独特的差异在给同一民族的人群带来精神上归属感的同时，却给其他族群的人们以"他者"、"另类"的形象。民族认同就是"同一民族的人感觉到大家同属于一个共同体的自己人的心理"②，是"人们的个体与自己所属群体之间建立相互认可的一种主观性态度"③，是"社会成员对自己民族归属的认知和感情依附"④；由此可见，民族认同实质是一种主观意识，是民族成员将自身归类到某一民族群体并与其他民族群体相区别的认识。基于民族的认同，在心理上则表现为对民族差异性或异质性要素的依恋、坚持与追求；在行动中表现为维系、延续本民族的文化特征、语言文字、历史传统、集体记忆乃至诉诸政治手段自治甚至建立独立国家行动。作为一种社会意识的民族认同，它是产生民族政治行为的先导，一经形成便可以跨时空而持续存在，往往会因民族间的群体暴力而强化民族认同。但在一个主权国家范围内，民族认同具有一定的可调控性，通过一定的方式弱化认同会形成和解，强化认同则会造成对立。

国家的出现及其成为重要的国际行为主体是人类社会发展的必然。西塞罗认为国家乃人民之事业，而人民是许多人基于法的一致和利益的共同而结合起来的集合体。"国家的概念可以被定义为一套与其他制度不同的自治制度，拥有在给予的疆界内对强制性的合法垄断。"⑤ 是在一定地理边

---

① ［英］安东尼·史密斯《民族主义理论、意识形态、历史》（第二版），叶江译，上海世纪出版集团 2011 年版，第 20 页。
② 费孝通：《费孝通民族研究文集》，民族出版社 1988 年版，第 173 页。
③ 马启成、白振声：《民族学与民族文化发展研究》，中国社会科学出版社 1995 年版，第 123 页。
④ 王希恩：《民族认同与民族意识》，《民族研究》1995 年第 6 期。
⑤ ［英］安东尼·史密斯：《民族主义——理论、意识形态、历史》（第二版），叶江译，上海世纪出版集团 2006 年版，第 12 页。

界内具有对外主权独立性和对内统治至高性的政治共同体。当今作为国际舞台最重要的行为主体，主权国家已成为一种合法性理念，其地位也获得了人们的广泛认可，现实生活中人民的根本利益更多地通过国家实现和维护。正如黑格尔所言："民族国家是政治实体的最高形式。"① 休·希顿—沃森认为，"我们生活在一个民族国家的时代"，至多只有一半真实性，而我们生活在一个主权国家的时代却是一个不争的事实，可见国家主权理应高于民族权利。与民族相比，国家虽然也体现出文化共同体的特征，但它更多地被看作是法律上的政治共同体，它"是一个法律上的政治性组织，同样也拥有要求公民对其顺从和忠诚的权力"②。因此，民族与国家建构的基础存在重大差别，民族更多地带有血缘、文化、心理等精神性的自然倾向，而以法理为基础的国家则侧重法律授予的强制力维系其统一性。国家一旦建立，国家认同（National identity）也将同时构建，它是一个国家的公民对自己归属哪个国家的认知以及对这个国家的历史文化传统、道德价值观、理想信念等要素的认同，是维系国家存在和发展的重要纽带，也是现代国家的合法性基础，为国家维系自身的统一性、独特性和连续性提供重要保障。③

**（三）民族认同与国家认同的关系**

如前所述，既然民族认同是基于人的一种自然属性，因而具有天然合理性，但我们显然生活在一个主权国家的时代。因此，如何看待民族认同与国家认同的关系，是多民族国家认同建构的起点。目前学界对于二者的关系存在不同的认识，一些学者更多地关注全球化、现代化背景下民族认同的负面功能，特别强调其对主权独立国家的质疑和挑战，因此将民族认同与国家认同对立起来。也有学者从认同的不同层次和当今世界多民族国家的现实视角出发，认为民族认同与国家认同二者可以和谐共存。多民族国家中民族认同问题的关键并不在于个体同时拥有两种（或多种）不同形式的认同，而在于在个体的认同层次结构中，把何种认同（归属感）置于优先的级序，并

---

① George H. Sabine.A History of Political Theory, New York:*Holt, Rinehart and Winston*，1961，p.306.

② ［英］休·希顿–沃森：《民族与国家——对民族起源与民族主义政治的探讨》，吴洪英、黄群译，中央民族大学出版社 2009 年版，第 1 页。

③ 吴玉敏：《要实现民族认同与国家认同相统一》，新华网 2009 年 12 月 17 日。

以此作为自己效忠、尽义务和责任的归属对象。① 因此，既不能通过民族的"同质化"来强化"国家认同"，又不能因保持民族文化的多样性而削弱"国家认同"，但二者往往体现出"此消彼长"的态势，过分强化"民族认同"，则会在一定程度弱化"国家认同"，反之亦然。② 我们以包容性的思维从和谐视角看待民族认同与国家认同，二者作为不同层级的认同形式，在具体实践中可以达成一定的价值共识和发挥功能上的相互依赖，民族异质性要素可以与国家的统一性和谐共存于多民族国家的场域中。因为民族认同具有相对于国家的依附性，而国家作为满足个体"需要秩序的基本感情"的自在自为的存在，具有逻辑和理性上的至高性。在政治实践中，当今世界没有任何族群或族群成员能够离开国家而独立生存，无论是在政治安全和经济依赖的意义上，还是在地理学的意义上，概莫能外。③ 对于多民族国家而言，必须确立国家作为民族成员归属层次中的最高单位，这是民族认同与国家认同统一所必须坚持的价值共识。

## 二、海西民族地区国家认同建构路径探析

新中国成立以来，我国在民族识别工作基础上实行严格的"民族成分"身份制，这种民族身份的制度安排保障了少数民族的各项权利，调动了广大少数民族群众共同建设社会主义的积极性，但突出的民族身份却在不断强化民族认同，并未有效地促进国家认同的建构。近代以来，西方民族理论特别是"一个民族一个国家，最佳政治安排的获得是当每一个民族形成了独立的国家的时候"④。这种观点对我国国家认同建构带来一定冲击。黑格尔也认为："独立自主是一个民族最基本的自由和最高荣誉。"⑤ 后冷战时代，第三次民族主义浪潮在全球蓬勃发展，主权独立的民族国家内部出现了民族分离主义打着"民族自决"的旗号，对国家主权的完整统一提出了挑战。如果多民族国家长期忽视国家认同的建构，就会导致民族分裂，甚至走向分离。⑥

① 高永久、朱军：《论多民族国家中的民族认同与国家认同》，《民族研究》2010 年第 2 期。
② 都永浩：《民族认同与公民、国家认同》，《黑龙江民族丛刊》2009 年第 6 期。
③ 钱雪梅：《从认同的基本特征看族群认同与国家认同的关系》，《民族研究》2006 年第 6 期。
④ [英] 凯杜里：《民族主义》，张明明译，中央编译出版社 2002 年版，第 52 页。
⑤ 潘志平：《民族自决还是民族分裂》，新疆人民出版社 1999 年版，第 159 页。
⑥ 尚伟：《列宁的"民族自决权"理论及其意义》，《马克思主义研究》2011 年第 12 期。

虽然在如何建构国家认同问题上不同学者有不同的见解，但"在理解民族冲突问题上寻求某种'高度统一'的方案是多么幼稚的一件事，企图通过构建民族同质性来实现国家认同的建构是不可取的，因为影响国家认同建构的因素除民族身份认同外，对经济利益的考虑、环境原因、不适当的政治决策、某种思想和理论的传播等等也至关重要"①。因此，我国西北民族地区少数民族国家认同建构应立足"政治一体、文化多元"的民族结构实际，从经济、政治、文化及现代公民身份等方面探讨国家认同的建构。

**（一）大力推进民族地区市场化、工业化、城镇化发展步伐，构建各民族共同的经济基础**

如前所述，利益的分野是社会冲突的来源，无论是因为地域还是民族，应尽可能消除各种利益分野，不断扩大共同利益是国家认同建构的内在要求。市场经济具有造就"国民经济"一体化的强大功能，充分发展的市场经济大大提高了社会的一体化水平。根据前文赫克特"扩散模式"理论，民族地区市场化、工业化在对原有生计方式解构的同时，使得处于国家核心地区的行政机构、经济商业机构、各类社会组织机构、文化形式、消费方式逐渐向边缘地区扩散，从而使得边缘地区的工业化和经济最终得到了充分的发展，核心和边缘地区的财富均匀分布，核心地区和边缘地区在政治、经济、文化等方面逐渐完成整合。②西北民族地区相对封闭，经济社会发展相对滞后，市场化发育程度不足。新一轮西部大开发中的一系列政策，如中央财政支持、对口支援、大规模资源开发等虽然有力地促进了民族地区经济跨越式发展，但当地居民的经济参与度偏低，往往成为经济高速增长的"旁观者"，民族地方形成了依赖型经济（Dependent Economy），而"扩散—工业化"模式变成了"扩散—供给"模式（Diffusiong-supply Model），使得民族地区不能真正融合成为国家经济的一部分。国家补贴性支持政策并没有很好地提高少数民族适应新时代要求的生存能力，也没有很好地带动人们价值观念的更新，反而由于语言文化、宗教信仰、传统观念、知识技能等不能有效地参与市场经济活动而处于不利地位，从而人们愈加感受到民族身份所带来的差

---

① 关凯：《民族政治学》，中央民族大学出版社2009年版，第191页。
② 马戎：《民族社会学》，北京大学出版社2006年版，第189页。

异，强化了民族认同。西北地区的资源开发、贸易、服务等行业大多被拥有雄厚资本实力、管理经验丰富的外来投资者所掌握，而当地居民处于更加不平等地位，这引起了民族地区少数民族的不满情绪。① 世代放牧的蒙古族牧民 PX 告诉我们，"我的两个儿子，一个儿媳妇，都是青海民族大学毕业的本科生，现在都找不到工作，大学毕业等于放羊。虽然在我家草场上就有开采石油的大企业，但那与我们没什么关系，我们进不去。我老了就要回归大自然了，我三个孩子只要有一个能进我家草场上的石油公司上班，我就心满意足了。"② 资源开发在当地人眼中是"外地人"的事情，他们显得失落无奈。因此，西部大开发应更注重当地居民的参与，一些诸如服务、运输、产品初级加工等科技含量低的行业可以由当地居民承担，这不仅可以直接增加少数民族经济收入，更有利于思想观念的更新，在统一开放的大市场中，破除封闭保守的地区意识，在全国统一开放的市场经济体系中促进国家认同的建构。

此外，商品是天然的平等派，无关民族身份。民族地区通过剩余劳动力转移、土地流转、城镇化建设等措施，加强少数民族劳动力在全国范围的流动，进而消除因地域、生计方式和文化观念带来的利益分野。古代，长城曾阻隔了北方游牧民族与中原农耕地区的物资交流，今天在政治一体、民族平等、开放统一的时代，每个民族都面临共同的发展机遇。因此，应加大少数民族市场化发展步伐，为少数民族"走出去"提供相应的制度保障。通过如户籍制度改革、职业技能培训、少数民族税费优惠政策、民族特色产业开发等促进少数民族更多地进入中东部地区就业，促进汉族与少数民族、各少数民族之间的流动，使具有浓郁民族特色的少数民族地区的产业，如新疆的饮食、歌舞、特技等经过整理、开发和创新，能够形成强大而独特的人文产业，在内地有很大市场。因此，大力推进民族地区的市场化发展步伐，通过市场化、商业化和现代化等建立各族人民共同的经济基础，在全国统一开放的市场体系中促进少数民族国家认同的建构。

---

① 李成武、李文：《当前我国民族地区社会建设刍议》，《毛泽东邓小平理论研究》2012 年第 9 期。
② 笔者 2010 年 1 月 28 日在青海省海西蒙古族藏族自治州格尔木市乌图美仁乡那棱格勒蒙古族村落调研资料。

**（二）加强民族地区党的领导，发挥党的少数民族干部的重要作用**

"政治一体、文化多元"是我国民族格局的基本特点，也是国家认同建构的出发点。由于地理环境、自然条件、文化传统、生计方式等的差异，分布于我国不同地区的民族形成了各自的民族文化，维系着他们的民族认同。近代以来，在推翻"三座大山"，以建立新中国为目标的新民主主义革命中，共产主义理想意识形态凝聚人心，对各民族文化实现了有效整合，全国各族人民达到了空前的团结统一。"中国共产党是领导我们事业的核心力量，也是中华民族团结统一的核心力量"，成为全国各族人民的共识。今天中国共产党再次以中华民族伟大复兴梦想将全国各族人民团结在一起，为国家认同构建赋予新的内涵。但海西地区民族文化多元并存，对于相对封闭保守的民族地理单元中的少数民族而言，其国家认同状况与党的民族政策直接相关，强有力的党组织建设在促进少数民族国家认同建构中发挥着十分重要的作用。

少数民族干部作为党和国家与广大少数民族群众联系的桥梁和纽带，兼具少数民族群众的代表者和国家代表者双重身份。大力培养、任用少数民族干部是做好民族工作和解决民族问题的关键。少数民族干部是本民族的"精英"，熟悉民族语言、风俗习惯和民族心理，在少数民族中具有很强的示范性。因此，应当加大党的民族干部培养力度，加强民族地区党的先进性、纯洁性教育，坚决反对党员干部腐败行为，以全面建成小康社会和民族复兴之梦凝聚人心。当前，作为国家的"在场者"——民族地区的一些干部，其腐败行为败坏了党在民族群众中的形象，党的民族政策也不能很好地贯彻落实，进而对少数民族群众的国家认同产生了严重的消极影响。此外，加大少数民族干部到内地交流任职，对增进民族干部自身国家认同具有十分重要的意义。在内地交流工作中，增加其与汉族干部的接触和交流，提高少数民族干部自身的工作能力，也促进思想观念的转变。因此，国家应加大选拔各级少数民族干部到东南沿海发达地区任职锻炼，同时在汉族地区公务员招考中扩大少数民族大学生招收比例，从而促进少数民族知识分子对国家的感知，增强国家归属感和国家认同意识。

**（三）依法治国，以法律的统一性、权威性促进民族关系平等和谐发展**

依法治国，建设社会主义法治国家对于民族地区国家认同建构具有十分重要的意义。法律面前人人平等，依靠国家强制力保证实施的法律，以其权威性、统一性将逐步消解民族地区原有的权威体系，将各族人民平等地置于统一的法律体系之下，从而在社会实践中逐步淡化原有的民族身份依赖路径。目前，西北民族地区民族身份不断强化的重要原因往往是由法制的不统一和区别对待造成的。这种民族身份利益化，不断刺激和强化着民族身份认同。法律往往在民族地区的矛盾纠纷调解中缺席，造成"国家不在场"，少数民族群众感受不到国家的力量。例如，藏族村落文化程度较高的村支书AK告诉笔者，"我们不相信法律，草场纠纷、邻里矛盾等都请活佛调解，我们这里法律也没有什么尊严，比如《婚姻法》规定实行一夫一妻制，但我们这里结婚、离婚太随意，这破坏了家庭的和睦，但法律也不管"①。法律失去其应有的权威性和一致性，从而在事实上强化了民族间的差异，使得民族身份利益化。多民族国家，由民族认同问题引发的认同危机表现为民族共同体（而不是国家）成为民族成员效忠和归属的最高对象，即在民族成员的认同结构中处于最高的级序。民族成员以本民族的利益为最高标准进行族际互动，无视甚至侵犯国家法律制度体系的统一性，挑战国家权威的合法性。因此，民族地区法治建设亟待加强，只有国家的法律得到各民族普遍遵守，才能有效构建国家认同体系。

**（四）加强现代公民身份建构，促进国家认同意识增长**

随着西部地区改革开放事业的不断深入发展，海西地区进入了现代化社会转型。具体表现为：经济领域由自然经济、半自然经济向市场经济转变；政治领域由威权体制向民主政治转变；文化领域由封闭、单一、保守向开放多元的文化转变。② 其突出特点是各民族人口跨区域流动性增强；与此同时，原有的国家认同受到了严重冲击，转型时期以及转型后的社会形态，需要重构国家认同。

因此，民族地区现代化社会转型背景下的国家认同需要新的理念和思路。与经济社会现代化必然要求建立公民社会一样，民族地区人的现代化必然要求建立公民身份。公民身份和公民社会是现代国家与民族之间的中间环

①　笔者2011年7月28日在青海省海西蒙古族藏族自治州都兰县热水乡赛什堂村调研资料。
②　黄岩：《国家认同——民族发展政治的目标建构》，民族出版社2011年版，第159页。

节，原来人们所依赖的对象，如政府、政党、宗教领袖、家族等将被包括各种经济协会、社区组织和公民自发组织起来的公民组织、非政府组织所取代。可见公民身份是现代法治社会的产物，因此也是国家认同能否构建的关键。

　　显然，全国统一的公民身份和公民社会的构建将逐步淡化民族身份带来的差异，它把国家主权范围内具有不同民族认同的民族成员，以统一的国家公民的政治法律原则联系起来，从而建立起对国家的效忠和认同。少数民族的民族认同权利将和其他公民权利一起得到保护，这符合现代社会发展的潮流，也是民族地区社会转型的必然结果。它有利于消除民族身份固定化所带来的不利影响，促进民族关系和谐发展。现阶段，海西地区除大力发展市场经济，有序推动少数民族人口自由流动之外，必须重视蒙、藏、回、土、撒拉等少数民族群众公民意识的培养教育，唤醒公民作为国家主人的主体意识，通过市场经济的自主经营、有序的政治参与等方式真正实现西北少数民族地区公民在社会生活各方面的主人翁身份。在社会发展进步中，平等地享有宪法和法律赋予的各项权利，同时履行宪法和法律所规定的公民的责任和义务，提高公民权利与义务相统一的自觉性，从而为国家认同构建奠定基础。

　　**（五）立足于"各民族共创中华"的基本认识，培育中华民族精神**

　　世界上曾经存在不少文明古国，但唯有中华文明从未中断或被取代。传统中国向来以文德教化作为构建社会秩序的基础，国家统治体系的维系及各民族整合主要依赖于文化传统，中华文化实际上成为各民族联系的纽带。我国历代王朝都维护了"中华帝国"作为统一的多民族整合体，推动了民族文化"多元一体"格局的形成与发展。近代以来，在共同抵抗外敌入侵过程中，特别是20世纪30年代的民族危机激发了中华民族的觉醒，最终共产主义的共同理想信念将全国各族人民紧密地团结在一起。今天的中国，这一现代民族国家其本身是一个文化与政治的结合体，既是"各民族共创中华"的文化中国，也是中国共产党统一领导下的社会主义中国。因此，国家认同建构的路径相应的应为既有基于中华民族本身的文化认同的构建，也要有对法律和政治制度的政治认同的构建。①

---

　　①　许纪霖：《现代中国的民族国家认同》，《世界经济与政治论坛》2005年第6期。

中国古代的治理结构并非以民族为基础，中华文明的形成与发展也不以宗教为核心，而是以中华文明为核心和正统。显然西北民族地区民族多元、宗教并立，即是费孝通所说的中华民族多元一体的民族格局。"多元"是指中国各民族各有其起源、神话传说、形成及发展的历史；"一体"是指各民族的发展相互关联，相互补充，相互依存，与整体有不可分割的内在联系和共同的民族利益，即中华民族的整体利益。中华民族不仅是单一的中国各民族的统称，更是具有地域性、历史感的共同体的代称。如今，中华民族已成为包括各民族在内的共同的民族情感的凝聚和象征，具有广泛的涵盖意义。但长期以来，部分人有意或无意地把汉族等同于中华民族，同时漠视少数民族的存在和感受。从历史视角分析，几千年中华文明发展不断的历史依据就在于它作为一个开放体系，能不断吸纳不同民族新鲜养分，在相互借鉴中走向更高层次。

此外，文化多元背景下的西北民族地区国家认同构建还需进一步增强民族地区的国家政治认同。在中国共产党领导下，走中国特色社会主义道路，凝聚各族新共识，积极构建以爱国主义为核心的社会主义核心价值体系是加强政治认同的主要内容。在推翻三座大山，建立新中国的过程中，马克思主义极大地促进了国家认同的发展，特别是共产主义意识形态有效地发挥了多民族文化整合的作用。今天，在市场经济条件下，更应该加强党的建设，不断凝聚各族人民全面建成小康社会、实现中华民族伟大复兴的共同理想。民族问题上意识形态规范的社会缺失是危险的，我们要积极构建社会主义核心价值观，重塑新时代的中华民族精神和道德体系，这是西北民族地区国家认同建构的基础性工作。

综上所述，西北民族地区国家认同构建具有时代必然性、紧迫性。基于"民族认同"与"国家认同"的辩证关系，在保护和发展民族文化多样性的前提下，从我国历史文化传统和国情实际出发，改善和加强党对民族工作的领导，进一步深化民族地区市场经济取向的经济改革，切实提高少数民族生活水平，整合中华民族的整体认同意识，构建适应现代化要求的、具有相同法律地位的统一的公民身份，从而实现西北民族地区国家认同的构建。

## 第三节　加强民族整合，促进国家建构

当今世界，大多数国家都是多民族国家。现代统一的多民族国家普遍面临的一个最基本问题就是如何保证国家的统一性与民族多元性的有机统一。统一性是国家整合的内在要求，多元性是多民族国家本身的特性以及各民族生存与发展的内在要求。[1] 我国是由 56 个民族组成的统一的多民族国家，各个民族在中华民族生生不息、传承发展的历史进程中都作出了应有的贡献，但如何协调民族之间的关系、如何处理民族地方与中央的关系历来是中国中央王朝和政府必须面对的重大问题。一部中国古代史就可以看作是一部中国边疆与中央的关系史，也是一部中国民族关系史，民族关系始终伴随着中国的发展。应该说中国在多民族国家治理方面积累了丰富的经验，形成了中国传统民族治理模式。但近代以来，随着西方列强的入侵，打破了中国几千年来发展的传统格局，我国政治、经济、文化、社会发展和民族关系价值选择等等全方位的制度文明都受到了前所未有的质疑和挑战。当整个世界都伴随着西方的鼓点起舞的时候，西方国家以其雄厚的经济实力、先进的政治制度、强势的资本主义文化对全世界进行西方中心主义的全面改造，裹挟其中的民族（族群）理论也以世界潮流的高姿态对中国民族关系理论产生影响。实际上，每个民族、每个国家都有自身的发展特性，资本主义民族关系理论是对西方民族国家发展实践的理论总结，有其先进性、合理性的成分，但其毕竟是对西方民族关系发展实践的"主观映像"，并不具有全球普适性。我们必须认识到现实与主观意识之间存在差异，主观意识经常是不合理的，人们习惯于站在自己的角度理解世界。[2] "意念中的就是客观存在的（What is real in mind, is real in its consequences）"这句屡试不爽的社会学格言是人们很难逃脱的主观主义定势思维的体现。

但无论如何，世界上不同国家的民族关系不外乎两种发展态势，要么

① 付春、任勇、王玥：《中国少数民族文化权利的挑战及回应：全球化的视野》，《贵州社会科学》2011 年第 3 期。

② 爱德华·莫迪默、罗伯特·法恩：《人民·民族·国家——族性与民族主义的含义》，刘泓、黄海慧译，中央民族大学出版社 2009 年版，第 24 页。

冲突、矛盾不断，要么实现民族整合、民族关系和谐发展。本书在引入民族整合理论的基础上，从国家建构角度对我国民族关系发展进行理论探讨。

## 一、民族整合的概念

整合这个词本属地质学范畴，是"指两套地层的走向和倾斜度一致，在沉积上没有明显间断的接触关系"①。后来也指"整理，组合的意思，如：整合各方面的力量"②。随着时代的发展，不同学科不断借用"整合"这个概念，形成了不同的内涵。我国用"整合"这个概念来阐述民族问题的第一篇论文出现在1990年。③ 但总体上说，整合有三个方面的基本特征：从存在方式看，整合是一种活动，是以活动的方式存在；从效用上看，整合是一种功能，是整合主体对外部事物进行加工的效能；从延续性上看，整合是一个过程。④ 实际上整合一词是英语 integration（名词性的）和 integrate（动词性的）的对译。⑤

通过对整合这个概念的考察，我们认为整合就是系统论上所讲的使构成整体的各个部分通过一体化的方式实现聚合、优化，从而发挥整体优势的过程或状态。因此，民族整合的含义是指，在一个多民族国家里，国家作为统一整体通过多种政策措施，对国内各民族之间的关系以及民族单元与国家整体之间的关系进行调整、组合，从而实现民族关系和谐发展、国家政治稳定的国家治理过程，它是国家职能在民族治理方面的体现。结合当今时代特征，我们认为民族整合的目的就是要通过一些政策措施、方法和手段实现国内各民族之间关系的和谐发展，把民族冲突保持在国家"秩序"的范围内，从而在保护各民族利益的基础上，构建起各民族对国家的忠诚和认同，避免国内各民族之间的冲突与斗争。这种民族关系整合的新理念就是对长期以来西方主导的"一国一族"或"一族一国"的否定，现代世界已经进入了民族整合时代。

---

① 《辞海》（缩印本），上海辞书出版社1979年版，第1367页。
② 《辞海》（中），上海辞书出版社1999年版，第3879页。
③ 楚人：《试论中华民族文明起源的多元性与整合性特征——简谈文化交汇中"夷夏之防"观念的形成》，《湖南科技大学学报》1990年第5期。
④ 邹成效：《整合是什么》，《社会科学战线》1994年第3期。
⑤ 张有道：《什么是整合》，《语文建设》1999年第4期。

## 二、"民族国家"的产生与发展

如前所述，民族这种人类共同体是人类社会发展到一定历史阶段的产物，随着时代的不同而发挥着不同的功用。公元 13 世纪，当人类步入主权国家时代，主权国家以其不容挑战的神圣性、合法性和普遍性成为维护不同人群集团利益的理想工具时，民族便与国家产生了密切的关系。实际上，纵观人类历史的发展，占人类发展的历史长河中相当长时期的封建时代及其以前的王朝国家，民族并不与国家直接建立对等重合关系。在自然经济时代，国家作为阶级统治的工具，关涉较多的人类群体曾是阶级、宗族、家族，而与民族鲜有瓜葛。"国家是承认：这个社会陷入了不可解决的自我矛盾，分裂为不可调和的对立面而又无法摆脱这些对立面。而为了使这些对立面，这些经济利益互相冲突的阶级，不至于在无谓的斗争中把自己和社会消灭，就需要有一种表面凌驾于社会之上的力量，这种力量应当缓和冲突，把冲突保持在'秩序'的范围以内；这种从社会中产生但又自居于社会之上并且日益同社会相异化的力量，就是国家。"① 现代意义上的民族国家是人类进入资本主义文明以后才出现的。但自从人类进入民族国家时代以后，国家利益至上的最高价值目标往往通过不同的民族主体来实现，"一族一教一国"的民族国家模式作为反封建的成果，成为时代进步的潮流，在反对超民族的神权体制中，促进了各民族国家的诞生。欧洲第一个民族国家——荷兰，就这样在宗教战争的烈火中诞生。② 不仅如此，民族国家时代的民族是可以根据多种机缘和人们的需要而被建构的，同种同族同文化并非民族的唯一来源，比如美国人与英国人就是不同教派之间斗争的结果。不仅如此，美国的诞生还昭示着民族主义开始走上了人类政治意识形态的历史舞台，成为谋求政治目的的指导思想。③ 民族国家时代，人们为维护和发展民族国家利益已发生了两次世界大战，对人类造成极大伤害。在民族国家时代，人类不断地经历着民族主义运动浪潮带来的兴奋与创伤。今天世界正处在三次民族主义浪潮中，"民族主义作为一把锋利的'双刃剑'不断斩辟着整个世界的民族与国

---

① 《马克思恩格斯选集》第 4 卷，人民出版社 1995 年版，第 170 页。
② 张践：《民族宗教关系的社会理论考察》，宗教文化出版社 2009 年版，第 165 页。
③ 张践：《民族宗教关系的社会理论考察》，宗教文化出版社 2009 年版，第 165 页。

家关系格局"①。"民族主义既能够充当构建民族国家、维护或巩固国家统一和民族尊严的守护神，又可能转化为威胁或破坏国家统一的破门槌；既能成为反帝反殖反霸的开山斧，也可以幻化为民族地区动乱、侵蚀国际秩序的杀手锏。"② 从三次民族主义运动浪潮的政治效果分析，民族主义运动总是以种种理由和借口将全球不同人群切割、重组成纷争不断的不同国家。世界第一次民族主义浪潮发生在第一次世界大战前后，是世界主要帝国主义国家重新瓜分殖民地、打破原有世界政治格局的过程，无不体现着大民族主义和大国沙文主义。一战到二战之间，世界新诞生 18 个国家，二战至冷战之间，新诞生 91 个国家。冷战以后的第三次民族主义浪潮，又不断撕裂着民族国家。据统计，1985—1999 年间，全世界至少有 52 个国家存在分裂主义的问题。③1990—2007 年，分裂主义催生了 25 个被国际所承认的新国家。④ 因此，民族主义运动对主权国家造成很大冲击，民族纷争使民族国家不断分化组合，成为影响世界和平与发展的主要因素。

按照传统的"民族—国家"观念，"一国一族"，国家与单一民族完全重合，才能避免民族压迫、民族剥削、实现世界和平，但显然世界上很少存在这样的单一民族国家。由此可见基于民族主义的"民族—国家"建构理论本身存在一定缺陷，因为国家（states）的民族建构（nation-building）和民族（nations）的国家建构（states-building）都可以以民族主义为基础，这在理论上本身是矛盾的，在实践上必然是相互冲突的。⑤ 二者在指向上是相反的，因为国家的民族建构实质是要在国家内部消除民族差异，达到高度同质化，反对国家内部敌人的动员和分裂，构建起国家民族（即国族）。而民族的国家建构则是要通过各种分裂活动，使民族从原有的母体中独立出来，构建单一民族国家，反对民族压迫和外族统治。基于民族主义的"民族—国家"理论在苏联东欧国家解体中发挥了巨大的解构作用。世界上所有的民族都依照

---

① 严庆：《冲突与整合——民族政治关系模式研究》，社会科学文献出版社 2011 年版，第 142 页。

② 转引自汪洋《民族主义对 20 世纪历史进程的影响》，http：//www.southcn.com/nflr/llzm/20040615 0938.htm.

③ T. R. Gurr，Peoples versus S tates：*Minorities at Risk in the New Century*，Washington，D. C.：US Institute of Peace Press，2000，p.28.

④ 杨恕、李捷：《分裂主义国际化进程研究》，《世界经济与政治》2011 年第 3 期。

⑤ 严庆：《冲突与整合——民族政治关系模式研究》，社会科学文献出版社 2011 年版，第 153 页。

自己的心愿建立起单一的民族国家或世界上所有的多民族国家都企图消灭国家内部民族差别，从而构建起国家民族（国族），这势必造成世界的碎片化，而加剧民族之间的流血冲突。世界上无数次的民族仇杀、种族灭绝、领土纷争、隔离与同化无不是这种"民族—国家"理论指导下的悲剧。

可见发轫于欧洲反封建、反神权的启蒙运动中的民族国家理论已经不能完全适应今天全球化时代民族国家发展的实际。民族这个想象的共同体与主权国家之间本不应有这么紧密的关系，这值得深入反思。国家的政治性使原本文化性特征突出的民族具有了超乎想象的破坏力。正如安德森所说：民族被想象为拥有主权，因为这个概念诞生时，启蒙运动与大革命正在毁坏神谕的、阶层的皇朝的合法性……衡量这个自由的尺度与象征的就是主权国家。① 从那时起，人们对民族的认识逐渐由文化的性质转向了政治的性质，把民族直接称为"国家"②。"在谁的地方，信谁的宗教"，一族一教一国的这种民族国家建构模式已经不适应现代发展的要求。

随着全球化的深入发展，移民的增多，国家之间的经济关系更加密切，国家边界不再是民族国家不可逾越的"高墙"，而日益成为一种边疆。现代科技手段提供了人们之间跨地区交流的平台，以及欧洲逐渐走向联合的现实促使人们不断反思"民族—国家"理论。在主权国家时代，协调民族关系的政策除了以民族主义为基础建立单一民族国家或消灭民族差异建立同质化的国家民族之外，还有其他的办法吗？相对于众多欧洲小国正在逐步走向统一的欧盟的世界经验而言，中国历史上反复的民族整合成为世界可鉴的经验，中国长期以来的民族整合实践形成了大一统的政治意识和和而不同的文化传统成为民族整合的核心理念。因此，今天，我们在借鉴西方发达国家民族治理经验的同时，不断挖掘中国传统的民族治理方式，将更有裨益于中国本土民族关系的和谐发展。

### 三、中国历史上民族整合的经验

进入今天我们历史视野的民族关系主要是秦汉以来中原汉族与边疆少

---

① 张践：《民族宗教关系的社会理论考察》，宗教文化出版社 2009 年版，第 161。
② 张践：《民族宗教关系的社会理论考察》，宗教文化出版社 2009 年版，第 161。

数民族之间的关系，而这种关系主要是在王朝国家主导和调控下进行的。其中，中央与地方（或周边）政权之间的力量博弈在民族关系塑造中发挥了重要作用。由于地理环境、历史传统及文化发展不平衡等因素的共同作用，在中国绵延两千多年的政治发展中形成了大一统的文化传统，这种大一统的政治文化也贯穿于我国多民族国家形成与民族关系发展的实践之中，至今崇尚统一的核心价值理念也没有发生改变。易中天认为，中华帝国始于大秦，终于大清，在这2000多年间，大一统的帝国及其传统是探讨当代中国所有政治、社会问题的历史前提。在长达2000多年的历史进程中，三国时期、十六国和南北朝时期及五代十国这三个大分裂时期加起来也不过450年，而长时期保持统一的政治实践就是这种大一统思想的体现。美国汉学家费正清曾经说过："自古以来，即使当时的纷争可能蹂躏了中国，大多数的中国人总是绝对相信，统一是会重新实现的。"他由此推论：中国人有"统一癖"。他的这一观点被西方主流社会普遍接受。中国这种大一统的、崇尚"合"的政治传统与"家天下"的政治意识密切相关，"家国同构"的政治模式使得对家庭的稳定期许、关系和睦融洽的理念推及国家治理中。而国家绝对权威的树立与家长制的契合又与黄河流域的小农经济基础相关联，那里的人们缺乏商业意识，"君父人格合一"、"君父权力合一"的权威体系使得人们缺乏挑战权威和政治参与的意识，对国家权力的仰仗、依赖来自对家庭的依赖，由此产生了严格的等级秩序，缺乏自我权力的主张。这些都是中国传统政治文化具有"大一统"价值取向的内在原因。正是基于这种政治文化对政权合法性的支持，使得不论哪个民族入主中原都必须接受这种政治传统，从而获得执政的合法性基础。

基于这种大一统的政治理念，中央根据与边疆少数民族政权博弈的状况，分别采取羁縻、和亲、册封等政策，在保证国家大一统的前提下，实行少数民族的有限自治，保持少数民族的社会制度、文化习俗不变，但要通过不断强化边疆与内地交往中，加强内地对边疆的影响力，使内地经济、政治、文化模式向边疆地区逐步扩散，从而实现民族整合。"和而不同"的价值观念在民族整合中得以很好的贯彻，从而使得各民族之间友好往来，取长补短，不断融合发展。当然，在我国历史上民族之间的冲突与矛盾不断上演，但这正是大一统的政治文化在民族整合作用中的体现。中原文化圈的不断扩大、边疆与内地关系的日益紧密，一体化程度不断提高，在中央政治力量所能及的区域，民族关系得到良好发展，推动了民族之间的融合发展。今天我们所面对的民族关系问题，具有一定的历史继承性，主要是中原对边疆地区影响不够深入、历史上民族关系所具有的阶级局限性、民族政策中存在的民族压迫以及国际势力介入等原因造成的。

从上述关于中国历史上民族整合的简要回顾，不难看出，中国传统文化在民族整合中发挥了核心作用。内地与边疆、中央与地方之间的关系状况与中央政权是否强大，以及主流社会文化本身是否具有先进性、凝聚力密切相关。在近代工业化之前，黄河流域的农耕文化显然处于时代的前列，其强大的吸附作用在民族整合中发挥了突出作用。近代以来，受帝国主义的冲击，中国传统文化凝聚力有所下降，然而在此基础上与大机器生产相适应的中国特色的先进文化并未就此创立。中国共产党成立以来，在民族独立、人民解放的艰苦卓绝的斗争中，共产主义理想信念再一次发挥了民族整合的重要作用。我们看到中华人民共和国成立初期，生产力水平虽然比较低，但各族人民仍紧密团结在中国共产党周围，为建设共产主义理想社会而努力奋斗。改革开放以来，随着市场经济的发展，原有的价值观念不断变迁，导致民族整合缺乏具有强大凝聚力的核心。因此，当前构建以社会主义核心价值观为核心的先进文化显得十分迫切，其对于民族整合具有十分重要的作用。

总之，当前民族整合的关键是要在继续发展民族地方的社会生产力，缩小地区发展差距基础上，建构市场经济条件下适应社会主义基本价值理念的先进文化，从而为民族整合奠定坚实的基础。

### 四、民族整合视野的社会主义核心价值观构建

综上所述，我国民族整合的关键在于构建以社会主义核心价值观为核心的先进文化，这是当前我国民族国家建构的迫切要求。

#### （一）国家建构：中国社会现代化所面临的重大课题

通过上述分析，我们知道清帝国的灭亡标志着东亚王朝体系的崩溃。欧洲的民族国家模式依仗着他们率先进入工商社会的实力而传遍全世界。①

---

① 张践：《民族宗教关系的社会理论考察》，宗教文化出版社 2009 年版，第 162 页。

中国在西方列强的枪炮声中被迫开始了由王朝国家体系向现代民族国家的转变，开始探寻立国的民族实体。因为我们已经身处欧洲近代资产阶级革命以来世界所形成的民族国家时代，已经身处民族国家为主要行为体的国际关系体系之中。在共同抵御外敌入侵过程中，特别是20世纪30年代的民族危机激发了中华民族的觉醒，"中华民族到了最危险的时候"成为民族建构的重要条件。最终，中华民族以共产主义的共同理想为核心价值，将全国人民紧密地团结在一起，并建立了中华人民共和国。今天的中国，这一现代民族国家其本身是一个文化与政治的结合体，既是"各民族共创中华"的文化中国，也是中国共产党统一领导下的社会主义中国。因此，今天我们民族国家建构应为既有基于中华民族本身的文化认同的构建，也要有对法律和政治制度的政治认同的构建。基于此，我们认为民族国家建构有两种：一种是民族国家建构，另一种是民主国家建构。民族国家建构分为以民族认同为核心的民族建构（nation-building）和以主权为核心的国家制度体系建构两类。可以说，今天我国以主权为核心的国家制度体系建构已经基本完成。我们在党的领导下，建立了社会主义基本制度体系，主要包括人民民主专政制度、人民代表大会制度、中国共产党领导的多党合作和政治协商制度、民族区域自治制度以及基层群众自治制度。这五大基本政治制度是根据我国的国情和国家性质建立起来的中国特色的社会主义政治制度。实践证明，这些政治制度实现了人们当家做主的权利，受到了人们的广泛认同，对于巩固和发展广泛的爱国统一战线，促进民族团结，维护祖国统一，共同推进我国的社会主义现代化事业具有重要意义。正是这些政治制度保证了中华民族不断发展壮大，巍然屹立于世界民族之林。

但目前我国以民族认同为核心的民族建构尚不充分。由于历史上不同民族各有自己的神话传说、历史记忆、祖宗崇拜；历史发展中由于地理区域、政权更迭、从属关系变化等造成的民族之间差异很大。近代以来，民族国家成为世界政治体系的基本行为主体后，民族成为国家建构的重要因素进入人们的视野。1912年1月1日，孙中山发表《中华民国临时大总统宣言书》，第一次提出了"五族共和"："国家之本，在于人民。合汉、满、蒙、回、藏诸地为一国，即合汉、满、蒙、回、藏诸族为一人。是曰民族之统一。"随后，在民族危亡存续的关头，中华民族作为各个民族的集合和总称不断被强化，这使得我国全体国民开始共同分享中华民族这一个族体。但现在全国各族人民在多大程度上已经建立起了"中华民族"的民族认同呢？考察中华民族的族体建构过程，我们可以看出，在全国人民共同面对西方列强侵略时，中华民族这种集体意识才被调动，民族实体才得以建构。从鸦片战争、甲午战争到抗日战争，全国各族各界都投入到救亡图存的斗争中，特别是在抗日战争中，"中华民族"成为团结各族人民奋勇斗争的一面旗帜而不断被强化和建构。因此，费孝通先生认为在近代西方列强侵略过程中，中华民族逐步由一个"自在民族"演变为一个"自觉民族"。①

而民主国家建构分为以主权在民为核心的民主制度建构和以公民认同为核心的民主法治意识建构。我国是人民民主专政的国家，实行人民代表大会制度，保证了人民享有各项民主权利。但由于我国脱胎于封建社会，专制思想比较浓厚，基于自由主义的权利意识比较差，主导人们思想的是臣民意识而不是公民意识，因而民主法治的中国任重道远。

由此可见，我国目前现代国家构建中出现了两个不平衡的现象。第一，民族国家与民主国家的不平衡，民族国家的外壳具备了，国家建构中的国家认同、民族认同（中华民族）核心价值观认同、心理认同尚未完全构建起来。第二，国家制度体系建设与国家认同建构的不平衡。新中国成立60多年来，我们社会主义国家的各项制度体系建设比较完备，但国家认同意识亟待加强，特别是随着冷战的结束，第三次世界民族主义浪潮蓬勃发展，我国边疆民族地区部分民众的民族认同已经处于认同结构的最高级序。

**（二）培育社会主义核心价值观是中国民族整合的重要内容**

形成统一的认同是现代民族国家存在与运行的前提条件，那么今天的中国应形成什么样的认同呢？综合国外民族国家建构的历史经验，民族文化中核心价值体系的构建应为根本。美国政治学家罗尔斯的重叠共识理论认为在所有不同层次的认同中，公民身份认同、核心价值观念认同是最重要的。美国就是通过核心价值观的建构来整合所有不同民族、人种，成为一个现代国家。因此，我国应以核心价值观作为国家认同的重要指向。如前所述，中国古代的国家治理结构并非以民族和宗教为基础，而是以中华文明为核心

---

① 费孝通：《中华民族多元一体格局》，中央民族大学出版社1999年版，第3—4页。

和正统。传统中国更多地体现为一个文化实体，而不是政治实体。孔子说，"行周礼者为华夏，拒周礼者为夷狄"。可见，文化或者说政治意识形态在国家建构、民族整合中具有十分重要的作用。目前，我国正致力于中华民族的伟大复兴，应充分重视文化在民族国家建构中的重要作用。特别是在当今全球化时代，中国崛起过程中更需要文化提供源源不断的动力。因此，应将民族传统文化中的优秀成分和社会主义基本价值诉求相结合，建立社会主义新文化。党的十八大报告提出以社会主义核心价值观为基础构建先进文化，国家层面的价值目标是富强、民主、文明、和谐；社会层面的价值取向是自由、平等、公正、法治；公民个人层面的价值准则是爱国、敬业、诚信、友善，这为新时期社会主义新文化建设指明了方向。此外，在民族国家建构视域下的核心价值观的培育应包括以下三个方面：一是国家认同，包括意识形态认同、领土与国家观念认同、历史传统与文化认同；二是中华民族的民族认同；三是公民身份认同。

总之，中国传统的国家体系和欧洲民族国家建构的历史，都为今天我国民族整合提供了重要经验教训，我们应当基于中国的民族关系发展历史轨迹，发挥既有优势，不断实现民族整合。

## 五、民族整合的路径

### （一）中国共产党的领导是民族整合的核心

我国是一个统一的多民族国家，经过新中国成立以后的民族识别，各民族的民族身份建构已经基本确定。但凡在不同民族聚居或出现的场域，民族身份就表现得极为突出，民族身份甚至成为决定人们日常交往的重要前提之一。对于西北地区，民族关系十分复杂，各民族发展水平很不平衡，宗教信仰众多而强烈的现实使民族整合更具现实意义。除此之外，历史上的民族压迫、民族歧视在不同民族之间累积了很深的民族积怨、矛盾和仇恨。国际敌对势力借民族主义和宗教极端主义挑拨离间，使得我国平等、团结、互助社会主义民族关系的建立任重道远。这需要一个强有力的、并得到人们普遍接受和认同的权威力量作为凝聚人民的核心，中国共产党历史地担当了这一凝聚核心的重任。这不仅体现在过去党领导人民推翻"三座大山"、建立社会主义的伟大功绩中，而且体现在当今中华民族伟大复兴的历史进程中。党的各级组织成为凝聚西北民族地区各民族人心的坚强力量，是西北民族地区实现民族整合的核心。中国共产党从中国国情实际出发提出了民族区域自治制度，这种制度以保证国家领土完整、国家统一为基本前提，实现少数民族自治的民主权利，取得了良好的效果，保证了国家的完整统一和国内和平稳定。

**（二）充分认识"多元一体"理论的民族整合作用**

"多元一体"是我国多民族国家民族结构的基本特征，它体现在三个方面：一是民族数量众多；二是民族发展不平衡，发展程度差异大；三是民族之间相互关系复杂多样。就我国而言，我国的多民族结构就是中华民族多元一体的民族结构，她是由 56 个民族单位共同构成的一个整体。费孝通先生认为其"主流是由许许多多分散孤立存在的民族单位，经过接触、混杂、联合和融合，同时也有分裂和消亡，形成一个你来我去、我来你去，我中有你，你中有我，而又各具个性的同时又是以汉族为核心的多元统一体"[1]。这个观点是对我国民族关系发展的主要趋势和现有格局的总结，得到了人们的普遍接受。关于多元，即指已确认的 56 个民族和尚未被识别的民族单位，这些单位在"一体"中是完全平等的。所谓"一体"主要指"政治一体"和"民族一体"。政治一体，即指各民族同属一个国家，国家疆域的统一完整。而民族一体，即指中华民族。"中华民族不是中国政治版图内所有民族的简单相加之和的称谓，而是一个民族复合体，它是指中国版图这个共同区域里生息的各个民族的语言、经济、文化的相互渗透、交融中形成的一个具有共同心理素质的复合民族。"[2] 它"具有中国国家象征，由中华各民族共同组成的多元一体格局的民族共同体，中华民族与中国同义"[3]。在漫长的历史发展中，各民族形成了血脉相连、利益相关不可分割的整体，各民族共同的利益使得历史文化发展中相互交融，互相促进。因此，我们说各民族共创中华，中华民族是各个民族单位共享、共治、共有的民族国家主体，国家意识与中华民族意识完全一致、重合。[4] 因此，多元一体的格局主要体现为文化多元，

① 费孝通：《中华民族多元一体格局》（修订本），中央民族大学出版社 1999 年版，第 3—4 页。

② 许力心、冉景福：《论中华民族研究》，《天府新论》1998 年第 6 期。

③ 吴宗金：《中华民族研究》，法律出版社 1997 年版，第 23 页。

④ 周建新：《关于"中华民族"称谓的思考》，《贵州民族研究》2000 年第 3 期。

政治一体，共同的政治利益将各具特色的不同民族维系在一起。

基于多元一体的认识，杨建新先生进一步阐释了各民族共创中华的理论，认为各民族共创中华是对我国民族关系发展实践的理论总结。他认为汉族和各少数民族都是共创中华的主体，并从9个方面总结了各民族共创中华的历史事实。主要是：族体上的相互吸纳；祖国疆域的共同开拓；经济上的开发和相互促进；对中国政治历史文化传统的维系；对中华文化宝库的丰富；反对侵略，保卫中华；对中国民主革命作出了巨大贡献；维护祖国统一，反对分裂；共筑中华民族精神。上述9个主要方面的实践使得中华各民族数千年聚集一堂，组成今天这样一个多民族国家成为历史的必然。这是中国各民族之间有着内在的不可分割的必然联系的一种体现，是各民族同呼吸、共命运，团结互助、共同发展的必然结果，也是中华各民族共同的选择。在这个伟大选择的历史过程中，各民族共创了伟大的中华，反过来共创中华的伟大业绩，又把各族人民凝聚在一起，成为中国大家庭中平等的一员。①

"多元一体"理论是当代中国多民族国家民族整合的前提，是解决各民族与汉族相互关系以及实现民族平等关系的理论基础。它以中华民族的整体性、统一性将各民族有机结合在祖国大家庭中，说明了各民族在历史发展中已经结成了相互离不开的密切关系，不断促进各民族的民族认同向中华民族认同亦即国家认同的转变，增强了中华民族的凝聚力，有利于维护祖国的团结统一。因此，要借助多元一体理论不断构建国家层面的民族主义和共同的政治文化。不断发掘、弘扬各民族中的共性，如蒙藏汉民族共崇佛教，回满汉等民族共同使用汉语，维汉回哈各民族共同开发新疆等，逐渐淡化民族差异，以现代民族国家的公民身份，构建起新的身份认同。

总之，和谐民族关系建构以及政治稳定发展有赖于民族整合，而在我国这样一个疆域辽阔、自然环境差异巨大、人口众多、民族关系复杂的多民族统一国家，民族整合须由国家主导自上而下地主动整合来进行。在不断总结当代西方民族国家建构成功经验和失败教训的基础上，完善中国本土的政治哲学理念，促进基于文化中国而不是简单照搬西方的民族国家理论来实现民族整合，实现民族的文化化，淡化民族的政治属性。同时，要通过多种手

---

① 杨建新：《中国少数民族通论》，民族出版社 2005 年版，第 179 页。

段加快推动公民身份的建构。借鉴中国古代民族整合的基本经验即承认民族之间的差异，并相互尊重各自的文化传统，而又坚决维护政治上的完全统一，反对高度同质化的单一民族国家体制，依据"和而不同"的政治哲学实现民族整合。但无论如何，我们必须承认我们已经进入了亨廷顿所谓的"文明冲突"的时代，一个不容忽视的事实是当今世界不论是在非洲苏丹达尔富尔地区、刚果民主共和国，还是亚洲的斯里兰卡、巴基斯坦，不论是西亚的伊拉克，还是中东的巴以之间所有的流血冲突都与民族、部族密切相关。我们必须深入探讨各民族、各文化之间存在冲突的危险，分析最大限度减少这种文化冲突的办法。如果以一种浅薄、粗疏和天真的态度来看待上述危险，而不能及时予以解决，将会带来可怕的后果。① 因此，防范和应对民族冲突实现民族整合，是我国和世界上其他多民族国家一项长期而又艰巨的任务。

---

①　[美] 克莱斯·瑞恩：《异中求同：人的自我完善》，张沛、张源译，北京大学出版社 2001 年版，第 1 页。

# 第 八 章

# 结　语

　　民族是人类聚居的自然形态和最具稳定性的社会构成。民族之间的关系作为一种客观存在的社会关系，成为当代影响国家统一、政治稳定、边疆安全的重要变量。在我国，民族关系与经济关系、政治关系、文化关系交织在一起，也与历史问题、国际问题交织在一起，显得十分复杂、严峻。随着东欧剧变以来世界第三次民族主义浪潮涌动，民族关系及其问题已经在全球引起了诸多的冲突和矛盾，成为地区乃至世界不稳定的主要因素。当代，民族关系更多地体现为其政治属性，而不是经济、文化等自然属性。民族作为一种行为主体已经成为人们保护权利、争夺利益的重要手段而登上了政治舞台。我国作为从传统国家向现代民族国家变迁的后来者，必须将民族关系纳入我国现代民族国家建构的视野进行分析，得出支撑国家统一、政治稳定发展的民族关系理论。近代以来，随着世界原有的帝国格局及殖民体系的瓦解，民族国家成为国际政治最重要的行为主体。可以说，民族国家建构以及国家完整统一的基础在于民族。因此，不断构建支撑民族国家发展的民族（国族），是民族关系研究中必须充分考虑的问题。对我国而言，通过各民族共创中华实现民族整合，是我国民族国家建构的重大课题。北京大学政府管理学院副教授张健认为，中华民族才是过去 300 年来主流知识传统和政治规则中所承认的可以拥有一个国家的民族，在中国的语境下，只有中华民族能建立国家，而中华民族事实上又是国家的构建物，"不是民族建立了国家而是国家建构了民族，没有中华民国和中华人民共和国，不会有中华民族这个概念"①。我国民族关系研究的基本价值取向应该是如何实现我国多民族国家的完整统一、民族关系的和谐发展以及民族地区的政治稳定。苏联解体的原因不仅在于共产主义政治意识形态失去了应有的社会整合作用，同时，苏联处在民族国家时代，而没有通过一系列政治、经济、文化等手段有效实现民族整合，民族之间实际上存在的不平等阻碍了民族融合发展，最终导致一分为15个独立国家。这对我国民族问题研究具有十分重要的启示意义。同时，对于我国当前市场经济条件不同人群之间、不同民族之间利益日益分化，民族文化又多元并存的客观现实，我们要运用多种手段实现我国多民族国家"政治一体、文化多元"的辩证统一，这是民族工作的重要意义之所在。

总之，通过当代青海海西蒙古族藏族自治州蒙藏汉民族关系的研究，可以得出基本判断，西北民族地区虽然存在"藏独"、"东突"等民族分裂活动，而且其影响有不断扩大趋势，但民族问题整体上主要体现为少数民族的经济诉求而不是政治诉求，当然经济利益长期得不到保障时，人们普遍会采取政治行动。应对的策略以及解决的途径是多种多样的，归结起来主要有以下几个方面。

第一，我国社会主义文化大发展、大繁荣是民族关系和谐发展的深层次影响因素。

国家的强盛依赖于民族的团结，而民族的团结必须依托于某一个强大的核心。纵观古今中外世界各国的历史经验与现实教训，是否拥有先进的文化是民族国家发展的必备条件，繁荣的经济、强大的军事以及强势的政治都只能在一时或一事上取得优势，而一个国家的长治久安最终还是取决于先进的文化，文化的强大凝聚力、号召力以及对秩序的维系巩固作用是政治统治、经济收买和军事镇压等所不能比拟的。只有先进的文化才是实现民族团结、共同进步的根本和基础。

近代以来，中国各先进阶层竞相登上政治舞台，为挽救民族危亡进行了不懈的努力，付出了巨大的牺牲，不论是洋务运动、戊戌变法还是太平天国起义、辛亥革命，这些社会运动都有一种文化诉求做指引。然而只有共产

---

① 凤凰网，"关于当前民族问题的讨论"：http://news.ifeng.com/exclusive/lecture/special/minzu/zhangjian.shtml

主义政治意识形态主导的，有别于封建主义和资本主义的中国化的马克思主义最终将全国各族人民凝聚在一起，实现了国家的统一、民族的独立和人民的解放。可见，建设共产主义美好理想社会的价值追求和共产主义政治意识形态发挥了先进文化所具有的社会凝聚力的作用。然而改革开放以来，共产主义意识形态的强大凝聚作用在市场经济的快速发展中逐渐淡去，宗教和多元的民族文化甚至西方资产阶级的政治思想成为我国不同人群凝聚力的重要依赖对象。西北边疆民族地区近年来发生的暴力恐怖事件进一步说明，单一的经济发展或所谓的跨越式发展并不能有效实现民族和解和民族地区的长治久安，政治统治的合法性深深植根于国家的先进文化之中。因此，在当代亨廷顿所谓的"文明冲突的时代"，文化的作用日益凸显，解决民族问题也应以积极构建我国社会主义核心价值观指导的先进文化为基础。先进文化，不仅给人们提供一种良善而有道德的生活，使人们人生的价值和生活的意义充分彰显，不至于使人们将人生的整个意义完全寄托于金钱和权力方面。毛泽东曾预言苏联"卫星上天，红旗落地"。事实雄辩地说明片面的经济繁荣或强大的军事实力并不足以支撑一个国家的可持续发展。一个国家的真正崛起在于其文化的崛起，这是基本的历史经验。文化崛起不是表面上的文化产业的发展繁荣，而是文化应提供一种全社会共同坚守的道德秩序，为民众提供一种良善的道德生活。这种符合时代普遍价值诉求并结合中国本土优秀文化的富有道德感召力的新文化，将对内实现民族整合，对外提供一种有别于西方话语霸权的文化模式，从而支撑起中国的崛起。一般认为，中国历史上曾经历 3 次崛起①，每次的强盛无不是文化的崛起。但进入近代以来，人们有鉴于西方殖民主义强大的生产力，过分渴望和追求先进的社会生产力以及现代化的便利生活，物质崇拜成为人生的根本目标。因此，长期以来，文化崛起对一个国家的可持续发展的意义今天远远被低估了。汉唐的崛起在于文化，其最终衰落也在于文化。如果文化不能崛起，必然对经济甚至政治产生严重的制约。从内部来说，没有思想的产生，就不会有制度上的创新，最终

---

　　① 大同思想网：http://www.dtsx.org/2013/0423/1832.shtml，王赓武先生认为中国经历了三次大崛起，公元前 3 世纪到公元 3 世纪秦汉时期是第一次崛起；公元 7 世纪唐王朝的建立宣布了中国的第二次崛起，持续近 300 年；1368 年，明王朝建立，中国由此实现了第三次崛起，持续了约 400 年。目前是中国的第四次崛起。

必然导致封闭和衰落。从外部来说，没有思想的产生，就不能提供有吸引力的文化和价值观。所以，从长远来看，面对我国民族众多、历史悠久、灿若星河的民族文化多元并存的状况，积极构建能够整合各民族优秀文化的新文化，特别是在市场经济条件下形成与我们现实生活相适应的社会主义核心价值观，是解决民族问题的根本之道。欧美资本主义国家之所以在当代成为最繁荣、稳定的国家和地区，其深层次原因也在于资本主义启蒙运动以来的文化创新，适应时代发展要求的先进文化是制度文明的源泉。二战以后，发展相对成熟的现代资本主义国家内部明显较稳定、和平，战争与冲突出现在第三世界，现代性产生稳定，现代化则产生不稳定，不稳定的原因就在于没有形成统一的能够支撑制度建构的文化，在传统与现代的文化变迁中出现政治不稳定。因此，对于我国而言，可以说改革开放 30 多年来实现了经济崛起，文化崛起也被历史地提上了重要的议事日程，但显然能够实现民族整合的先进文化重建依然任重道远。当前，我国的文化复兴取决于如何使马克思主义与中国传统文化进一步契合，同时吸纳西方现代文明的优秀成果，构建中国特色社会主义价值取向的新文化。这也是抵御西方敌对势力政治意识形态以及各种宗教极端势力、暴力恐怖势力、民族分裂势力渗透的重要手段。

同时，在文化大发展、大繁荣过程中，要注重基于中华民族共同文化的新文化构建，反对缺少中华民族意识的文化复兴或回归运动，反对大汉族主义和地方民族主义。正如威尔·金利卡所言，在许多多民族国家中，历史是民族群体之间怨恨和分裂的根源，而不是自豪感的源泉，那些激发多数民族自豪感的人和事件，往往在少数民族中产生相反的感觉。而且，对于历史的依赖往往需要有选择地、甚至古为今用地重叙历史。《中华人民共和国宪法》明确规定，中华人民共和国是全国各族人民共同缔造的统一的多民族国家。而在汉族地区进行的祖宗崇拜、回溯民族的历史记忆以及祖宗神话传承等活动过程中，往往使我国那些没有共同历史记忆、共同祖先的少数民族更加感受到民族身份的差异，产生对国家的离心心理。因此，中华民族作为我国民族国家建构的唯一民族身份，应当不断构建中华民族的历史记忆，发掘中华民族的公共历史遗产，以便不断促进我国民族国家建构。

第二，大力发展民族地区的教育事业。马克思说，人是生产力中最活跃的因素。教育作为开启人的智慧，获得适应现代生活技能的重要手段，不仅是提高少数民族劳动者素质的手段，更是贯彻国家意志的过程。民族地区属于我国现代化进程中的后发展地区，我国区域发展失衡主要体现在民族地区现代化发展不足。实践证明，人才是 21 世纪最重要的资源，而少数民族地区落后的重要原因也在于人才不足，劳动力素质偏低。大多数民族地区资源丰富，这是实现工业化、现代化的重要优势，但民族地区并不能提供这种适应现代化大生产的劳动力，出现结构性失业问题。少数民族不能很好地进入那些与现代工业生产紧密相关的、收入颇高、地位较高的行业，只能在工业化进程中继续从事低端的、效益较差的传统行业。因此，民族地区现代化的关键不在于外生型的帮扶，而是要不断开发民族内生力量。杨圣敏教授认为："新时期边疆少数民族地区的矛盾和问题与这些地区在开发中少数民族参与不够和受益较少有关，政府不能过于强调'跨越式发展'，经济可以跨越，社会很难跨越，发展太快会使有些少数民族跟不上，坐不上发展的快车。所以，应该强调'参与式发展'，让当地民众和少数民族都能够参与进来，设计适合于当地的开发模式，为此，当地政府、当地民众和当地少数民族参与规划和实施。"① 而当地民众的参与就需要大力提高科学技术和文化知识水平。温军在《民族与发展：新的现代化追赶战略》一书中指出的，"以往现代化的追赶是单一的经济目标的追赶，将民族问题经济化、将经济问题绝对化，忽视了当地居民的现代化。西部民族地区的现代化是一个长期的过程，缩小区域发展差距的先后次序应该是'社会发展差距'——'经济发展差距'——'人类发展差距'。应该改变过去 50 年以追求 GDP 增长为核心、以开发自然资源为中心的传统现代化追赶战略，实施'以人为本，社会发展优先，投资于人民'的新的民族地区现代化追赶战略"。投资于人民，最重要的是投资于人的培养。因此，应把大力发展民族地区的教育事业摆在更加突出的位置。

　　受教育的过程，必须重视汉语言的学习。实际上在全国统一开放的市场体系中，限制少数民族地区"走出去"的重要因素就在于语言障碍。对学习汉语要进行深入的宣传和典型示范，学习汉语言与坚持文化多元主义并不矛盾。因为，汉语是国家主流社会的通用语言，习得汉语是实现在发达地区

---

① "关于当前民族问题的讨论"：http://news.ifeng.com/exclusive/lecture/special/minzu/zhangjian.shtml.

和高端行业就业的必要条件，与坚持什么样的民族文化并无直接关系。正如改革开放几十年中国兴起的英语学习热潮一样，英语是世界语，我们学习英语就可以参与到全球性的国际分工合作中，获得发展机会。我们学习英语，不仅未能使我们放弃中华文化，反而在比较中促进了我们对中华文化的认识与热爱。学习英语是为了实现更好的发展。长期以来民族地区的汉语言教学明显滞后，不利于少数民族的发展。宗教场所实际是教育落后的民族地区人们获取知识、实现社会化的重要场所，宗教场所的教育功能不能代替现代国民教育，也不能实现少数民族在主流社会很好地就业。因此，在民族地区大力发展现代国民教育显得十分重要，是改变民族地区不同民族就业结构的重要手段，也是消除民族之间事实上存在的不平等的重要手段。现代教育作为提高劳动力素质的重要途径不专指现代国民序列的教育，还包括各种职业培训和职业教育，使少数民族能够适应民族地区工业化生产对劳动力素质的需要。因此，国家应进一步加大民族地区的教育投资力度，把民族地区教育事业放在国家战略高度去认识和理解。要在民族地区现代化中，首先体现在少数民族人的现代化方面，没有人的现代化就没有民族地区的现代化，民族之间的现代化发展失衡现象将成为民族矛盾的重要诱因。因此，实现区域平衡发展，首先要投资于人，发展民族地方的教育事业。当然，少数民族人的现代化是一项系统工程，发展当地教育事业，培养民族人才只是民族地区现代化的关键一环。

第三，大力发展民族地区市场经济。市场经济作为发展社会生产力的重要手段，是社会进步的重要推动力量，这已被欧美资本主义国家和30多年来我国改革开放实践所证明。市场经济的不断发展促进了民族文化以及民族地区社会结构的现代化变迁，有利于在趋同的生计方式及国家发达地区政治、经济模式的扩散中增进各民族之间的共同性，从而奠定各民族共同的经济基础、文化基础。市场经济条件下，人们对财富的追逐以及那些原本处于同一水平线上的率先致富的民族成员，其示范带动效应将激发民族地区人们的竞争意识，必将促进民族地区经济社会的发展进步。当人们生活水平和生活质量普遍得到改善和提高，民族主义和各种极端宗教势力渗透的空间将大大缩小。所以，海西民族关系和谐发展的重要基础在于大力发展生产力，实现海西地区现代化、市场化的转型变迁。在民族地区市场化过程中，必须高度重视宗教因素，这是内地与民族地区现代化过程中必须重视的问题。人们习惯于产生"路径依赖"的思维方式，势必在少数民族地区推广汉族地区的现代化模式，宗教的因素与民族冲突使民族关系进一步复杂化。

　　总之，构建和谐民族关系是一个宏大的系统工程，涉及诸多方面。当前国内与国际、历史与现实的多种因素交织在一起，对和谐民族关系构建造成很大影响。要在大力发展民族地区经济，缩小区域发展差距的同时，进一步处理好民族地区的干群关系，走群众路线，改变干部工作作风，坚决反对腐败，保护少数民族合法权益。同时要继续发扬我党历史上好的民族工作方法，如统战工作、少数民族干部工作等，保持党在少数民族群众心目中的形象，不断增强党在民族地区执政的群众基础。

# 参 考 文 献

## 一、著作

[法] 阿尔佛雷德·格罗塞:《身份认同的困境》,王鲲译,社会科学文献出版社 2010 年版。

阿拉腾:《文化的变迁——一个嘎查的故事》,民族出版社 2006 年版。

阿旺洛桑嘉措:《五世达赖喇嘛传》(上、下),陈庆英、马连龙、马龙译,中国藏学出版社 2006 年版。

[英] 爱德华·莫迪默、罗伯特·法恩:《人民·民族·国家——族性与民族主义的含义》,刘泓、黄海慧译,中央民族大学出版社 2009 年版。

[美] 艾尔·巴比:《社会研究方法》,邱泽奇译,华夏出版社 2012年版。

[英] 埃里·杜里:《民族主义》,张明明译,中央编译出版社 2002年版。

[英] 埃里克·霍布斯鲍姆:《民族与民族主义》,李金梅译,上海人民出版社 2000 年版。

[英] 埃文思·普里查德:《论社会人类学》,冷凤彩译,世界图书出版公司 2010 年版。

[英] 安东尼·史密斯:《民族主义理论、意识形态、历史》,叶江译,上海世纪出版集团 2011 年版。

[美] 巴菲尔德:《危险边疆——游牧帝国与中国》,江苏人民出版社

2011 年版。

[意] 毕达科:《西藏的贵族和政府》,沈卫荣、宋黎明译,中国藏学出版社 2008 年版。

[英] 彼得·德怀尔(Peter Dwyer):《理解社会公民身份——政策与实践的主题和视角》,蒋晓阳译,北京大学出版社 2011 年版。

边燕杰:《市场转型与社会分层——美国社会学者分析中国》,生活·读书·新知三联书店 2002 年版。

蔡凤林:《中国农牧文化结合与中华民族的形成》,中国财政经济出版社 2000 年版。

才让:《藏传佛教民俗与信仰》,民族出版社 1999 年版。

才让主编:《青海蒙古世系》,青海人民出版社 2006 年版。

曹海英:《中国西部民族地区新型工业化——价值取向、实现机制、发展路径》,中国经济出版社 2010 年版。

曹锦清:《黄河边的中国——一个学者对乡村社会的观察与思考》,上海文艺出版社 2000 年版。

常文昌:《世界华语文学的"新大陆"东干文学论纲》,中国社会科学出版社 2010 年版。

《柴达木历史与文化》编委会主编:《柴达木历史与文化》,青海人民出版社 2009 年版。

陈秉渊:《马步芳家族统治青海四十年》,青海人民出版社 2007 年版。

陈庆英:《达赖喇嘛转世》,五洲传播出版社 2004 年版。

陈庆英、丁守璞主编:《蒙藏关系史大系·政治卷》,外语教学与研究出版社 2002 年版。

陈庆英、丁守璞主编:《蒙藏关系史大系·文化卷》,外语教学与研究出版社 2000 年版。

陈庆英、陈立健:《活佛转世及其历史定制》,中国藏学出版社 2010 年版。

陈渠珍:《艽野尘梦》,西藏人民出版社 1992 年版。

陈恩凤、李宗可、冯秀藻:《青海省中部荒区调查报告》,农林部垦务总局编印 1942 年版。

程起骏:《吐谷浑古国史话》,青海民族出版社2012年版。

程起骏:《古老神秘的都兰》,青海人民出版社2009年版。

崔永红、张得祖、杜长顺主编:《青海通史》,青海人民出版社1999年版。

第穆·图丹晋美嘉措:《九世达赖喇嘛传》,王维强译,中国藏学出版社2006年版。

丹曲:《拉卜楞史话》,民族出版社1998年版。

[美]杜赞奇:《从民族国家拯救历史:民族主义话语与中国现代史研究》,王宪明译,社会科学文献出版社2003年版。

樊保良:《蒙藏关系史研究》,青海人民出版社1992年版。

[美]菲利克斯·格罗斯:《公民与国家——民族、部族和族属身份》,王建娥、魏强译,新华出版社2003年版。

费孝通:《中华民族多元一体格局》,中央民族学院出版社1989年版。

费孝通:《江村农村农民生活及其变迁》,敦煌文艺出版社1997年版。

费孝通:《乡土中国生育制度》,北京大学出版社1998年版。

费孝通:《江村经济》,上海世纪出版集团2007年版。

葛剑雄:《简明中国移民史》,福建人民出版社1993年版。

高凯军:《论中华民族——从地域特点和长城的兴废看中华民族的起源、形成与发展》,文物出版社2010年版。

高永久:《民族政治学》,南开大学出版社2008年版。

顾颉刚:《西北考察日记》,甘肃人民出版社2002年版。

关海庭:《20世纪中国政治发展史论》,北京大学出版社2002年版。

关凯:《民族政治学》,中央民族大学出版社2009年版。

国家民族事务委员会、中共中央文献研究室:《新时期民族工作文献选编》,中央文献出版社1990年版。

国家民族事务委员会、中共中央文献室编:《民族工作文献选编》,中央文献出版社2003年版。

韩英:《苍茫西藏路》,西藏人民出版社2001年版。

黄岩:《国家认同——民族发展政治的目标建构》,民族出版社2011年版。

[美] 霍莉·彼得斯—戈尔登（Holly Peters—Golden）:《改变人类学——15 个经典个案研究》，张经纬、夏航、何菊译，北京大学出版社 2012 年版。

Hechter，M. *internal colonialism*，Berkeley：University of California Press. 1975.

胡涤非:《民族主义与近代中国政治变迁》，知识产权出版社 2009 年版。

纪晓松:《天路行军——1951 年千名女兵徒步进藏纪实》，解放军文艺出版社 2007 年版。

金成修:《明清之际藏传佛教在蒙古地区的传播》，社会科学文献出版社 2006 年版。

金炳镐主编:《民族纲领政策文献选编》，中央民族大学出版社 2006 年版。

金炳镐:《中国共产党民族政策发展史》，中央民族大学出版社 2006 年版。

孔尚杨:《宗教社会学》，北京大学出版社 2001 年版。

李静、杨须爱:《交往与流动话语中的村落社会变迁》，中国社会科学出版社 2008 年版。

李洁:《新疆南疆地区汉族移民及民族关系研究——以阿克苏地区拜城县农村汉族移民及民族关系为例》，民族出版社 2010 年版。

李玉宁:《甘肃蒙古族文化形态与古籍文存》，甘肃民族出版社 2004 年版。

李育红:《西北少数民族地区社会结构转型研究》，民族出版社 2008 年版。

李红梅:《中国共产党民族地区现代化思想及实践研究》，中央民族大学出版社 2009 年版。

李丽主编:《王辅仁与藏学研究》，中央民族大学出版社 2006 年版。

李文君:《明代西海蒙古史研究》，中央民族大学出版社 2008 年版。

李烛尘:《西北历程》，甘肃人民出版社 2003 年版。

林耀华主编:《民族学通论》，中央民族大学出版社 2005 年版。

《列宁全集》第 1 卷，人民出版社 1958 年版。

芈一之主编:《青海蒙古族历史简编》,青海人民出版社 1993 年版。

刘志扬:《乡土西藏文化传统的选择与重构》,民族出版社 2006 年版。

刘正寅、扎洛、方素梅主编:《族际认知——文献中的他者》,社会科学文献出版社 2009 年版。

凌纯声、林耀华等:《20 世纪中国人类学民族学研究方法与方法论》,民族出版社 2004 年版。

[英] 罗伯特·莱顿:《他者的眼光——人类学理论入门》,蒙养山人译,华夏出版社 2005 年版。

[澳] 罗·霍尔顿:《全球化与民族国家》,倪峰译,世界知识出版社 2006 年版。

路宪民:《社会文化变迁中的西部民族关系》,民族出版社 2012 年版。

吕大吉:《宗教学通论新编》,中国社会科学出版社 1998 年版。

《马克思恩格斯全集》第 3 卷,人民出版社 1960 年版。

[英] 马林诺夫斯基:《文化论》,费孝通译,中国民间文艺出版社 1987 年版。

马曼丽、安俭、艾买提:《中国西北跨国民族文化变异研究》,民族出版社 2009 年版。

[美] 曼纽尔·卡斯特:《认同的力量》(第二版),曹荣湘译,社会科学文献出版社 2006 年版。

马鹤天:《甘青藏边区考察记》,商务印务馆 1947 年版。

马鹤天:《西北考察记》(青海篇),国民印书局 1936 年版。

马进:《西北世居少数民族日常交往心态研究》,民族出版社 2011 年版。

马丽华:《风化成典——西藏文史故事十五讲》,中国藏学出版社 2009 年版。

马戎:《中国民族史和中华共同文化》,社会科学文献出版社 2012 年版。

马戎:《民族社会学》,北京大学出版社 2006 年版。

马戎、潘乃谷、周星:《中国民族社区发展研究》,北京大学出版社 2001 年版。

马戎:《少数民族社会发展与就业——以西部现代化进程为背景》,社会科学文献出版社 2009 年版。

马戎:《西藏的人口与社会》,同心出版社1996年版。

马汝珩、马大正:《厄鲁特蒙古史论集》,青海人民出版社1984年版。

娜拉:《多维视角下的族际问题探索》,民族出版社2006年版。

南文渊:《藏族传统文化与青藏高原环境保护和社会发展》,中国藏学出版社2008年版。

尼玛江才:《风马界——青藏高原的古风世界》,青海人民出版社2013年版。

牛海桢:《清代西北边疆地区民族政策研究》,兰州大学出版社2004年版。

[美]乔纳森·弗里德曼:《文化认同与全球性过程》,郭健如译,商务印书馆2003年版。

彭时代:《宗教信仰与民族信仰的政治价值研究》,民族出版社2007年版。

蒲文成:《青海佛教史》,青海人民出版社2001年版。

秦木措:《都兰寺简史》,青海民族出版社1997年版。

蒲文成、王心岳:《汉藏民族关系史》,甘肃人民出版社2008年版。

桑杰端智:《藏文化与藏族人》,甘肃民族出版社2009年版。

[美]萨缪尔·亨廷顿:《变革社会中的政治秩序》,李盛平、杨玉生、李培华、张来明译,华夏出版社1988年版。

萨仁娜:《社会互动中的民族认同建构——关于青海省河南蒙古族认同问题的调查报告》,中央民族大学出版社2011年版。

沈桂平、欧光明主编:《中国民族理论政策概论》,民族出版社2007年版。

孙秋云主编:《文化人类学教程》,民族出版社2004年版。

世界银行、国家民族事务委员会项目课题组:《中国少数民族地区自然资源开发社区受益机制研究》,中央民族大学出版社2009年版。

苏发祥:《西藏民族关系研究》,中央民族大学出版社2006年版。

陶克套、齐秀华:《游牧思想论——以蒙古人的传统理性认识为中心》,民族出版社2011年版。

王晓朝:《宗教学基础十五讲》,北京大学出版社2003年版。

王宗礼、谈振好、刘建兰：《中国西北民族地区政治稳定研究》，甘肃人民出版社 1998 年版。

王宗礼、刘建兰、贾应生：《中国西北农牧民政治行为研究》，甘肃人民出版社 1995 年版。

王文长：《西部开发中民族利益关系协调机制研究》，中央民族大学出版社 2007 年版。

王文长、萨如拉、李俊峰：《西部资源开发与可持续发展研究》，中央民族大学出版社 2006 年版。

汪宁生：《文化人类学调查》，文物出版社 2002 年版。

王辅仁、陈庆英编著：《蒙藏民族关系史略》，中国社会科学出版社 1985 年版。

王希恩：《当代中国民族问题解析》，民族出版社 2002 年版。

王希恩：《全球化中的民族过程》，社会科学文献出版社 2009 年版。

王晓丽、廖旸、吴凤岭主编：《宗教信仰与民族文化》（第三辑），社会科学文献出版社 2009 年版。

王云：《青海藏族阿柔部落社会历史文化研究》，民族出版社 2011 年版。

王联主编：《世界民族主义论》，北京大学出版社 2002 年版。

王昱：《青海历史文化与旅游开发》，青海人民出版社 2008 年版。

王明珂：《华夏边缘：历史记忆和族群认同》，（台）允辰文化事业股份有限公司 1997 年版。

王桂琴、刘秉龙：《民族地区工业化进程研究》，中央民族大学出版社 2007 年版。

王希隆：《清代西北屯田研究》，兰州大学出版社 1990 年版。

汪春燕：《城市化进程中的西北民族关系》，中国社会科学出版社 2012 年版。

《卫拉特蒙古简史》编写组：《卫拉特蒙古简史》（上、下），新疆人民出版社 1992 年版、1996 年版。

[加] 威尔·金利卡：《多元文化的公民身份》，马莉、张昌耀译，中央民族大学出版社 2009 年版。

[加] 威尔·金里卡：《多元文化公民权——一种有关少数族群权利的自

由主义理论》，杨立峰译，上海世纪出版集团 2009 年版。

　　文化：《卫拉特——西蒙古文化变迁》，民族出版社 2002 年版。

　　吴仕民主编：《中国民族理论新编》，中央民族大学出版社 2006 年版。

　　乌力吉巴雅尔：《蒙藏关系史大系·宗教卷》，外语教学与研究出版社、西藏人民出版社 2001 年版。

　　[英] 休·希顿－沃森：《民族与国家——对民族起源与民族主义政治的探讨》，吴洪英、黄群译，中央民族大学出版社 2009 年版。

　　谢佐：《青海民族关系史》，青海人民出版社 2001 年版。

　　谢立中主编：《理解民族关系的新思路：少数族群问题的去政治化》，社会科学文献出版社 2010 年版。

　　严德一：《边疆地理调查实录》，商务印书馆 1950 年版。

　　杨发仁、杨力：《西部大开发与民族问题》，人民出版社 2004 年版。

　　杨建新：《中国少数民族通论》，民族出版社 2005 年版。

　　杨建新：《中国西北少数民族史》，民族出版社 2009 年版。

　　杨文炯：《互动调适与重构》，民族出版社 2007 年版。

　　杨顺清：《中国少数民族政治关系分析》，云南人民出版社 2008 年版。

　　杨圣敏、丁宏主编：《中国民族志》，中央民族大学出版社 2006 年版。

　　[美] 伊曼纽尔·沃勒斯坦：《美国实力的衰落》，谭荣根译，社会科学文献出版社 2007 年版。

　　宇文利：《中华民族精神现当代发展新论》，北京大学出版社 2007 年版。

　　余振、达哇才仁：《中国的民族关系和民族发展》，民族出版社 2003 年版。

　　徐黎丽：《边疆安全学引论》，中国社会科学出版社 2013 年版。

　　徐黎丽：《民族学原理》，人民出版社 2014 年版。

　　徐黎丽：《走西口——汉族移民西北边疆及文化变迁研究》，民族出版社 2010 年版。

　　徐黎丽：《论民族关系与民族关系问题》，民族出版社 2005 年版。

　　藏族简史编写组：《藏族简史》，西藏人民出版社 1985 年版。

　　张秀华：《蒙古族生活掠影》，沈阳出版社 2002 年版。

　　严庆：《冲突与整合：民族政治关系模式研究》，社会科学文献出版社

2011 年版。

　　张嘉选：《柴达木开发史》，兰州大学出版社 1991 年版。

　　张践：《民族宗教关系的社会理论考察》，宗教文化出版社 2009 年版。

　　赵德兴等：《社会转型期西北少数民族居民价值观的嬗变》，人民出版社 2007 年版。

　　赵利生：《民族社会学》，民族出版社 2003 年版。

　　赵学先：《中国国民党民族理论与民族政策研究》，中央民族大学出版社 2010 年版。

　　郑长德、罗布江村：《中国少数民族地区经济发展方式转变研究》，民族出版社 2010 年版。

　　智观巴·贡却乎丹巴饶吉：《安多政教史》，吴均等译，甘肃民族出版社 1989 年版。

　　周振鹤：《青海》，（台湾）商务印书馆 1971 年版。

　　周平：《民族政治学》，高等教育出版社 2003 年版。

　　周平：《多民族国家的族际政治整合》，中央编译出版社 2014 年版。

　　周伟洲：《中国中世西北民族关系研究》，广西师范大学出版社 2007 年版。

　　《准噶尔史略》编写组：《准噶尔史略》，人民出版社 1985 年版。

　　宗喀·漾正冈布：《卓尼生态文化》（上、下），甘肃民族出版社 2007 年版。

## 二、资料汇编类

　　谢佐、格桑木、何玲主编：《青海的寺院》，青海省文物管理处编印 1986 年版。

　　哲仓·才让：《清代青海蒙古族档案史料辑编》，青海人民出版社 1994 年版。

　　政协海西蒙古族藏族自治州委员会文史资料委员会：《海西文史资料》（第 1—17 辑）。

　　政协青海省委员会文史资料研究委员会：《青海文史资料》（第 1—22 辑）。

全国人大常委会秘书处秘书组、国家民委政法司：《中国民族区域自治法律法规通典》，中央民族大学出版社 2002 年版。

《海西蒙古族藏族自治州概况》编写组：《海西蒙古族藏族自治州概况》，民族出版社 2009 年版。

青海省地方志编纂委员会编：《青海省志·财政志》，黄山书社 1994 年版。

德令哈市地方志编纂委员会编：《德令哈市志》，方志出版社 2004 年版。

格尔木市地方志编纂委员会编：《格尔木市志》，方志出版社 2005 年版。

都兰县志编纂委员会编：《都兰县志》，陕西人民出版社 2001 年版。

青海省统计局、国家统计局青海调查总队编：《青海统计年鉴（2013）》，中国统计出版社 2013 年版。

海西蒙古族藏族自治州地方志编纂委员会编：《海西年鉴（2003—2007）》，青海人民出版社 2008 年版。

海西蒙古族藏族自治州地方志编纂委员会编：《海西蒙古族藏族自治州志（1991—2002）》，青海人民出版社 2006 年版。

《中国少数民族社会历史调查资料丛刊》修订编辑委员会青海省编辑组：《青海省藏族蒙古族社会历史调查》，民族出版社 2009 年版。

李树勋：《神秘的柴达木盆地》，载《兰州和平日报》1947 年 1 月 13—17 日。

甘肃省图书馆：《西北民族宗教史料文摘》（青海分册），甘肃省图书馆 1986 年版。

葛泰生：《初进柴达木》，新华网—青海频道，2009 年 11 月 24 日。

张羽新主编：《中国西藏及甘青川滇藏区方志汇编》，学苑出版社 2003 年版。

## 三、论文类

阿顿·华多太：《也谈汉藏民族关系渊源》，《柴达木开发研究》2007 年第 6 期。

白贵一：《当代中国国家与社会关系的嬗变》，《贵州社会科学》2011 年第 7 期。

常士闇：《多民族后发国家现代化进程中的族际政治整合与政治文明建设》，《云南行政学院学报》2010 年第 3 期。

常士闇：《民族政治与多民族国家的整治整合——当代西方族群政治论局限与中国和谐民族观的意义》，《中共福建省委党校学报》2006 年第 3 期。

陈海玲：《少数民族流动人口语言交流与民族关系的思考》，《满族研究》2010 年第 2 期。

崔延虎：《多元文化场景中的文化互动与多民族族际交往——新疆多民族社会文化交际研究之一》，《新疆师范大学学报》2005 年第 2 期。

都永浩：《民族认同与公民、国家认同》，《黑龙江民族丛刊》2009 年第 6 期。

杜常顺：《论河湟地区多民族文化互动关系》，《青海社会科学》2004 年第 4 期。

杜常顺：《清代青海蒙旗人口与经济问题探析》，《青海师范大学学报》1996 年第 3 期。

段继业：《青藏高原地区藏族与穆斯林群体的互动关系》，《民族研究》2001 年第 3 期。

范晶晶：《工业化进程中生活方式的变迁与少数民族文化权利保护》，《内蒙古社会科学》（汉文版）2013 年第 4 期。

何锋：《新疆少数民族大学生国家认同的途径与方法探索》，《新疆师范大学学报》2009 年第 3 期。

侯万峰：《对西部地区构建和谐民族关系的政治学思考》，《贵州民族研究》2006 年第 5 期。

胡联合、胡鞍钢：《贫富差距是如何影响社会稳定的?》，《江西社会科学》2007 年第 9 期。

胡联合：《辩证认识宗教对社会稳定与发展的双重作用》，《毛泽东邓小平理论研究》2004 年第 11 期。

韩官却加、李颜莲：《农村基层社会稳定与民族宗教问题》，《青海民族研究》2008 年第 2 期。

何其敏：《论宗教与政治的互动关系》，《世界宗教研究》2001 年第 4 期。

贾宁：《"青海学"刍议》，董建中译，《青海民族研究》2012 年第 1 期。

靳国胜:《宗教对社会稳定的影响及其法制化管理问题——以青海藏区的宗教与社会稳定关系为视角》,《青海师范大学学报》2011 年第 11 期。

John E. Transue *Identity Salience*,*Identity Acceptance*,*and Racial Policy Attitudes*:*American National Identity as a Uniting Force*,American Journal of Political Science,vol.51,no.1,2007.

Karina Korostelina *The Impact of National Identity on Conflict Behavior*:*Comparative Analysis of Two Ethnic Minorities in Crimea*,International Journal of Comparative Sociology,vol.45,no.3-4,2004.

刘敏:《中国少数民族地区社会发展特征与转型》,《社会学研究》1994 年第 1 期。

梁炳麟:《现在的都兰》,《新青海》1933 年第 5 期。

廖杨、覃卫国:《关于当前我国民族关系研究中存在的三个问题》,《贵州民族研究》2006 年第 4 期。

马德普、柴宝勇:《多民族国家与民主之间的张力》,《政治学研究》2005 年第 3 期。

马德普、常士訚:《多元文化存在的不可避免性与人类文化的繁荣》,《云南行政学院学报》2009 年第 5 期。

马得勇:《国家认同、爱国主义与民族主义——国外近期实证研究综述》,《世界民族》2012 年第 3 期。

马大正:《1978 年以来中国近代边疆问题研究述评》(上),《中国边疆史地研究》1994 年第 3 期。

马戎:《理解民族关系的新思路——少数族群问题的"去政治化"》,《北京大学学报》2004 年第 6 期。

马戎:《当前中国民族问题研究的选题与思路》,《中央民族大学学报》2007 年第 3 期。

马燕:《历史上河湟地区回族与藏族的经济交往》,《青海民族学院学报》2007 年第 4 期。

马宗保:《论回汉民族关系的历史特点》,《西北民族研究》2001 年第 4 期。

满都日娃:《论毛泽东的民族团结观及其当代价值》,《内蒙古农业大学学报》2011 年第 3 期。

毛公宁：《对当代中国民族关系的几点认识》，《西北民族研究》2006 年第 2 期。

纳日碧力戈：《全球化视野下的中国民族关系研究：内视、自觉与正义》，《中央民族大学学报》2011 年第 6 期。

钱雪梅：《从认同的基本特征看族群认同与国家认同的关系》，《民族研究》2006 年第 6 期。

汤夺先：《西北大城市少数民族流动人口若干特点论析——以甘肃省兰州市为例》，《民族研究》2006 年第 1 期。

田汪杰：《近代青海的天主教与马步芳家族》，《青海社会科学》2005 年第 1 期。

王宗礼：《对西北地区构建和谐民族关系的战略分析与对策建议》，《甘肃社会科学》2006 年第 4 期。

任龙、王文莉：《浅析宗教对国家安全和社会稳定的双重功能》，《中央社会主义学院学报》2004 年第 6 期。

王辑思：《美国霸权与中国崛起》，《外交评论》2005 年第 10 期。

王明珂：《历史事实、历史记忆和历史心性》，《历史研究》2001 年第 5 期。

王剑峰：《整合与分化：西方族群动员理论研究述评》，《民族研究》2013 年第 4 期。

王希恩：《多元文化主义与马克思主义民族理论的两点比较》，《科学社会主义》2010 年第 2 期。

王希恩：《也谈在我国民族问题上的"反思"和"实事求是"——与马戎教授的几点商榷》，《中亚民族大学学报》2009 年第 1 期。

王延明、王丽娟：《工业化进程中汉藏族际关系新质——以甘南藏族自治州夏河县麻当乡为例》，《甘肃社会科学》2009 年第 1 期。

许纪霖：《现代中国的民族国家认同》，《世界经济与政治论坛》2005 年第 6 期。

徐黎丽、孙金菊、夏妍：《影响西北边疆少数民族地区民族关系的变量分析》，《云南师范大学学报》2009 年第 5 期。

徐黎丽、陈文祥：《当代西北少数民族地区移民对民族关系的影响》，《兰州大学学报》2003 年第 4 期。

徐黎丽：《论民族文化与民族关系的互动影响》，《西北师范大学学报》2005 年第 2 期。

闫丽娟：《民族工作的社区化：城市化进程总的协调民族关系的一种视角》，《贵州民族研究》2006 年第 1 期。

杨红伟：《新中国成立初期青海牧区县政建设初探——以泽库县为例》，《西北师范大学学报》2011 年第 5 期。

杨东萱、李丹：《大力加强人口较少民族民族干部的培养——以德宏州人口较少民族为例》，《中外企业家》2011 年第 22 期。

尹素琴：《简析少数民族流动人口对城市民族关系重构的影响》，《新疆社会科学》2011 年第 2 期。

曾谦：《民国时期马步芳家族与青海各宗教之间的关系》，《宝鸡文理学院学报》2008 年第 8 期。

张海洋：《汉语"民族"的语境中性与皮格马利翁效应》，《思想战线》2011 年第 4 期。

张占元、苏志强：《人口迁移与柴达木开发》，《柴达木开发研究》2002 年第 4 期。

张启威、左广兵：《国家建构：理论始源与中国研究的局限》，《领导科学》2012 年第 7 期。

张占元、苏志强：《人口迁移与柴达木开发》，《柴达木开发研究》2002 年第 4 期。

张生寅、蓝希瑜：《新中国成立初期青海民族工作的伟大实践与宝贵经验》，《青海师范大学民族师范学院学报》2003 年第 2 期。

赵健君、贾东海：《民族关系定义研究》，《黑龙江民族丛刊》2006 年第 4 期。

赵永红：《藏传佛教在凉州的传播及影响》，《西北民族大学学报》2006 年第 6 期。

中央党校"和谐民族关系"调研组：《关于构建社会主义和谐民族关系的调查与思考》，《中国统一战线》2007 年第 1 期。

周平：《边疆治理视野中的认同问题》，《云南师范大学学报》2009 年第 1 期。

周平：《中国边疆治理：族际主义还是区域主义》，《思想战线》2008 年第 3 期。

# 附　录

# 海西民族关系调查提纲（蒙、藏、汉民族关系）

　　民族关系研究已经形成一些比较成熟的量化分析研究方法，这对于研究民族关系现状，把握民族关系发展趋势具有重要意义。通过一些可操作的变量进行定量分析，研究结论可靠性更高，更具科学价值。根据密尔顿·戈登（Milton Gorton）1964年在《美国人生活中的同化》一书中提出的衡量民族关系的7个"变量"，本研究以此为依据拟定调查提纲，作为访谈和调查问卷的基础。本调研围绕以下7个变量展开。

## 一、语言使用

　　民族差异最直接地体现在语言文字方面，显然语言互不相通的民族之间关系要比拥有共同语言的不同民族之间关系要疏远得多，交往自然就更少。近年来，随着海西工业化、市场化的不断发展，大量汉族干部职工和企业家、个体户进入海西，汉语言特别是"西宁话"（汉语普通话西宁方言）成为海西各族人民普遍使用的语言。体现出海西民族关系围绕汉族而展开，也可以说海西民族关系及其问题的主要方面是少数民族与汉族之间的关系。不同民族的汉语水平也反映着一个民族适应现代化发展要求的程度及与汉族关系的密切程度。

　　在调查中，笔者通过入户访谈、发放问卷及在公共场所观察记录的方式，分析不同民族在不同场合使用语言的情况及语言能力水平，通过语言的掌握情况透视不同民族的发展水平及与其他民族的关系状况：

1. 海西的蒙藏民族人口中，日常交流语言是蒙语、藏语还是汉语，有多大比例的人学习并熟练掌握了汉语，同一民族不同年龄段、不同职业对语言的掌握情况。

2. 对于掌握汉语的蒙藏少数民族以及掌握藏语或蒙语的汉族而言，他们学习对方语言的途径是什么？为什么要学习对方语言？

3. 蒙藏等少数民族对待汉语的态度以及对待子女学习汉语的态度，期望熟练掌握多种语言，还是直接学习本民族语言或直接学习汉语？为什么？

4. 蒙藏少数民族汉语水平差异的基本状况是什么？变化的趋势是什么？可以针对一个村落、一个家庭几代人进行调查。学习汉语主要集中在历史上的哪个阶段？为什么？学习汉语是否已经融入了当地社会？

# 二、宗教与生活习惯

显然地处青藏高原边缘区的海西是多宗教并存的地区，宗教氛围十分浓厚，研究不同的民族宗教信仰方面的具体问题，对于研究民族关系至关重要。实际上，宗教信仰是影响民族关系深层次原因。通过宗教方面的调查，了解国家民族宗教政策的积极意义和存在的问题，对于从宗教文化角度解决民族关系问题具有十分重要的意义。从现实生活来看，当今时代很多的民族冲突背后都有宗教的影子。民族矛盾是政治不稳定的直接原因，而宗教问题往往激化了民族矛盾。

通过走访民族宗教局、统战部以及宗教场所和民族群众，在综合统计不同立场的群体信息反馈中，了解宗教发展状况及对民族关系影响的方式及其程度：

海西地区宗教场所（寺院、道观、清真寺等）的数量与规模；

不同宗教信仰的信众规模；

宗教场所的管理方式、运行方式及资金来源状况；

当地不同民族在宗教场所活动的频次及日常生活中的宗教活动；

不同民族对他民族宗教信仰的了解程度及了解途径；

当地民众主要的宗教活动内容是什么，不同历史发展阶段宗教活动内容的变化是什么，可能的原因是什么；

当地主要宗教在习俗方面的主要差异是什么，引起差异的原因是什么；

……

# 三、人口迁移

海西地区由于地处柴达木盆地，资源丰富，新中国成立以来历次大开发，使得大量汉族干部、技术人才迁入海西，大大改变了海西地区的民族人口构成比例，这对民族关系造成很大影响。新中国成立初期、改革开放后和西部大开发战略实施以来三个不同阶段汉族迁入海西的原因、方式及对不同时期民族关系产生了哪些影响？通过当地户籍管理单位了解常住居民、暂住人口及流动人口情况，确定调查范围、对象和方法。通过不同历史阶段民族人口的数量变化了解民族迁移对民族关系的影响。在对当地的蒙藏汉民族户访问卷时，进行如下调查：

被访者（蒙、藏、汉、回）的迁入时间，迁入形式，迁移来源等；

迁移的原因及信息渠道；

迁移过程情况；

现在生活状况及对迁移的总体评价；

移民日常生活中的民族关系状况如何；

对待本民族文化及他民族文化传统、风俗习惯的态度；

对当前国家发展状况及民族地区存在问题的认识和看法。

# 四、居住格局

居住格局是民族关系状况的晴雨表，对于地广人稀的海西农牧区而言，不同民族在居住地点的选择上相对比较自由。因此，居住格局反映着不同民族之间的关系状况。当然围寺而居是海西民族居住格局的基本特点，但不同民族由于宗教信仰的不同，居住地选择也不同。

在调研时，分为两类分别进行。对于广大农牧区，主要就乡镇政府所在地、村和寺院周围的民族进行调查；对于城镇居民则通过街道办事处或居委会的户籍统计、人口普查数据进行统计分析，了解居住格局形成的原因及发展趋势。对于城市化过程中新迁入城镇定居的蒙藏游牧民族居住情况，则进行重点了解。

# 五、交友情况

多民族地区不同民族成员的交友情况反映着民族之间相互认同的基本状况。在调查中选取不同职业、年龄、民族的成员了解其交友情况，交友的方式、目的及日常交往情况：

关系密切的朋友的民族成分结构；

困难或兴奋时寻求帮助、分享快乐的是哪些民族的朋友；

参加他民族朋友聚会情况；

当地群众自发组织的活动中（如那达慕等民族节日）是否自动以民族成分划分界限。

# 六、族群分层

显然贫富分化现象在海西也广泛存在，不同民族成员均存在贫富差别问题。了解族群之间的贫富分化具有十分重要的意义。因此，通过不同族群之间在就业、受教育程度、经济结构、收入等方面存在的群体性结构差异，对民族政策的完善，促进少数民族发展，实现共同富裕的社会主义价值目标意义重大。通过族群分层能透视海西不同民族发展状况，这是研究工业化、城市化过程中重要的一个视角。

# 七、族际通婚

族际通婚是衡量民族关系重要的指标，它能反映民族关系的基本状况，不同民族之间的通婚关系使民族融合成为必然。通过普查及重点走访民政局等单位调查海西族际通婚的基本情况，民族通婚比例，分析其原因，探讨民族关系发展的趋势及当地社会文化变迁的态势。

# 八、民族认同与国家认同

　　民族意识伴随冷战后意识形态的淡化日益成为民族地区重要的社会意识，深刻影响着民族成员的思想和行为。近年来，民族认同和国家认同的研究已经成为民族学、政治学、心理学等学科研究的热点。第三次世界民族主义浪潮推波助澜，民族主义情绪被调动，对民族关系发展和政治稳定产生重要影响。在普查的基础上，通过重点单位，如学校、机关单位、村落里的"宗族权威"等的深入访谈，了解民族认同发展的基本情况及原因，探讨完善民族地区国家相关民族文化政策、民族宗教政策的对策及途径。主要针对以下问题进行访谈：

　　1. 当地民族意识强化了还是弱化了，城乡之间、不同民族之间存在怎样的差异；

　　2. 民族和国家在民族群众心中的地位变化的原因是什么？市场经济条件下国家认同建构的途径是什么；

　　3. 促进本民族认同意识增强的原因是什么。

　　当然，民族关系是十分复杂的社会现象，有其发展的普遍的、内在的规律，但也有其他偶然的因素，上述调查提纲涉及方面仅是调查前预设的问题。实际上在田野调查过程中，很多典型事件、个案更有意义，这也是本调查中重点关注的地方。

# 访 谈 提 纲

　　田野中访谈提纲十分重要，它将引导访谈过程深入发展，能按照科学路径获取重要信息，而不至于被访谈对象的话题无限引导。本课题研究过程采用民族学深入访谈方法，主要针对以下问题进行访谈。

## 一、个人情况介绍

　　1. 姓名；

　　2. 民族；

　　3. 祖籍；

　　4. 出生地；

　　5. 受教育情况；

　　6. 职业；

　　7. 收入状况；

　　8. 宗教信仰；

　　9. 个人对民族关系的总体评价；

　　10. 对本地经济社会发展等方面的基本看法。

## 二、家庭

　　1. 家庭成员数量；

2. 婚姻情况（针对藏族及汉藏、蒙藏民族之间的婚姻情况）；

3. 爷爷、奶奶，父亲、母亲：出生地，民族成分，迁入海西时间，职业，目前生活状况；

4. 妻子：民族、职业、教育程度、认识过程等；

5. 孩子：数量、民族成分，受教育情况，对孩子的教育重视程度及期望的职业等。

# 三、个人经历

家庭教育、受教育过程，学习情况，目前的职业，对现状是否满意，生活感悟，生活中印象深刻的事件、人及故事。

# 四、语言使用

1. 母语；

2. 母语掌握程度；

3. 家庭用语；

4. 村落里语言使用（针对蒙藏汉民族杂居区）；

5. 主要阅读文字；

6. 公共场合使用的语言；

7. 工作单位使用语言；

8. 学习汉语或藏语或蒙语的过程、原因及感受。

# 五、宗教信仰

被调查者的宗教信仰，去寺院（清真寺）的频率，每天念经、转经的次数，念经的效果（内心平静、身体健康或打发时间等），每年家庭给寺院或宗教有关事项的支出等。

# 六、居住环境

1. 居住地选择：自家自留地、草场还是国家统一安排；

2. 现在住处的来源是继承、国家福利分房、个人筹资修建还是购买商品房；

3. 周围邻居民族成分、职业及日常来往情况；

4. 对居住环境的评价是否满意。

# 七、社会交往

1. 亲戚、朋友或来往较多的人中有无其他民族成分；

2. 交友条件中，民族成分、地位、性格及个人爱好等重要性排序情况；

3. 朋友中关系最为密切的是哪个民族，为什么；

4. 不同民族成员交往中有什么总体感受；

5. 你认为汉族在海西开发建设中的作用和意义是什么。

# 八、其他可能的问题

# 后　记

本书是在我的博士论文基础上修改而成的。对我而言，可以说它是学术人生的成人礼。对社会而言，它应当回应国家发展过程中的重大需求。因此，博士论文的写作，既豪情满怀又诚惶诚恐，这个过程或悲或喜，但人总是要活着的。因此，日子便在不断地学习、总结、体悟中匆匆流淌。

然而正所谓"吾生也有涯，而知无涯"。哲学上讲人是有限的，不同的人对于民族关系这个"庐山真面目"只能是"横看成岭侧成峰"，且每个人的工作都只能是为民族关系研究这座大厦增砖添瓦，断不可谓一劳永逸地解决。因此，在这个意义上正如我的导师所言，"学术研究是一个人一辈子的事情"。

文章虽然画上了句号，但学术生涯才真正开始。博士论文的写作，是开启了知识大厦的一扇窗户，而无尽的知识宝藏尚需花费更大精力不断发掘，博士期间的学习使我更加清醒地认识到，民族关系及其问题的研究十分重要，而我知道的太少，需要学习的知识太多、太多。回首张望博士期间的学习生活，有甜蜜的笑容，也有苦涩的泪水。刚入学时，兰州大学西北少数民族研究中心武沐老师说："博士期间要做好头发告别头顶的准备。"实践证明，即使有再多的努力和汗水放在学术研究上都是不够的。写作和研究过程我仿佛是掉进知识海洋的一叶扁舟，艰难困苦、颠沛流离。恩师徐黎丽教授反复告诫："一分耕耘一分收获。"是老师的教诲坚定了我的信念，导师是我人生漫漫长夜的指路明灯。老师孜孜不倦、勤奋刻苦、追求真理的科学精神是我学习的楷模；老师渊博的学识、严谨的治学态度以及平易近人的大师风范令学生终生难忘。至今还清晰地记得，当我一人初入田野，孤苦伶仃、担惊受怕、茫然不知所措的时候，是导师及时的电话、温暖的短信以及精当的指导给了我那份坚守。导师丰富的田野工作经验使我受益匪浅，使我感受到了田野的无限魅力。每每想起，点点滴滴都令人感动不已。感谢兰州大学西北少数民族研究中心王希隆教授、闫丽娟教授、赵利生教授、武沐教授、杨文炯教授、宗喀·漾正冈布教授、切排教授的教导与帮助。兰州大学西北少数民族研究中心是一个强大的"学术磁场"，老师们潜心学术的精神以及深邃的思想始终感染着我，每次踏进衡山堂，便无时无刻不在感知着知识的熏陶和文化的魅力，仿佛超然于世。

读博期间，我单位的领导和同事也给予了很大的帮助，特别是兰州大学中亚研究所杨恕教授、管理学院丁志刚教授提供了大量帮助，在此深表谢意！兰州大学管理学院戴巍副教授、马克思主义学院朱大鹏副教授给予我热情的帮助，我们一起分享人生的快乐，感知生活的艰辛。兄弟情谊，没齿难忘。

此外，论文写作过程中，田野点的老朋友给了莫大的帮助，是他们接纳了我这个"外人"，为我认识和理解西北少数民族的心灵世界打开了一扇窗户，和他们一起"痛并快乐"着，淡淡的酥油茶和浓浓的宗教气息回旋在我的心田。他们的仗义、豪迈、艰辛以及风格迥异的民族文化给我留下了深刻印象，让我感知着世界的奇妙。但他们面对汉族时的那种神情，以及那道清晰的民族边界却给我留下了难题。他们使我能够更清晰地审视自我与人生。这里再次向帕西、才让仁青、南拉加、久美尖措、奥克、梅索南才旦、克西、巴特尔等老朋友致以深深的谢意！

这里，我还要对人民出版社及王萍主任表示衷心的感谢！老师不厌其烦，耐心细致地修改书稿，每每斟字酌句、反复推敲，那种严谨的治学态度和严格的学风给我留下深刻印象。此外，马大正先生、张先清教授、乌日陶克套胡教授、彭文斌教授、周建新教授对我的论文提出了宝贵的修改意见，这里一并感谢。

最后，感谢我的家人。为了完成我的学业，我的父母给予了无微不至的关心和照顾，父亲专程来兰州帮我带孩子，母亲一人在家种田、操持家务，伺候长年卧病在床的兄长；而我的妻子千里奔波、寒暑往来，穿梭于相距 500 千米的兰州与庆阳之间，付出了巨大的艰辛，没有她的帮助，我的学业是无法完成的；在最困难的时候，是我的孩子给了我莫大的动力，使我不断前行。

李世勇

2015 年 6 月于兰州大学